ちくま学芸文庫

親鸞・普遍への道

中世の真実

阿満利麿

JN262692

筑摩書房

目次

第四章　仮の認識　239

親鸞・普遍への道

——中世の真実

引用文中の〔　〕と傍点は、本書著者によるものである。

序章　柳田國男と真宗

二つの宗教意識

盆が近くなると、新聞や雑誌に、亡き肉親をしのぶ文章が目につく。死別から時間が経っていなければいないほど、また死者への愛情が深ければ深いほど、その文章は、読む者の心を打つ。次の一文も、その一つであろう。

今年は、夫の三回目のお盆である。わが家では、方向オンチだった彼のために、葬式の時の定紋入りの大ちょうちんを、ベランダにつるす。何しろ、うちへ帰るのでさえ、しばしば駅の改札を、反対方向へ下りたほどだったから。〔中略〕いよいよ一年に一度のご入来である。お盆の滞在中にしてあげたいことがいっぱい。好物だった水ようかんを作りたいと、庭の桜の葉もつんであり、小豆も今、ふつふつ煮えている。このようかんを作りはじめたとき、水と小豆が分離して困ったのを、夫が事典で調べて、わが家特製のものが出来上がった。

彼が苗木から丹精して育てた梅の木には、今年は大粒の実がなり、梅酒を作った。夕食の食前酒としてのんでもらおう。〔中略〕小さな仏壇も清めてある。エスペランチストだったからと、娘の夫が「三帰依文」をエス語訳してくれた。これなら抹香くさいことを、好きじゃなかった彼も、素直にきいてくれるだろう。

お盆とは、逝った人と家族との再会の時であろう。いそいそと働き、夫に話しかけている私である。

(『朝日新聞』「ひととき」欄。石黒渼子・67歳)


京都・六波羅蜜寺の盆の行事、「万燈会」でも、思いのこもった話を、いくつも聞いたことがある。愛妻を突然亡くした中年の男性は、焼場で妻が白骨と化したのを承知でもなお、「万燈会」にくれば、妻が戻ってきてくれるように思って迎え鐘をつくのだ、と涙ながらに語った。また、三十五歳で逝った夫の精霊を迎えにきたという女性は、小さいころから、盆の前には死者の魂がかえってくるときかされており、夫を喪った今となれば、そのことを信じないと生きてゆけない、「今年も一年、また来年もお盆まで、とりあえず無事でいられたら」と、精霊迎えの日を区切りに生活していると話した。

あの世とこの世の間には断絶がなく、死者の魂は、決まった日に、この世の肉親のもとへもどってくることができる。そして、生きているものは、追善供養を行ない、死者の冥福増進のために、力を貸すことができる。あの世にあるものと、この世に生きるものとは、目に見えない紐帯で結ばれている。これが、よくいわれるように、日本人の伝統的な宗教的心情である。

宗教的心情であると断ったのは、それが、格別の思想的なまとまりをもつとか、明白な教義にもとづいているという性質のものでないからである。だが、それは、死という超えがたい断絶を、もっとも素朴に納得することのできる方法であり、それだけに人情に深く根ざしたものである。そして、そのような心理にもとづき、長年にわたってさまざまな習俗が形成、伝承されて今日にいたっているだけに、それは、日本人の大部分には親しい心情ということができる。

民俗学の父・柳田國男が、生涯をかけて明らかにしようとしたのは、このような日本人の宗教的心情を、少しでも論理的に説明することであった。

柳田國男によれば、日本人の漠たる宗教的心情は、四つの特徴をもつものと考えられ、「先祖教」と名づけられている。一は、死者は、死してもなおこの国土の中に留まり、霊は遠くへは行かない、二は顕幽二界、この世とあの世の交通が繁く、三は、臨終の際の念願が、死後には必ず達成されると考えていたこと、四は、死してもなお、二度、三度、生まれかわって、しかも、同じ事業を続けられると考える、という四点である（『先祖の話』、筑摩書房版『定本柳田國男集』。以下、柳田の著作引用は同集による）。そして、「先祖教」の信者に欠くべからざる条件は、死者に対する「マツリ」を怠らぬことである。柳田國男によれば、追善供養といい、法事といっても、その本質は、仏教とは関係のない、伝統的な「マツリ」である（『日本の祭』）。祭られる主人公は、祭る側と血のつながりのある死者の霊であり、死者の霊は、祭る側の誠意によって次第に清まり、最後は「カミ」となる。そして、「カミ」は、生きている子孫に恩寵を垂れる（『神道と民俗学』）。

私が注目するのは、死者の思いがこの世に生きつづけるという以上に、生きているものの「マツリ」がなければ、死者は「カミ」となることができないという指摘である。国学の伝統をうけつぎ、自らの立場を「新国学」と称した柳田國男は、大の仏教嫌いであった。のちにみるように、柳田國男は、仏教が、日本人の伝統的な霊魂観、死生観を改変、破壊したと考え、仏教にはげしい敵意を抱いている。しかし、仏教が、死穢、亡霊に対する恐怖の克服を教えた点は評価する。供養によって、死者の魂は早く浄化され、「カミ」となることができるからである。それは、伝来の「マツリ」の有効な補助手段である。柳田國男はのべる。

仏法が日本国民の生活に及ぼした恩沢が、もし唯一であつたとするならば、其は我々に死者を愛することを教へた点である。供養さへすれば幽霊も怖くは無い事を知つて、我々は始めて厲鬼駆逐の手を緩め、同じ夏冬の終りの季節を以て、親しかつた人々の魂を迎へる日と定め得たのである。（『雪国の春』）

右の引文を正確に理解するためには、柳田國男が、伝来の「マツリ」に、どのような弱点があると考えていたかを紹介する必要がある。それは、一言でいえば、死者の中には正統な子孫の滅亡などにより、「マツリ」を受けることができないものが生じ、それが、いつまでも浄化されず、他の霊の浄化を妨げるにいたる、という問題である。そして、このような荒ぶる霊に対して、力を発揮したのが仏教であると、柳田國男は考える。つまり、日本人の伝統的な宗教的心情にとっては、生者による死者への「マツリ」、供養が不可欠の要素なのである。その意味では、柳田國男が明らかにした「先祖教」は、供養型、あるいは回向型の宗教意識であるということができよう。そこでは、普遍的な神・仏よりも、死者の霊という個別的な対象が重視され、生者の死者に対するはたらきかけが重要な意味をもっている。

　回向とは、今日では、死者の冥福、成仏のために、生きている者が、読経、法要、供物等を手向けることをさし、仏教用語と考えられているが、私は、柳田國男のいうマツリも、この言葉に含めたい。通常、仏教では、法華経などの大乗仏典の書写、寺や塔を建立したり、仏像をつくったり、法会を営んだり、布施をほどこすといった善行によって生まれる功徳を、他のために振向けることを意味する。このような回向の意味を端的に示しているのは、中世で盛んに行なわれた逆修であろう。逆修とは、逆《あらか》じめ修するという意味であるが、生きている間に自己の死後の冥福を祈る仏事をさす。それは、普通の追善法要では、法事を営んだ人が、法要の功徳の七分の六をうけ、法要を手向けられた死者は、その七分の一しかうけられないということから、生きている間に、自己のために法要をすれば、その功徳の七分の七のすべてが自己に及ぶということで始まった。このように、逆修は、自己のための法要であったから、営む方もきわめて熱心で、鳥羽天皇は、生きている間に、四度も逆修法要を営んだといわれる。今日でも、生前に戒名を受けたり、墓石に自分の戒名を朱書しているのは、その名残りである。

歴史をふりかえれば、逆修のみならず、写経、埋経、造寺造像といった諸善をとりおこない、両親、兄弟、同族の現世安穏、後生善処、除病延命、息災延命のために、またときには、三界万霊という不特定多数のために、その功徳を回向する例は枚挙にいとまがない。その意味では、日本仏教の大部分は、回向の宗教であったし、現在もなお同じであるといわねばならない。

だが、日本人の宗教意識は、回向型に尽きるのであろうか。たしかに、それは、亡き人への思いを鎮め、我をも含めまだ生きている人間の死後の安穏を祈るには、納得のできる方法といえる。あるいは、現実のさまざまな破綻、矛盾、不幸に直面したとき、それを荒ぶる霊の仕業として、ひたすらに、回向、供養をかさね、現実打開を祈願することも、人情に添うものかもしれない。しかし、人間の苦しみや悲しみは、死者との関係にのみ解消されてしまうものではない。我が身に巣くう得体の知れぬ欲望の克服や、生きていることの最終的な意味を求めて、神や仏に対面したいと願うこともある。そこでは、自然発生的な死者への思慕というより、人間と契約を結んだ超越者との対話が求められてくる。このように、人間の側の宗教的要求の度合に応じて、宗教意識も、さまざまの展開をみせる。その意味では、回向型の宗教意識は、あくまでもその一つである。そして、私のみるところ、回向型の宗教の対極には、不回向型とでもよぶべき宗教が存在するように思われる。具体的には、親鸞の宗教である。

　さきにみたように、回向という概念は、人間が、程度の差はあっても、なんらかの善をなしうる存在であること、その善業の生み出す功徳が、他に及ぶことを前提としている。しかし、親鸞は、人間は罪悪深重の凡夫であって、いかなる善も自らの力で行なうことはできないと考え、人間のなす回向を全面的に否定したのである。そして、このような凡夫の救済は、自らが積み行なう諸善の回向によるのではなく、およそ凡夫の心とはかけ離れた絶対清浄の心より発せられた、阿弥陀仏の力に依るしかないとする。しかも、親鸞にあっては、阿弥陀仏を信ずる心さえも、人間がおこすのではなく、仏よりさしまわされたものとされている。鈴木大拙は、親鸞の主著『教行信証』の英訳にあたり、回向という言葉を、価値を移すこと（merit-transference）と訳している（*The Kyōgyōshinshō*, 真宗大谷派刊）。親鸞は、この価値の源泉を阿弥陀仏に限り、あくまでも仏から人間へという方向でのみ考える。親鸞のこのような回向論は、人間の側に、宗教的価値を生み出す力があるとする回向型の宗教意識に比べれば、不回向の宗教というしかない。そして、この回向の意味を百八十度回転させた点にこそ、親鸞の宗教の革命的意義がある。

もちろん、柳田國男の意図は、あくまでも常民の宗教意識の解明にあったことはいうまでもない。彼のいう常民には、インテリは入らない。その柳田國男が排除した宗教思想家の教説を、彼の業績と直接対比して考察することは、次元のちがいを無視した暴論にみえるかもしれない。だが、親鸞の教えは、のちに近世に入り、妙好人《みょうこうにん》とよばれる、一群の無名の篤信者を生み出したことはよく知られている。彼等の多くは、文字通り、目に一丁字もない一文不知の人々であった。だが、その信仰心は、親鸞もかくやと思われるほどに深いものである。これらの人々を、仏教徒の故をもって常民とみなさないのであれば、柳田國男の常民も、やせほそったものになるといわねばならない。柳田國男が意図した、日本人の宗教意識を明らかにするためには、庶民の信仰はもちろん、宗教的天才の思想も、同時に、視野に入れねばならないのではないか。それは、柳田民俗学にないものねだりをするという意味ではなく、柳田学の恩恵に十分浴することができるようになった現在の、私どもの課題としてである。

私が、本書で試みようとすることは、日本人の宗教意識を、かりに回向型と不回向型に類別し、その緊張関係をたずねることで、日本人の宗教心の全体像を展望する視点をみつけることである。歴史的にみるならば、不回向型の宗教意識は、回向型の宗教意識を主とする精神風土の中から成立してきた。では、どのようにして不回向型の宗教意識が生まれてきたのか、そして、それは、いかに回向型の宗教と異なる救済論を展開したのであろうか。

従来、親鸞は、ヨーロッパ思想との対比で論じられることが多かった。それは、絶対他力の救済論が、キリスト教的世界におけるプロテスタンティズムの救済論に一見似ていることや、卜占祭祀を明確に否定する点が、M・ウェーバーのいう、「呪術からの解放」に通じているからであった。このような議論は、日本が、西欧をモデルとする近代化路線を採用したことと密接な関係があるのであり、日本にも、キリスト教に近いモデルがあるとして、親鸞が評価されたのである。

しかし、このような議論や評価は、所詮、親鸞の救済論を、プロテスタンティズムの代りとみることに終るものであり、親鸞の思想を日本人の精神史の中でとらえなおし、現代における主体の形成のためによみがえらすことにはならない。

一方、既成の真宗教団とその周辺にある人々の手になる親鸞論は、その救済論が日本の精神風土からいかにして生まれてきたのか、伝来の宗教意識といかに連続し、いかに断絶しているかを、ほとんど問うことをしない。日本人の宗教史を、主として民俗学の成果から、庶民の信仰を中心にみる立場は、親鸞をはじめとする宗教的天才を、ほとんどその視野に入れることがない。そこでは、庶民の自然発生的な信仰と、思想的試練を経た成果とが分断されたまま放置されている。親鸞一人に限っても、その思想的な営みを、日本人の宗教意識全体の流れの中で位置づけながら考察する試みは、まだまだ少ないといわねばならない。

現在、日本の思想史に期待されていることは、日本人がいかにして普遍的な世界を発見し、それを自家薬籠中のものにしていったかを跡づけることである。親鸞の思想は、まぎれもなく、日本人の手になる普遍的思想の一つである。私は本書で、民俗学や歴史学、親鸞の思想についての詳細な研究といった個別の成果の間に、いささかの橋渡しを試み、そのことによって親鸞の思想が、どのような伝統をふまえて成立しているのか、また、その普遍性がどこにあるのか、を少しでも明らかにしてみようと願った。

親鸞の思想は、回向型の宗教意識が正統である日本の精神風土の中では、たしかに少数派に属し、場合によれば、異端とよばれるのがふさわしい。だが、日本人の精神史の未来は、この異端の存在の故に、豊かな可能性が期待されるのではないか。

回向型の日本人の宗教的心情を明らかにした柳田國男も、次にのべるように、真宗という不回向型の宗教を、その思惟の隠されたバネとして利用していた節がある。しかし、真宗を日本の民俗とみることを拒むことで、柳田民俗学は、普遍への回路を閉じざるをえなかった一面をもつ。

回向型の宗教意識を対極としながら、親鸞の思想的成果を検討しようとするにあたり、まず、柳田國男における仏教、とくに真宗のとらえ方を考察し、あわせて回向型の宗教意識が、どのような特質と課題をもつものであるかをみておきたい。

柳田國男の仏教批判

柳田國男は、自らの学問的立場を新国学と称した。それは、本居宣長らが、儒教や仏教という外来思想を排斥し、日本人の心の伝統を純粋に追求しようとした、その方法論を自覚的に継承していることを示す。したがって、柳田國男は、はじめから強力な排仏論者であった。

では、その排仏論はどのような理由にもとづくものなのであろうか。柳田國男の代表的著述『先祖の話』によれば、第一の理由は、仏教が、日本人の伝統的な霊魂観を改めようとした点に求められる。柳田國男はいう、日本人の霊は、死んでもなお、この世、とりわけ生前に慣れ親しんだ土地の近くにとどまり、子孫が繁栄する様子を見ようとするものであり、また、その霊は、一定期間を経たのち、個性を喪って祖霊とよばれるものに融合し、祖霊となりきることで子孫を守護しうるものになる、と。ところが、仏教は、そのいずれに対しても、根本的な挑戦を企てたと考えられている。はじめの点に関していえば、仏教は、死者の霊を成仏させるという名目のもとに、はるか西方十万億土にある極楽浄土に送りとどけ、彼等が再びこの世にもどってくる道を封じようとした。それは、「たとへ肉体は朽ちて跡なくなつてしまはうとも、なほ此国土との縁は断たず、毎年日を定めて子孫の家と行き通ひ、幼い者の段々に世に出て働く様子を見たいと思つて居た」(『先祖の話』)日本人の心情を逆なでするものであり、「余りにも一つの民族の感情に反した話」であるとされる。

二つ目の、霊の融合、祖霊になるということに対して、仏教はどのような干渉を企てたとされるのであろうか。柳田國男によれば、仏教は、死者に戒名をつけることで霊の個性化をはかり、年忌の供養を強調することで、祖霊との融合を妨げようとしたというのである。その上、霊の個性化は、先祖の霊の中から、特定の名のある霊をとりだし、ことさらにその霊の顕彰に力を注ぎ、その結果、他の、名も忘却した諸霊の供養をおろそかにするという、伝来の先祖祭りの基本をゆるがす事態をも招くにいたったとする。

このように、伝統的な霊魂観が、この世とあの世の間に交流と連続性をもっているのに対し、仏教はそれを遮断しようとしたこと、また、霊の個性化を強調することで、祖霊という一段高い霊への融合が妨げられようとしたこと、この二点において、柳田國男は仏教を非難するのである。とくに、後者の霊の個性化は、のちにのべるように、そこに一種の反共同体的性格がうかがわれるだけに、きびしく批判されたのである。

しかし、幸か不幸か、柳田國男のみるところでは、右にみた仏教側からする干渉は、一つの例外を除き、いずれも中途半端におわっている。その好例が、盆の行事である。なぜなら、盆の行事は、死者の霊があの世へ往ったままでなく、この世に戻ってくることができるから成立するのである。それは、いかに仏教の装いをこらしていても、実際は、最も伝統的な魂祭りにほかならない。

盆の場合でも同じことだが、一方に念仏供養の功徳によつて、必ず極楽に行くといふことを請合つて置きながら、なほ毎年々々この世に戻つて来て、棚経を読んでもらはぬと浮ばれぬやうに、思はせようとしたのは自信の無いことだつた。〔中略〕言はゞ此点はまだ仏教の感化では無かつたのである。(『先祖の話』)

また、霊融合についても、伝来の霊魂観は、仏教との間に巧妙な妥協をつくり出した。それは、三十三回忌の弔いあげの習俗である。それによれば、戒名をつけられた死霊も、三十三回忌をすぎると、その個性を喪って、御先祖さま、祖霊になる。死霊が個性をもっているのも三十三年までの間にしかすぎない。柳田國男は、地方によって、三十三回忌を終えると、亭主が羽織袴で檀那寺にでかけ、ご親切にありがとうございましたと、別れの挨拶をする例をわざわざ報告している(『民俗学について――第二柳田國男対談集』)。

このように、仏教は、日本人の伝統的な霊魂観に干渉しながらも、ついにその根本的改変を実現するにはいたらなかった。では、仏教は、どのような役割りを果したと考えられるのか。排仏論者、柳田國男が認める仏教の役割りとは何か。そもそも仏教が日本人に受容された最大の理由は、柳田國男によれば、さきにもふれたように、仏教が、死穢・亡霊に対する恐怖の克服を教えたところにある。そして、この点において、もっとも功績があったとされるのが、空也・一遍両上人の仏教である。

彼等は、よく知られているように、野外に放擲《ほうてき》された人畜の屍を進んで埋葬し、またその念仏の功徳を以て災害剣戟《けんげき》のために死んだ人々の霊を浄土におくりとどけ、それが御霊となってこの世に災をもたらすことのないよう、ねんごろに弔った。柳田國男は、この空也、一遍らの亡霊鎮魂の念仏こそ、「近世国学家の罵倒にも拘らず我々が仏教の日本文明に貢献したと認める最も重要な点」(「毛坊主考」)として評価するのである。それは、伝来の霊魂観を圧迫改変するというより、それに欠けていたところを補う役割りを果しており、最終的には、伝来の霊魂観に組みこまれるものとして、容認されているのである。柳田國男にあっては、さきにふれた「先祖教」こそ、あらゆる価値判断のもとである。仏教も、この尺度に合致する限りにおいてのみ認められるのであり、空也、一遍への共感も、彼等の念仏思想のためというより、彼等が伝来の魂祭りの機能をよくわきまえていたからであった。

ところで、問題は、一つの例外である。それは、空也、一遍らとつながる念仏宗でありながら、伝統的な霊魂観と鋭く対立する一派、真宗の存在である。浄土真宗では、盆の行事は行なわれない。また、その年忌法要は、三十三回忌でうちどめとされるどころか、五十回忌、百回忌、二百回忌がとり行なわれるのが普通である。加うるに、真宗は、空也、一遍が、男山八幡や熊野の権現といった有力な神々の霊旨を、その布教の重要な指針としたのとは異なり、神祇不排を宗是としている。では、柳田國男は、このような真宗をどのようにみているのであろうか。

柳田國男の真宗観

「毛坊主考」は、柳田國男が真宗について、比較的まとまった考えをのべている唯一の論考である。

その中で、柳田國男は、真宗の布教を支えてきたのは、毛坊主と呼ばれる半僧半俗の人々であったこと、その毛坊主は、真宗の発明でなく、古代のヒジリ（柳田は、日知と漢字をあてる）の一つの形態であり、同類に、鉦打《かねたたき》、鉢屋《はちや》、願人などがあること、いずれも仏教の普及とともに、各地での葬祭・死者供養を担当する宗教的漂泊民となったが、ひとり、真宗の毛坊主のみは、その「自家用の念仏」を説くことにより逸早く村落に定着するようになり、その定着が真宗の繁盛を招くようになった、とのべている。

柳田國男は、真宗の念仏の特徴を「自家用の念仏」、つまり、他人の霊魂の供養のための念仏ではなく、自己の安心決着のための念仏にあると、正鵠をえた理解を示している。しかし、彼の関心は、その念仏の内容を明らかにする方向には全くむかわず、それが、「本人各自の調宝」に振向けられた念仏、「自分が死んで行く先を浄土か地獄かと決する段になると、朝昼夕に念仏を申してもまだ足らぬ」とのべているだけで、それ以上の説明は加えていない。そして、彼の関心はもっぱら、毛坊主の定着にむけられており、真宗の隆盛も、「自家用の念仏」の発展というより、毛坊主が説教に忙しくなり、一つの村落に足をとめてしまった結果とみている。もし、三界万霊のための供養や、しばしば御霊の祟りに原因があると考えられた疫癘《えきれい》虫旱に対する祈禱が多かったならば、毛坊主の代わりに、鉦打や願人という、他の宗教的漂泊民が定着することになったかもしれない。そうすれば、その後の歴史にみられる真宗の繁栄は可能であったかどうか疑わしい。このようにのべた柳田國男は、さらに、「総括好きの当世の学者の口吻を借るならば、一向宗の繁栄を促進したものは国民の個人主義的傾向なりなどゝ言ふ所だらうが、自分はそんな滑稽な態度には出でない」と念をおしている。

たしかに、「自家用の念仏」を以て、求道の個人化、さらには、個人主義の助長と結びつけることは、飛躍であろう。だが、「自家用の念仏」が、それまでの念仏とどのような点において異なっているのか、またなぜ、そのような念仏が求められたのかは、もっと問われてもよいはずである。なぜ、柳田國男は、それにむかって筆をすすめようとしなかったのであろうか。おそらく、その理由の一つは、この時期の柳田國男の関心が、日本の宗教史を、特定の教祖や教義の力によるのではなく、宗教的漂泊民という新しい視点から一元的に説明しようとするところにあったためであろう。しかし、もっと重要な理由は、「自家用の念仏」にどこか反共同体的な性格が漂っていることを認めたからではないか。柳田國男は、そのことをどこにも明文を以てのべていないが、一つの手がかりはある。それは、三界万霊の供養や葬儀も村人同士でとり行なう、空也や一遍の流れをくむ念仏講に対して、まことに高い評価を与えている点である。柳田國男はのべる。

> 申すまでも無く日本人は甚だしく死穢を忌んだ民族である。それが何時の時代よりか村を挙つて凶事には来り助ける風習を生じた。〔中略〕主従の誼も無く血の続きも無い者が、穴掘湯灌の世話までも手伝ひ、手伝はねば不義理者と誹らるゝに至つたのは、考へて見れば大きな思想上の変遷である。茲に於てか自分は空也上人又は一遍上人の徒の功績の隠れたる半面を景慕せずには居られぬのである。〔中略〕少なくも死人の家に出入することを何とも思はぬやうになつた一の動機は、平人に在つては彼の念仏同行《どうぎやう》の共同救済法が之を作つたものであらう。
>
> （「毛坊主考」）

空也・一遍にはじまる念仏は、葬送の際に典型的にみられるように、共同の救済に積極的に貢献している。だが、「自家用の念仏」には、果たしてこのような共同救済法があるであろうか。空也・一遍を景慕し、評価する柳田國男の口吻には、「自家用の念仏」に対する不信が含まれている、とするのは私の偏見であろうか。

加うるに、さきにもふれた真宗における年忌の問題がある。「自家用の念仏」を必要とするものは、三十三回忌をすぎ、五十回忌はもとより、百回忌、二百回忌を普通とする。それは、柳田國男にとっては、祖霊との融合を否定する以外のなにものでもない。そして、霊融合が、「多くの先祖たちが一体となつて、子孫後裔を助け護らうとして居るといふ信仰」(『先祖の話』)であるかぎり、祖霊化を拒むことは、現実の共同体に対して恩寵を授けることに参加しないことを意味する。それは、村落共同体のよってたつ基盤を否定する異端の信仰といわねばならない。そうでなくても、柳田國男は、村落共同体に対してはげしい憧景をいだいていた人である。「硝子戸の文明は台所の隔絶を意味するが、大昔にあつては一団の部落は、即ち一箇の庖厨であつた」(『秋風帖』)とのべる柳田國男にとって、村の生活の秩序と根幹を否定する考え方は容認しがたいのも当然である。

このように、柳田國男は、「自家用の念仏」という、真宗の本質にせまりうる道に至りながら、ついに、そこから先へすすもうとはしなかった。しかも、柳田國男における真宗への距離は、この「毛坊主考」がもっとも近い。そして、「毛坊主考」を離れるにしたがい、柳田國男の真宗に対する関心は低くなる一方で、その表現も断片的となり、ときには揶揄的とすらなる。

その中で目立つのは、真宗地帯に顕著な、伝来の風俗・習慣の衰微・破壊に対する強い不満・非難である。よく知られているように、真宗では、弥陀一仏への絶対的帰依が説かれ、他の神仏への帰依は雑行雑修として否定される。そのため、真宗の拡まった地帯では、しばしば、伝来の神事や民間信仰が中断、破壊されることとなる。もとより、真宗が拡まって従来の祭祀体系が著しく変更をうけても、村落共同体そのものが維持されている以上、真宗の信仰にもとづく新しい秩序が生み出されているのであり、そのことを無視して、伝来の習俗の破壊にのみ非難の目をむけることは、片手落ちといわねばならない。しかし、柳田國男にとっては、伝来の祭祀、心意、習俗は、それ自体すでに絶対的であったのであるから、真宗を中心とする新しい共同体には無関心であった。したがって、真宗といっても、柳田國男がいささかの共感を示したのは、関東における善鸞たちの、土着の神祇信仰を容認する立場であった。善鸞は、のちにのべるように、親鸞の実子であり、のちに、父から異端邪説を説くとして義絶された人物である。

親鸞上人の杖杉の如きは、別に何の寄る所も無いやうに見えるが、是でもやはり中世東国の一向門徒には、尚一段と高い土地の神の信仰を、容れるだけの余地があつた。常陸の稲田の西念寺は、上人十年止住の地であつて、爰《ここ》にも枝葉の逆さに生ずる大木の杖杉が愛護せられた。〔中略〕けだし極端なる雑修排斥は、少なくも善鸞以下の末派の、敢てする所では無かつたのである。（「杖の成長した話」）

また、親鸞に関しては、右の例にみられるように、彼が持っていた杖が成長して大木になったとか、「親鸞聖人焼鮒の御旧跡」という越後七不思議の伝説にかかわる人物としてのみ言及されているにすぎず、その思想的評価にかかわる発言は皆無である。しかし、次の例のように、前後の文脈とは全く無関係に、突如、真宗が引合いに出されることは少なくない。

九頭龍川の谷には路傍に石地蔵多し、多くは形小さく合掌の坐像なり。是等の石地蔵は大抵は新しいもの、しかも真宗の信仰とは没交渉と見ゆるが面白し。（「北国紀行」）

このほかにも、たとえば、瀬戸内海のある村が、海に面しているにもかかわらず漁業をやめ農業に従事していることに対し、「心からの海の民といふものは存外に少なかつた」と指摘するに際し、この村の人々が、代々真宗で、漁師から生魚を買って食っている理由に、殺生を悪《にく》むためと弁解しているが、釣は好んでしているから、それはあやしいものだと真宗を引合いに出している（「海女部史のエチュウド」）。

このように、柳田國男の書いたものには、親鸞と真宗に対してできるだけ無関心を保とうとする姿勢と、逆に、真宗に対する唐突な言及という両面が目立つが、それは、むしろ、彼が真宗に対してよほど深い関心をいだいていた証拠ともとれるのではないか。さきにみた、柳田國男の仏教批判も、仏教一般というより、真宗に限定した方がはるかに説得的であり、彼が仏教というとき、その深層心理には真宗があったといっても過言でないのではないか。いやむしろ、私の用語でいえば、柳田國男は、不回向型の宗教をつよく意識することで、『先祖の話』に集約される、回向型の宗教をよく分析しえたといってもよいのではないか。真宗は、柳田國男にとっては、隠された宗教であったと思われる。

回心なき宗教意識

柳田國男の真宗忌避は、さきにみたように、彼によって考えられた伝統的な霊魂観との相克にその原因をもつものであるが、一面では、彼の個人的資質に由来する点があることもみすごすことができない。回向型の宗教の特徴を知るためにも、柳田國男がどのような宗教心をもっていたかをみておきたい。その手がかりとして、私は、柳田國男が珍しく自己の宗教心のありようを吐露した佐々木喜善宛の書簡をとりあげたい。書簡の日付は、大正十一年十二月九日、発信地は、スイス・ジュネーブである。当時、柳田國男は、国際連盟委任統治委員として、二度目の滞欧中であった。

手紙は、佐々木喜善の妻が、夫の病気を心配するあまり、神信心に凝るようになったことについて、喜善が不快なこととして柳田國男に訴えたことから始まる。これに対して、柳田國男は、次のように、喜善の妻を擁護する。

君が病気で一家が途方にくれた時、油然として細君の心持に起つた信心ハ「生活力」見たやうなもので平凡な智識よりハ何倍か尊いものだとおもひ十日もかゝつて之を中止させた君の考へ方ハ寧ろ不自然だと思ふ

そして、自らの心をふりかえり、こうも書いている。

僕ハ今でも悪いことゝ思はすに時〻思ひ出すのは十七八年前に家内が腸チブスで青山さんにも見放された時、枕元にじつとしてゐて、昔の人ハこんな時にどうしたらうかと考へ神仏に祈願も出来ぬやうな生活を情なく思つたことがあります

だが、このような心持ちの中にも、神仏へのかすかな祈りが生じてくる。

それから二三年して九州を旅行してゐた時今まで何度も流産をした家内か又妊娠をしてゐることを聞いて思はす願掛をしたのが日向の霧島神宮でした　その時御蔭ニ安産をしたのが十四になる長女で、此が又何度と無く大病をする　此も九州の旅で懇意になつた阿蘇神宮の神官竹下君ハ折角生れなさった御子だが二つの年には神様が御呼戻しなさるなどと言ふのでどの位心痛をしたか知れません　そんな折にいつも何といふ理由の無く時〻霧島神宮へ供物をさし出すので後にはそんな教育を些しも受けぬ妻迄が暗黙の内に賛成共同するやうになりました

そして、今となると、次のような確信をいだいているという。

郷里の村では私ほどウブスナ様をなつかしがる者は外に有るまいと思つてゐます、〔中略〕墓場でもさうです　先祖の墓を大切にする者に大きな不幸ハ無い筈と今でも心のどこかで信じてゐるやうに思ひます

自然宗教の起り方を比較したり、僧徒神官の説明の無理を批判したりする者がどうして

そんな事をするかと人に問はれたら多分赤い顔をせねハなるまいが其がいやさに中心の欣を偽るのは尚よくないと思ひます。

しかし、柳田國男は、このような神仏への思いが、決して深いものではないことをまた率直に認めている。

欧羅巴へ来てからもカトリックの古い御寺に入つて見ると何かにもたれて少しく黙念したいやうな心持がいつでも起る　あまり今迄の生活が平凡だつた為に持つてゐる宗教心が萌えもせす花も咲かすにしまつたことは不幸だつたとおもつてゐます

この手紙をしたためたとき、柳田國男は四十八歳であった。果たして、それまでの人生が、文中にあるように平凡であったかどうか――それは今は問わない。しかし、自らの宗教心をふりかえり、それが、「萌えもせす花も咲かすにしまつた」と述懐し、そのことを「不幸だつた」と告白していることは見逃すわけにはゆかない。わずか数行の文章ではあるが、それは、柳田國男の内面を知るに足る貴重な手がかりである。

もともと、柳田國男は、きわめて敏感な宗教的感性の持ち主であった。また、『先祖の話』等に結実する祖先祭祀への関心は、まぎれもなく、一種の宗教的情熱によって支えられているといってよい。しかし、その宗教的情熱は、世界宗教の特定の宗派、教義と切り結ぶことは一度もなかった。さきの述懐・告白は、おそらくそのことと深い関係をもつものであろう。中村哲《あきら》もまた、柳田國男が「浪漫主義的関心から永遠なるものを求める宗教的関心をつよく持ちながら、他方では、祖先崇拝に止って、普遍宗教に達しえないことからくる自己矛盾」(『柳田国男の思想』)が、その学問をつよく規制していることを指摘している。このことは、柳田國男とならんで、日本の民俗学をつくりあげた南方熊楠が、真言密教に深く帰依し、それを中心に西洋科学までとりこみ、新しい東洋の学問をおこそうとしたこととあざやかな対照をなしている。

ともあれ、柳田國男にあっては、自己の存在のありようをきびしく問い、究極的救済を求めるという意味での宗教的精神は、決して強くはなかった。その意味で、右の手紙は文言どおり認められねばならないであろう。そして、そのことは、柳田國男の生涯の課題となる、日本人の伝統的な宗教意識の解明に対し、プラスとマイナスに作用することとなる。プラス面は、いわば回心なき宗教意識のモデルの抽出に成功したことであり、マイナス面は、個人の心の奥底から発せられる求道心をわざと捨て、それを民俗の宗教意識全体の中に位置づけることができなかったことである。

では、回心なき宗教意識とは何か。それは、特定の教義との出逢いによる自覚的入信、信仰生活ではなく、年中行事をはじめ、諸種の通過儀礼を遵守することによって人生の安定を保とうとする、広い意味での宗教心のことである。五来重《ごらいしげる》の表現をかりれば、それは、生活のリズムとしての宗教である。「信仰とは日常的なものである。それはエリートのための深遠な学問や教理ではなくて、庶民のための日常的な生活のリズムである。一日には一日のリズムがあり、一年には一年のリズムがある。また一生には一生のリズムがあり、神社や寺院や墓や仏壇や神棚がこれにアクセントをつける」(『仏教と民俗』)。年中行事に即していえば、年末年始には、除夜の鐘をすませて、神社へ初詣にでかけ、春秋の彼岸には先祖の墓に詣でる。また受験シーズンともなれば、各地の学問の神様に合格祈願の小絵馬をかける。人の一生についても、宮参り、七五三から神前結婚式、そして年回法要まで、個人の明確な決断、選択が前面に出ることはほとんどない。しかし、それだけにかえって、無意識のうちに規制される一面をもつ。柳田國男は、この習俗の底を流れる深層心理を分析することで、日本人の宗教意識、とくに回向型の宗教意識の構造を明らかにすることに成功したのである。それは明らかに、彼自身が回心によって自覚的に宗教の世界に生きるというより、習俗に慣れ親しみ、行事に参加することで心の安らぎを得るという生き方に、一段と深い関心をもっていたことを示す。

そして、柳田國男におけるこのような非回心型の宗教意識への関心は、その根底に、宗教は自然なもの、普通のものであるべきだという考えがある。たとえば、柳田國男は、なぜ日本人は、名のある大いなる神々を祭ることを常とせず、山の神、荒野の神、海川の神

を祭ることを日常とするのかという問いに答えて、それは、

信仰の基礎は生活の自然の要求に在つて、強ひて日月星辰といふが如き壮麗にして物遠い所には心寄せず、四季朝夕の尋常の幸福を求め、最も平凡なる不安を避けようとして居た結果、

（『農村家族制度と慣習』）

とのべている。

このような、生活の自然の要求に根ざした宗教心の重視は、『先祖の話』にも貫かれている。彼が、先祖崇拝を日本人の信仰心の中核とみなすのも、それが、あくまでも、日本人にとって自然だからである。

この信仰の一つの強味は、新たに誰からも説かれ教へられたので無く、小さい頃からの自然の体験として、父母や祖父母と共にそれを感じて来た点で、

（『先祖の話』）

同様の趣旨を、さきの佐々木喜善宛の手紙の中でも、次のように書いている。

どんなに我ゝの信仰の起源が明白になつても親が堅く信じてゐたといふ事実ハ我ゝの信

心の基礎になつてくれるとおもひます　日本人の美しい処は此辺にしかないやうにおもひ始めました

生活の自然の要求に根ざした、伝承に忠実な信仰心に力点がおかれてくると、特定の教義をもつ宗派宗教は、その視野からますます遠ざかるのは当然である。そして、その結果は、次のような認識となる。

世界的の宗教は大規模に持込まれたけれども、我々の生活の不安定、未来に対する疑惑と杞憂とは、仏教と基督教とでは処理し尽すことが出来なかつた。現世幸福の手段としては不十分なる点が見出された。而うして其欠陥を充すべき任務は、太古以来同胞の婦女に属して居たのである。（『妹の力』）

そこでは、世界宗教の土着化の過程に示された日本人の創意工夫、普遍的宗教による救済への渇望などは問題とされておらず、太古以来の巫女道が、素朴に肯定されているのである。

普遍への回路

柳田國男のすぐれた業績は、仏教やキリスト教といった世界宗教を、その学問的視野から除外することで達成された。しかし、世界宗教と切り結ぶことを拒否する上で成立した学問は、その方法の故にまた重大な課題を担うこととなる。それは、民俗における普遍への回路をいかに確保するかという問題である。たとえば、盆の行事における仏教の役割をどのようにみるか、もその一つである。

さきにみたように、柳田國男によれば、盆の行事は、外見はいかに仏教化していても、その本質は、正月行事とならぶ伝来の先祖祭である。とりわけ、外精霊《ほかじょうろう》の説明は、柳田國男がもっとも苦心した点である。外精霊とは、地方によってホカドン、トモドン、御客仏、無縁様、餓鬼、などとよばれる霊のことで、家々の内なる精霊や御先祖とは明確に区別される。そして、外精霊は、しばしば、御先祖の供物を横からとって食べるので、御先祖を祭るには、まず彼等に何か食べものを与えて邪魔をせぬようにしなければならないといわれる。そのため、多くの場合、家の御先祖様を祭る棚とは別に、外精霊のための盆棚が設けられるのが普通である。

たとえば京都では、オショライサンが迎えられた日から、十六日の大文字の送り火までの間、御先祖のために、脚付きの特別の膳が正月の祝い膳と同じように用意される。そして、膳には、正月の煮しめと同じように、手数を要する献立が、一日に一度ならず二度、三度と供せられる。一方では、ゴイットサンやムエンサンのために、大きなはんぼうが用意され、そこには、小さな茶碗が沢山あって、常時、茶が注がれており、ほかに供え物が山と盛られ、箸も束で置かれている。茶は時間がくれば下げられ、縁側からムエンサンに撒かれ、また新しい茶が注がれる。このように、家の先祖と外精霊の両方のための祭りが截然ととり行なわれている。

問題は、右にみたような、外精霊の供養をどのように説明するかである。柳田國男は、それが、場所によって、一切精霊様とか　サンゲバンゲとよばれることがあり、また三界万霊の訛った音であることから、仏教の三界万霊の教えにもとづくもののようにみえるが、その実は、仏教とは全く関係のない、伝統的な「ほかひ」に由来するという。もちろん、柳田國男は、仏教の説く三界万霊の思想に対しては、

> 是は我国固有の先祖祭思想の、恐らく予期しなかつた新しい追加である。基督教の方にも十月四日の万霊祭が有るやうに、是が仏法の世界教としての一つの強味であり、種族を超越した信仰共同への大きな歩みであつたことは認めなければならぬ　（『先祖の話』）

とはのべている。しかし、そのすぐあとで、三界万霊の思想は、寺々に設けられる盆棚、施餓鬼法要に限ってのことであり、個々の家庭における外精霊のための供養を説明するものでないことを力説する。柳田國男によれば、それは、あくまでも「ほかひ」の現象なのである。

「ほかひ」とは、たとえば長崎では、盆の精霊棚の片脇に無縁の霊を祭ってこれに供物の余りを供えることをホウカイというとか、高千穂地方では、敬神家が、酒を飲む前に、指の先で三べんほど酒を空中に散らすことをホカフというように、また、さきの京都の例でいえば、茶を縁側からムエンサンのために撒くように、特に定めることができない諸々の霊に食物を供することをさす。それは、特定の神や霊に向かって供御をすすめる「まつり」とは全く異なる行事で、「ほかひ」には、「不定数の参加者」、「目に見えぬ均霑者《きんてん》（平等に利益を蒙る者）」（『先祖の話』）が予想されているという。

このように、柳田國男によれば、特定の神や霊を祭るほかに、不特定多数の無名の霊に食物を供する伝統があればこそ、仏教の三界万霊の教えも日本人に受容されたのであり、その逆はあり得ないのである。「所謂三界万霊の外来教義などは、たま〳〵是〔「ほかひ」のこと〕と習合しかゝつて未だ遂げざるもの」でしかない、というのが柳田國男の結論である。そこでは、家々で餓鬼棚を設け、無名の諸霊を供養する心が、三界万霊の供養という普遍的な世界にむかって開かれていく回路は閉ざされている。

かつて益田勝実は、柳田國男の学問が、南方熊楠の学風と比べるとき、日本人の特殊な面を明らかにすることに力点がかかりすぎていると指摘したことがある（『民俗の思想』）。今日からふりかえれば、日本人の普遍的な面に目を向けた南方も、特殊な面の発見に努めた柳田も、期せずして「日本学」形成のために、学問的分業を担ったといえるが、柳田國男の特殊指向をそのまま受けつぐだけなら、彼自身が目ざした学問救世の理想からも遠いものとなってしまうであろう。その意味で、柳田学の発展的継承のためには、柳田國男個人のイデオロギー的要素を捨象せねばならぬという、中村哲の主張は、傾聴に価する。もし、柳田國男の病的なまでの仏教忌避が除かれるならば、右の「ほかひ」と「三界万霊」の関係も、仏教から見れば、その土着化の一つの姿であり、伝統的な民俗からいえば、仏教を受容することによって獲得できた普遍的世界の一つと見ることができるのではないか。つまり、「ほかひ」は、民俗が普遍的世界にむかう際の重要な回路として読み直すことができるのである。

同様のことが、真宗にもあてはまるのではないか。さきにふれた「毛坊主考」にもどってのべるならば、真宗の眼目として指摘された「自家用の念仏」が、それまでの念仏とどの点において異なっているのか、またどの点において共通しているのか、その連続と非連続をたずねることで、民俗が生み出す普遍への回路がいかなるものかを明らかにすることができるのではないか。そもそも、真宗自体、柳田國男がいかに忌避しようとも、日本の民俗の産物であることは否定のしようもない明白なことである。

たしかに、真宗信者の思想と行動様式は、柳田國男の明らかにした民俗宗教の常軌からはずれることが少なくない。さきにみたように、盆の行事をとり行なわないことは、その一例である。また、正月に門松を立てない門徒も多い。あるいは、天明の大飢饉で絶滅に瀕した相馬地方をたて直すために強制移住させられた加賀の真宗門徒が、そののち長く、現代にいたるまで土地の宗教習俗になじまず、独自の習慣を保ちつづけていることはよく知られている（堀一郎「相馬の真宗」、『宗教・習俗の生活規制』所収）。

しかし、柳田國男が尊重した年中行事の多くを否定する真宗門徒ではあるが、彼等にとって最も大切な報恩講や蓮如忌は、それぞれ、伝来の秋の収穫祭と春の予祝祭を吸収することによって成立している。また、北陸付近の報恩講で、豆御飯や小豆粥が供されるのは、大師講の名残りである。あるいは、蓮如忌に近くの山に登って、共同飲食を行なう門徒もいるが、それは、古い時代の山遊びの習俗が生き残っていると考えられる（森龍吉著『蓮如』参照）。このように、伝統的な習俗、行事をたくみにとり入れることによって、真宗も農民の間に深く根をおろすことができたことは忘れてはならない。そして、その結果、真宗には、妙好人とよばれる一群の篤信者が生まれてくるが、その姿は、従来の民俗が仏教とであう中で生み出した、新しい民俗の顔ということができる。だが、さきにみたように柳田國男は、彼等を常民の範疇に加えなかった。

　このように、徒らに真宗を度外視することは、民俗の幅と深さを制限するだけであり、逆に、真宗を視野に取りこむことができるならば、民俗は一層豊かなものとなる。たしかに、柳田の頑ななまでの真宗忌避によって、真宗が民俗宗教の一方の極に立つものであることが明らかになったともいえる。そして、今重要なことは、真宗を、柳田國男の明らかにした回向型の宗教に還元してしまうことでもなく、逆に、真宗を民俗宗教から切り離して絶対視することでもなく、両者の緊張関係の中から、日本人の、普遍的世界への道筋を見出していくことではなかろうか。くりかえすが、日本の民俗を、その特殊な面においてのみ評価するのは、人類社会の世紀の到来に対して、あまりに時代錯誤なことである。問題は、民俗における特殊から普遍への軌跡を明らかにすることである。それは、ヨーロッパ近代という尺度がその神通力を喪い、自前の物差しを必要とするようになった今日の状況の中では、ますます切実となってきた課題ではないか。そして、それはひとり日本に限定された課題ではない。各民族がそれぞれに、内発的な普遍への道を獲得してはじめて、人類社会の出発が可能となるのである。

　さらにいえば、柳田國男の明らかにした祖先崇拝は、中村哲のいうように、柳田國男本人の近代的精神にすでに耐えうるものではなかったという事情がある。その民俗学は、日本人の死生観、世界観を考える上で有力な素材とはなっても、現代人のもつ切実な宗教的要求に直接応えるものではない。柳田國男は、自らが明らかにした伝来の「先祖教」に、おのれの安心を託したわけではないのである。その意味では、彼の安心の問題はとり残されたままであったというべきであろう。

しかも、宗教をとりまく状況はきびしさを増す一方である。科学とニヒリズムは、人間の究極的救済を求める問いかけに対し、厚い壁となっている。その壁を前に、既成の宗教は一歩もふみ出すことができないでいる。このような状態であってみれば、民俗における普遍への飛躍の跡を検証することは、ますます急務となるのではなかろうか。

この点において思い起こされるのは、イスラム文明について鋭い考察を加えた、ハミルトン・ギブの指摘である。ギブは、近代英国歴史学界において、トインビーとならぶ巨人と評された学者であるが、彼によれば、イスラムの宗教的世界は、たえず、素朴なアニミズムとの対立緊張の持続によって鍛えられてきたという。

「アニミズム」はその恐怖感、その非合理性、その豊かな想像的な力を伴なって、あらゆる歴史的宗教の下意識に横たわっている。なぜならば「アニミズム」は五千年の宗教史の背後に続く五十万年の人類史の遺産の紛れもない一部であるからである。われわれの意識の背後に絶えずつきまとうこれらの原始的残存を規制し、統制することこそ、宗教の根本的役割たるべきである。

（加賀谷寛他訳『イスラーム文明史』）

回向型の宗教意識や、柳田國男のいう「先祖教」を、ギブのいう「アニミズム」に短絡させるつもりは毛頭ない。ただ、自然発生的で人間の心理的願望にのみ支えられている宗教意識だけで、人間の歴史が動いてきているのでは決してないこと、「アニミズム」から世界宗教へという単純な進歩史観ではなく、人類の生命とともに古い「アニミズム」との葛藤対立が、普遍的救済論の確立の上では不可欠であるという点は、ギブとともに肯定したい。日本人の精神史の探究が、このような葛藤対立をふまえるのではなく、さきの柳田國男の表現のように、「太古以来の巫女道」が素朴に肯定されるという、イデオロギーのつよく染まった方法に終始することだけは、もうやめてもよいのではないか。

第一章 忌みの風土と専修念仏の誕生

「一百四拾五箇条問答」

法然上人の語録を集めた『和語燈録』の中に、「一百四拾五箇条問答」がある。それは、法然上人と信者たちの間でかわされた信仰生活に関する問答である。問いを発しているのは、主に堂上の女房たちといわれている。その内容は、たとえば次の通りである。

問「酒のむはつみ〔罪〕にて候か」
答「まことにはのむべくもなけれども、この世のならひ」
（愛飲家ならずとも心なごむ名答ではないか）。

問「父母のさきに死ぬるはつみ〔罪〕と申候はいかに」
答「穢土のならひ、前後ちからなき事にて候」
（両親を無事送り終わったとき、二親に先立つことがなくてよかったと思う人は今も少なくはない。父母に先立つことはたしかに不孝であろう。しかし、寿命の長短をえらぶことはできない。万一、父母に先立つことがあっても、それを罪と決めつけるのは、無常の道理にくらいことではないか)。

問「心を一つにして念じ候はゞ、心よく直《なをり》候はずとも、何事を行ひ候はずとも、念仏ばかりにて浄土へはまいり候べきか」

答「心のみだるゝはこの凡夫の習ひにて、ちからをよばぬ事にて候。たゞ心を一《ひとつ》にして、よく御念仏せさせ給ひ候はゞ、そのつみ〔罪〕を滅して往生せさせ給ふべき也。〔以下略〕」

(心を格別に改めたり、特に修行することができなくても、一心に念仏すれば浄土へ往生できる、という法然上人の教えは、容易にすぎてかえって不安なのであろうか。「念仏ばかりにて浄土へはまいり候べきか」と問う。これに対し、法然上人は、「心のみだるゝはこの凡夫の習ひにて、ちからをよばぬ事」、修行や心掛けぐらいで、心を思うように統御できるであろうか。乱れる心は、人間にとっては目鼻があるのと同じで、それをすてることは目鼻をすてるに等しい。心乱れる凡夫であればこそ、念仏するのである)。

問「百日のうちの赤子の不浄かゝりたるは、物まうでにはゞ〔憚〕かりありと申たるは」

答「百日のうちのあか〔赤〕子の不浄くるしからず。なにもきたなき物のつ〔付〕きて候はんは、きたなくこそ候へ。赤子にかぎるまじ」

（生まれて百日以内の赤ん坊は穢れているので寺へ参詣するのはさしつかえるのではないか。法然上人は答える、そのようなことはない。汚ないものがついているわけでもなし、第一、穢れているのは赤子だけに限るわけではないであろう）。

問「にら、葱《き》、蒜《ひる》、鹿《しし》をくひて香《にほひ》うせ候はずとも、つねに念仏は申候べきやらん」

答「念仏はなにゝもさは〔障〕らぬ事にて候」

問「ねてもさめても、口あら〔洗〕はで念仏申候はんはいかゞ候べき」

答「くるしからず」

問「五色のいと〔糸〕は仏にはひだり〔左〕にとほ〔通〕せ候き。わがて〔手〕にはいづれのかた〔方〕にていかゞひ〔引〕き候べき」

答「左右の手にてひ〔引〕かせ給べし」

問「わがれう〔料〕の臨終の物の具、まづ人にかし候はいかゞ候べき」

（私の用いるべき臨終の道具を人に貸すのはいかがなものでしょうか）。

答「くるしからず」

問「尼の服薬し候はわろく候か」

答「やまひ〔病〕にく〔食〕ふはくるしからず。たゞは〔平生は〕あしく候」

問「物まうでし候はんに、男女かみ〔髪〕をあら〔洗〕ひ、せめてはいたゞき〔頂〕あら〔洗〕ふと申候はまことにて候か」

答「いずれもさる事候はず」

（寺へ詣でるときは、髪を洗わねばならぬ、ということがあったのであろうか。もし、できぬときは、髪のさきだけでも洗わねばならないのでしょうか、との問いに、法然はそんな必要はないと否定する）。（いずれも、東方書院版『昭和新纂国訳大蔵経』宗典部第三巻「浄土宗聖典」による。ただし表記については、一部、平楽寺書店版『昭和新修法然上人全集』によって改めている。以下、法然の引用は同じ）。

このように、問答の内容は、念仏のあり方、持戒、諸々の禁忌にかかわる事柄、臨終の行儀、服薬、物詣、さらに、今日の常識では容易に理解しがたい諸種の俗信にいたるまで多岐にわたっている。それだけに、これらの問題を仔細にみていくと、当時の人々がどのような精神風土の中に生きていたかが、よくうかがわれる。とりわけ、注目すべきことは、問いの多くが、死の忌み、産の忌み、血の忌みといった禁忌にかかわって発せられていることである。

忌みのおそれ

さきに、生まれて百日以内の赤子の社寺詣の可否を問う条を紹介したが、ほかにも、産後百日の間にする社寺参詣は障りがあるのかどうか、また、出産の際の物忌みは幾日間か、という問いが出されている。あるいは、女性の生理日に関しても、そのときの読経は障りとなるのではないかと、しきりに気にかけている。死に関しても、亡くなった人の命日に神社に参詣するのはさしつかえないか、あるいは、七歳の子が死んでも物忌みすることがないのは、どういうことか、厄病や出産で死ぬものは罪であるというが本当か、と問うている。社寺、とくに神社に参るときは、大変神経を使っていることはさきにも紹介したが、念仏を行にしている者が神社に参詣してもさしつかえないか、灸治のときの参詣はいかがか、忌みを守るべきものの参詣はどうか、などとある。

ところで、このような忌みに対する深い関心は、ひとり「一百四拾五箇条問答」の問者たちに限るものではなく、平安時代半ばごろより広汎にみうけられる傾向であった（原田敏明著『日本古代宗教』、佐々木徹真「俗信に対する法然上人の教示」等参照）。たとえば、出産後の忌みの期間については、『延喜式』には「産七日」とあり、文保二年（一三一八）の『文保記《ぶんぽうき》』には、産婦は百日の間、伊勢神宮に参詣してはならない、とある。亡くなった人の命日にこだわるのも、当時、本命日というものがあり、甲子の日に生まれた人は、甲子の日が本命日で、それは六十一日毎にめぐってきて、一年に六度あることになるが、この日は、いずれも凶の日で、諸事、忌み慎しむべき日とされていたことに関係する。また、七歳の子が死んだとき、物忌みをしなくてもよいというのも、『拾芥抄《しゅうがいしょう》』によれば、七歳以前のものが幼くして死んだときには、親は喪に服す必要はないとある。そのことは、七歳までの子供が死ぬと、わざと埋葬のとき魚を持たせたり、口にごまめや干鰯をくわえさせるという、現在に伝わる習俗とも深い関係がある。柳田國男によると、七歳までの子供は神のものと考えられているとされ、埋葬のとき魚を持たせるのは「生臭物によつて仏道の支配を防がうとしたもの」らしく、いずれにせよ、生まれ変わりを早くする為という（『先祖の話』、「家と小児」）。灸治を禁忌とするのは新しいことで、『徒然草』には、「灸治あまた所になりぬれば〔身体中が汚くなるので〕、神事に穢ありといふこと、近くの人のいひ出だせるなり」とある。

のちにのべるように、もともと禁忌は、神事に清浄を保つ必要から生まれたものだが、中世に入ると、『諸社禁忌』とか『物忌令（服忌令）』がつくられ、忌むべき穢の内容や、触穢の際はどのくらいの期間、神社に入ることを遠慮するか、また、触穢の解除にはどのような作法が必要か、などが決められてくる。

このようにみてくると、「一百四拾五箇条問答」にある、諸種の禁忌をめぐって発せられた問いの数々は、まさしく、時代相を反映したものといえる。しかも、問答は、いわゆる三不浄（死穢、産穢、血穢）にとどまるだけではなく、日常生活の些細な部分に関する禁忌にまで深く及んでいる。それは、さきにみた参詣の際の洗髪に典型的にあらわれているが、他にも、蒜、鹿を食って三年の内に死んでしまった人は往生しないというが本当か、数珠に桜・栗を用いることは忌むべきことか、巻いてある経本を草子にたたむのは罪になるか、法華経を読みさしにして魚を食わないとはどういうことか、桐の木を燃やして灰をつくり、それを神仏に供えるかわりに、紙を燃やせばどうなるか、斎《とき》に豆、小豆を用いないとどういうことになるか、等々である。いずれも、断片的な上、今日の常識では、その真意を測ることは容易ではない。しかし、かえってそれだけに真にせまる部分があり、病的なまでの忌みへのおそれが、問いを発している人々を支配している様子がよくうかがわれる。

このような、触穢と禁忌を犯すことへの恐怖がもっとも高まった例が、次の問いである。

問「臨終の時不浄のものの候には、仏のむかへにわたらせ給ひたるも、かへらせ給ふと申候はまことにて候か」

仏が来迎にみえても、対象の人間が不浄の者ならば、浄土へ迎えとることなく帰ってしまわれるというが本当であろうか、というのが問いの内容である（この問いには、わざわざ、「建仁元年十二月十四日、見参にいりて、問ひまいらする事」とことわりがついている。建仁元年〔一二〇一〕は、法然六十九歳。ちなみに、この年、親鸞が法然の門に入っている）。右の問いに対する法然の答えは、次のとおりである。

答「仏のむかへにおはしますほどにては不浄のものありといふとも、なじかはかへらせ給ふべき。仏はきよききたなきの沙汰なし。たゞ念仏ぞよかるべき。きよくとも念仏申さゞらんには益なし。万事をすてゝ念仏を申すべし。証拠のみをほかり」

法然の答えは、見事に禁忌とは無縁である。さきに紹介した他の禁忌に対しても、法然は、「仏教にはいみといふ事なし。世俗に申したらんやうに」、「神やはゞかるらん。仏法にはいまず、陰陽師にとはせ給へ」、「ひが事なり」と明快に答えている。

それにしても、法然と問者との忌みをめぐる態度には、なんと深いへだたりがあることであろうか。一方は、禁忌に執着すること深く、他方は、禁忌を否定すること明快で、その精神は自由自在である。この対照を生み出したのか。この対照は、一体どのような理由にもとづくものなのであろうか。何が、この対照を生み出したのか。そもそも、この問答は、二つの全く相反する宗教意識のぶつかりあいの表われというべきものではないのであろうか。この問答の背景には、意外に深くて鋭い思想史的課題が隠されているように思われる。

では、まず、忌みにとらわれる精神がどのようなものであるのか、とりわけ、平安時代末期から鎌倉時代初頭における忌みが、どのような歴史的性格をもつものであったかを、次にみてみよう。

忌みの歴史的性格

禁忌、禁制、忌みは、普通は人間の本能に根ざす行為と考えられやすい。柳田國男も、忌みは、人間が、太古、力弱き動物として生活を余儀なくされていたとき、じっと身をひそめることで危害から逃れようとした事実にまで遡る行為ととらえ、「まじなひや唱へごとの積極的に好事の出現を招致せんとしたのとは正反対に、只ぢつとして居て凶事の不出現を期し望」（『忌と物忌の話』）む行為としている。たしかに、宗教的心意や習慣は、歴史をこえた、人間の深層心理に源を発する不変の事柄と考えられやすい。ことに日本では、近代の始まりにあたり、天皇制を確立するために、万世一系や太古以来不変のかむながら（随神）の道という、超歴史的思考を優先させる傾向が強かったことも加わり、宗教的現象を歴史的に相対化して考察することは不得手であった。ことに、禁制については、その名状しがたい強制力の故に、太古以来の人間の本能に還元して考えられやすい。しかし、果たしてそうであろうか。まず、その言葉の意味からみてみよう。

　忌《い》みという言葉のもつ語感は、忌避する、忌み嫌う、という用法に一番よくあらわれている。それは、穢れた対象を避け、忌み嫌うことで、災の及ぶことから逃れようとする行為といえる。だが、一方、辞書によると、忌むという表記とならんで斎むという漢字もあてられている。斎《い》むは、潔斎という熟語が示すように、積極的に身を慎み、自ら神聖な世界に入ろうとする行為をさす。このように、同じいみでも、忌と斎をあてる場合があることがわかるが、問題は、忌と斎とでは、内容がほぼ正反対になるということである。つまり、忌みは、斎みに比べると、忌避という熟語が示すようにきわめて消極的、ネガティヴである。逆に、斎みは、さきにみたように大変積極的なニュアンスをもつだけでなく、吉の雰囲気をもつ。それに比べると、忌みは凶の言葉である。

　では、なぜ、このような相違が生じたのであろうか。学者の教えるところによれば、日本語の「いみ」には、もともと穢れを避けるという意味と、積極的に身を慎むという意味が未分化のままに含まれていた。「いみ」は、普通でない、尋常でない世界に対処する態度をさすのであって、その普通でないものには、人間にとって好ましい場合と、好ましくない場合がある。そして、好ましくないときは、できるだけ近よらず、好ましい場合には、積極的に近づき、それと同化しようということになる。この好悪の意識が発展し、やがて前者に忌、後者に斎の字をあて、以て吉凶の区別を明白にするようになったという。そして、その区別がはじまった時期は、ほぼ奈良時代末期といわれる。これに従えば、忌みは、「いみ」がもっていた好悪両義のうち、悪なるものとして避けようとする側面のみが強調されるときに成立したといえよう。あるいは、聖なる世界、好ましい世界へ積極的に接近しようという、のちに斎みと表記される意識を捨てさること、ないしは抑圧することで、忌みが成立してきたとも考えられる。

　このようにみてくると、斎みにおいては、聖なる世界に近づくための戒慎が第一の意味をもっており、穢れを去ることは、その一面にしかすぎない。ところが、忌みにおいては、斎みのもつ、聖なる世界にむかう積極性、主体性は姿をひそめ、その手段にしかすぎなかった穢れをとり去るという一面のみが強調される。斎みが戒慎を中心とするポジティヴな行動原理であるとすれば、忌みは禁制を主とするネガティヴな行動原理といわれる所以である。

ところで、このような「いみ」における斎みから忌みへの転化の例に逸早く注目していたのは、柳田國男である。柳田國男は、その著『妹の力』の中で、神への供物を女の子に食べさせてはならないとか、女の子の爪を火にくべたり、縁側で髪を梳くと狂者になるといった禁忌は、もともと女性が祭祀祈禱の肝要な部分を管轄していたことに由来する、とのべている。それによると、神聖にして好ましい行為も、その本来の意味が喪われ、忘れられていくにつれ、もっぱら忌むべきものとして伝承されるにいたるということがわかる。同じことは土地の名にもみられ、たとえば、癖田とか病田、クセ山、クセ地とよばれる所があるが、それらは、病気になるとか祟りがあるといって利用されずに放置されていることが多い。だが、これももとは村の最も神聖な場所、神々が降臨する場所であったのであり、そのことが次第に忘れられていく中で、滅多なことでは近寄ってはならない場所として忌み避けられるにいたった例といえよう（竹田聴洲・高取正男共著『日本人の信仰』）。

では、なぜ、「いみ」における忌みの肥大化が生じてくるのであろうか。あるいは、斎みの意識が後退し、忌みのみが強調されるようになってきたのであろうか。この変化については、柳田國男はとくに言及するところはない。この点をめぐってすぐれた仮説を提供したのは、高取正男である。高取正男は、その著『神道の成立』で、大略次のようにのべている。

奈良時代の天皇・上皇・皇后・皇太后の葬儀は、その前半期にあっては、禁忌にとらわれることが少なかった。しかし、光仁期（光仁天皇の即位は七七〇年）以降になると、諒《りよう》闇《あん》（天子が父母の喪に服する期間）、釈服従吉（喪に服することをやめ、吉儀に従う）において、著しい禁忌の増大がみられるようになってくる。この変化は、第一には、聖武朝から称徳朝にかけての仏教政治に対する反動であること、第二は、律令体制の完成の中で、天皇の神権性がますます強化されるようになり、その神権性保持のため、凶事と吉事の区別が一段ときびしく求められるようになった結果である。とくに桓武朝（桓武天皇の在位は、七八一年から八〇六年まで）においては、天皇の神権は極度に強調され、宮廷の祭儀や儀礼も、中国の制度にならって整備され（桓武天皇は、中国の皇帝を指向したといわれる）、その中で、神祇祭祀の吉儀に従うものは、徹底して凶礼を忌避することが求められた。そして、そのために、思想的には、仏教の浄・穢、儒教と道教の吉・凶、陰・陽の論理が積極的に用いられ、精緻な禁忌体系が生み出されるにいたった。

この高取説によれば、八世紀末から九世紀初めにかけての律令貴族の神聖意識、つまり、聖なる廟堂において司祭者としてまつりごとにたずさわるが故に、いつも神聖性を保持していなければならないという意識の誕生こそ、伝来の「いみ」における禁制部分を肥大化させる原因となったのである。そして、肥大化した禁制は、さきにふれたように、仏教・儒教・道教の思想的架上を経て、自覚的な宗教意識にまでたかまることになるのであり、高取正男は、これを以て「神道」の成立と考える。

「神道」が、このように、奈良時代の仏教政治を否定的媒介にして成立していることは、大変興味のあるところであり、結論のみ先にいえば、法然、親鸞らの専修念仏が、この「神道」に対する反作用の一面をあわせもつことは、歴史というものの弁証法的性格をうかがわせるものとして注目される。

ところで、桓武帝を中心とする律令貴族の中で生まれた禁忌意識は、仏教とならび、一つの救済論として、平安時代を通じ、貴族社会にひろまっていく。そして、さらに、高取正男によれば、本来、律令政治の中枢にかかわる人々のものであった禁忌体系は、中世になると、村落共同体にまで受容されるようになってくる。というのも、惣村結合の進展の中で、自給自足的、定住的な村落がつくられてくるにしたがい、その定住性確保のための願望が、きわめて強烈になってくるからである。つまり、このころ、水田耕作は、ようやく安定へのきざしをみせはじめるが、それまでは、村といっても稲作の出来具合により流転をまぬがれぬ運命にあり、定住を確保することは大変むつかしかった。それだけに、一度手にした定住はなにがなんでも守らねばならず、その点で役に立つ術は、なんでもとり入れようとした。この意味で、律令貴族たちの聖性保持の理論は、まことに要求に合致するものであり、そのさまざまな禁忌は、中世の村々にまで滲透することになった。そして、その多くが、現在の民間信仰とよばれるものの根幹部をなして伝承されるにいたっているのである。

このようにみてくると、「二百四拾五箇条問答」において、法然に問いを発した堂上の女房たちをとらえていた禁忌は、奈良時代末から平安時代はじめにかけての律令貴族がもっていた独特の神聖意識に端を発する、新しい宗教意識（高取正男のいう「神道」）の流れに属するものであることがわかる。そこでは、積極的に聖なる世界に参加するためにさまざまな手段をかさねるというのではなく、もっぱら、災や穢れが我が身に及ぶことをおそれ、それを避けるための手段を講ずること、また万一不浄や災難が身に及んだときには、それをいかに除くかが関心の中心を占めることになる。それは、廟堂に奉仕する律令貴族たちの最大の関心事が、あらゆる不浄から身を守ることにあったことと対応している。だが、平安時代を通じて一般化した禁忌意識には、もとの律令貴族たちのもっていた自己の神聖性に対する確信が、もはや稀薄になっていた。それは、常時、廟堂に仕えるという、もともときわめて限られた人間のみがもちうる体験を欠いたことの結果といってよい。このように、自己の神聖性を確信することができない状況の中で、なおかつ禁制というふるまいのみをうけつごうとすると、当然のことながら不安を招き、元来、確固とした原理の上に構築されたものではない禁忌は、容易に増殖、架上を許すところとなり、禁忌への異常な、病的なまでの関心を生み出すこととなってくる。しかも、禁制は、本来、「いみ」の手段でしかなかった。聖なる世界へ積極的に参加し、自己の聖性を獲得するための手段が目的となってしまうことは、新しい不安、不満の源となる。ここに、斎みの抑圧という新しい問題が登場してくる。いわば、伝来の斎みが、律令貴族たちのイデオロギーによって歪曲され、換骨されていくことによって生み出されてくる矛盾があらわになってきたということである。法然や親鸞の求道は、このような状況と密接な関係をもつと考えられるが、それはのちにのべるとして、平安時代末期、鎌倉時代はじめの、一般的な禁忌意識は、以上のような歴史的性格をもつものであったことは、十分に留意されねばならない。

とくに、この段階での忌みは、斎みの抑圧という本質的課題を内にもっているものではあっても、まだ、まぎれもなく、一つの救済論として機能しているのである。諸々の禁忌は、それを決められた手続きどおり順守している限り、それを実践するものの聖性を保証してくれるのであり、穢れをまぬがれた存在は、それだけで神との連続性を確保しうる。それは、忌みが救いとして機能していることといえよう。したがって、「一百四拾五箇条問答」の問者たちは、禁忌のありように病的なまでの関心を示しているのであり、触穢に対しても、新興の念仏がいかほどの威力を発揮しうるのかを問い詰めているのである。それは、近代のインテリが好んで使用する、「迷信」などという言葉で片づけられるものでは決してない。

ゆれる禁忌

「一百四拾五箇条問答」において、法然に問いを発していた人々の心をとらえていた忌みは、特殊な歴史的背景をもつものであった。そして、さらにその仔細をみてみると、法然、親鸞が活躍する平安時代末期から鎌倉時代はじめになると、都では、それまでの禁忌に新しい禁制が加わるなど、全体的には、禁忌がさまざまにゆれ動いていたことがわかる。

たとえば、高取正男は、前著で、『江談抄《ごうだんしょう》』（十二世紀はじめの書物）中にある獣肉に関する禁忌を例に、このころになると、獣肉に対する禁制にも変化が生じていることを論証している。宮中の清涼殿にある年中行事を記した障子には、獣肉を食したものは、その日は参内してはならないとある。しかし、昔は天皇も鹿肉を日常食べ、臣下も宴会で多く食したといわれており、障子にあるような禁制はいつ生じたのか、それが『江談抄』の問いである。これに対し、高取正男は次のように説明している。農耕の進歩が、平安京をとりまく照葉樹林の後退をもたらし、その結果、野獣の肉が手に入りにくくなり、野獣の肉を蛋白源とする食生活が、魚貝や野鳥中心に移行することになり、そのことが、平安時代中期以降に、あらたに獣肉の禁制を生むことになったのである、と。

また、高取正男は、『古事談』にある「俊明、白河天皇を諫め奉る事」という話を素材に、従来、内裏で死去できるのは天皇だけであったにもかかわらず、その禁制が破られたことを、あわせて紹介している。それは、白河天皇（一〇五三—一一二九）が、応徳元年（一〇八四）、中宮賢子の死去に際し、彼女を寵愛するあまり、禁裏から退出させることを拒み、臣下からその非例をきびしく諫められた事件をさす。この白河天皇は、ほかにも、前例にない禁制を次々と採用した人物でもあった（村山修一「院政期の陰陽道」）。たとえば、金神忌とよばれる方角に関する禁忌をあらたに採用したり、僧尼に対する忌みを強化し、四月は釈迦誕生にちなむ灌仏会が催されているにもかかわらず、それをも含め、毎月八日または九日から僧尼を忌むと決めている。また、宇佐神宮へ使者が立てられている間は、天皇は精進を保つが、伊勢神宮への奉幣使が立っている間は、魚食は許される、等々である。

このように、白河天皇が、従来の禁忌を破ったり、新しい禁忌の採用に熱心であった理由の一つは、当時、新しい禁忌の創出、解釈の変化が一般の風潮となっていた点にある。とりわけ、陰陽道に関していえば、賀茂家と安倍家では、禁忌についての解釈が多くの点でちがっていたといわれる（村山修一、前掲論文）。たとえば、九月に屋根を葺くべからずという禁忌は、賀茂家では、葺き始めは禁忌であるが、後ほどはよいとされ、安倍家では全く忌む必要はないとしている。また、日についても、外出を忌む四不出日や、移転を忌む八神朱雀日は、賀茂家では採用せず、神を祭ることを忌む五貧日は安倍家では用いていなかったが、このころになると、両家の主張とは別に、いずれの日も忌むべき日として一般に広まるようになった。

また、灸治の忌みについても、さきに『徒然草』を引用し、そのおこりは古くないことを紹介したが、その初出は、『玉葉《ぎょくよう》』の承安二年（一一七二）九月十六日の条という（原田敏明「罪穢の諸相」）。灸がなぜ穢れとされるかについて、原田敏明は、忌火によるとし、佐々木徹真は灸によって膿血が生ずるため、血の忌みからきているとしている（いずれも前掲論文）。いずれにせよ、灸の忌みは新しい禁忌であるにもかかわらず、「一百四拾五箇条問答」にもみられたように、有力な禁忌の一つとなっている。そして、『文保記』では、灸をすえられた人と、すえた人とでは、穢れとなる日数が異なり、さらに年代が下がると、「灸三ケ所マデハ大社、宮寺トモ之ヲ憚ラズ。四ケ所ニ及ベバ之ヲ憚ル」（『触穢《しょくえ》問答』）と変化してくる。

このように、平安時代半ばから末期になってくると、禁忌に関する状況は著しく流動的となってくる。その背景には、院政期の「政治の遊戯化と内乱や政局の動揺」（村山修一、前掲論文）があったことはいうまでもない。しかし、その流動性は、禁忌に対する信頼をうしなわせるにいたるほどではなかった。むしろ、人々は、新しい禁忌、禁忌に新しい解釈を加えることで、ますます、生活の些細な面にわたって、禁忌を重視することになるのである。そのことを、村山修一は、陰陽道に限って次のようにのべている。「政局が動揺し社会不安が高まった十二世紀後半は上下おしなべて人心が神経質となり、たよるべき精神的支柱を模索する空気が強く、浄土信仰は現実逃避になっても、現実解決の鍵にはならず、その点で現実のすすむべき方向を暗示する陰陽道は大きな魅力となり、時代の要請に押されて次第にその様相を変えなければならず、単に閉ざされた宮廷社会ばかりの独占物、また官僚的陰陽家のみの特技として止まっていなかったのである」（前掲論文）。

加うるに、このころになると、神仏関係にも新しい局面が生じてきている。日本人は、外来宗教である仏教を受け入れるにあたり、伝来の神祇信仰と共存をはかるため、神仏習合の理論を生み出したことはよく知られている。それは、一種の分業論であり、大雑把にいえば、この世のことは神に、あの世のことは仏教にまかせるということである。もちろん、このような結論は一朝一夕にできあがったものではなく、互いの間には激しい葛藤相克があったことはいうまでもない。とりわけ、神祇の側における仏教忌避の風潮は根強く、ことごとに仏教との対立抗争をくりかえした。それは、のちの明治の廃仏毀釈にいたるまで、歴史の底流を形成するものとなるが、この時期にあっては、仏教の勢力拡大にともない、神祇の側の禁忌が、次第に侵されはじめていたことは留意しなければならない（堀郎「神仏習合に関する一考察」等参照）。「一百四拾五箇条問答」の中に、問「神に後世申候事いかむ」
答「仏に申すにはすぐまじ」

とか、

問「申す事のかなひ候はぬに仏をうらみ申《まおす》はいかゞ」
答「うらむべからず。縁により信のありなしによりて利生はあり。この世のちの世仏をたのむにはしかず」

といった問答があるのも、従来の神仏関係に大きな変化が生じはじめていることを示す。このような、神仏関係の変化もまた、禁忌に混乱と動揺を生ぜしめていた重要な原因と考えられる。

ところで、このような状況にあって注目すべき出来事が生まれてくる。それは、流動する禁忌に右往左往して随順するのではなく、禁忌それ自体のありように積極的に挑戦する試みである。具体的には、『中右記《ちゅうゆうき》』に詳細に記載されている「永長大田楽」をさす。この大田楽は、嘉保三年（一〇九六）の五月から七月にかけて、洛中に爆発的に大流行した田楽である。戸田芳実は、この大田楽を、「荘園体制確立期の宗教的民衆運動」と位置づけ、くわしい説明をくわえている（『日記・記録による日本歴史叢書』「中右記」）。それによると、発端は、その年の三月に行なわれた、摂津住吉社の「住吉堂」供養で、多数の信者がおしかけ、死者が出たことにある。そのため、供養に参集していた人々の間に死穢が及ぶことになったが、それを知らずに、都に帰った僧侶や楽人たちが禁中に参内したため、都中に触穢がひろまり、その結果、諸社の神事はことごとく中止、延引となった。しかし、松尾明神はこれを肯んじて受けず、という妖言がおこり、ついに松尾社の神人たちが、禁忌を破って田楽をはやし松尾社にくりこんだ。そして、この田楽は、夏六月の祇園御霊会へとつながり、「天下貴賤、毎日田楽をなし、或いは石清水、賀茂へ参り、或いは松尾、祇園へ参る。鼓笛の声、道路に盈ち溢る」（『中右記』七月十三日条、同前）ことになったのである。

この事件のもつ重要な点は、さきにのべた、忌みによって久しく抑圧されていた斎みのモメントが、禁忌体系の流動化の中で復活するきざしを示していることである。

忌みから斎みへ

禁忌意識は、強くなればなるほど、一面では、まだ守っていない禁忌があったのではないか、ほかの禁忌を破ってはいないか、という際限のない不安を生み出す。そして、その不安がまた新しい禁忌を必要とし、生活の全体が、禁忌によって金縛りにあう。その結果、やがて、トータルなカタルシスへの要求が生まれてくることになる。その顕著な例が、さきにみた「永長大田楽」ではなかろうか。たしかに、松尾社の神人たちの策略もあったであろう。しかし、全体としてみるならば、人々の祭りへの渇望が、禁制墨守の風潮を圧倒している。そこでは、穢れを避けることをもっぱらとするのではなく、聖なる世界に積極的に参加したいという意識の昂まりが、ことの前面におどりでている。それは、くりかえしのべているように、忌みによって抑圧されていた斎みの精神の復活なのである。諸々の禁制は、あくまでも、神の来臨を待つための手段にすぎず、決して目的ではなかったのである。斎みの復活への第一歩は、そのことが確認、自覚化されてくる過程からはじまる。同じことは、この時期における、いわゆる参籠《さんろう》、おこもりの増加にもみられる。

　有名な参籠には、石山寺や長谷寺、熊野詣などがあり、ほかにも、貴賤を問わず、都鄙をえらばず、各種の参籠が活発に行なわれていたことは、諸種の史料、説話等が示す通りである。そして、「イミは本来祭の準備に取掛からうとする者が、世俗の雑念から分離した心の状態を表示した言葉であつて、オコモリは乃ちその手段、二者は一つのものゝ内外の名であつた」（柳田國男著『北小浦民俗誌』）といわれるように、参籠こそは、「祭の中心」（同前）であり、積極的に聖なる世界に参加しようとする斎みの中核をなす行為にほかならなかった。この参籠の重要性について、柳田國男は、さらに、千葉県下で旧の十一月下旬から十日または一週間行なわれる物忌みが、「ミカリ」、「ミカハリ」とよばれていることに注目し、それが、「身変り」を意味すると指摘している(『日本の祭』)。そして、その「身変り」とは、「常の俗界の肉身を改めて、清い祭の人になる準備期間の意」(同前)で、昔は食物の制限もあったにちがいないと推測している。

参籠の重要性について、西郷信綱は、夢に関連させて、次のようにのべている。古代人にとって、夢は、人が神と交わるために不可欠の回路であり、その夢は参籠によってもたらされる。「物忌みして礼堂に〝こもる〟ことじたい昼間の時間における身体と魂の関係を逆転し、それを夜寝たときの状態におきかえることによって、魂の働きを活気づけみずから夢見がちにする行為であった」(『古代人と夢』)。

このように、有名無名の社寺仏閣への参籠は、神仏の示現にあずかるために必要欠くべからざる手段であった。そして、このような参籠、夢告の増加は、とりもなおさず、宗教的要求の質からいえば、自己の神聖性を当然の前提とし、もっぱら穢れから身を守る忌みから、自己の聖性をあらたに獲得する斎みへの転換を示している。つまり、平安時代末期から鎌倉時代初頭における宗教意識は、決められた禁制を遵守する忌みの受動性から、自ら精進潔斎し、礼拝堂に籠もることによって神仏を見ようとする積極性に転じつつあったと考えられる。そして、法然をはじめとする鎌倉新仏教の祖師たち、また、明恵らの旧仏教の人々の求道もまた、このような風潮と深く切り結ぶものであったと考えられる。
その有力な証拠は、彼等の伝記に示されている参籠や夢告である。法然だけをとってみても、保元元年（一一五六）、二十四歳のときの洛西嵯峨清涼寺釈迦堂への参籠、『西方指南抄』にのこされている、中国の善導との夢中対面等があり、とくに、釈迦堂参籠については、「「隠遁聖」の限界を反省するとともに、自己の救いの道を、庶民の中に見出そうとした」（田村円澄著『法然』）出来事であり、法然が比叡山をおりて市井の念仏者となる重要な契機となっている。同様のことは、親鸞における六角堂参籠や一遍の熊野証誠殿での夢告等にもみられるのであり、それらは、無名の聖たちの遁世（遁世もまた参籠の変形と考えられる）や宮廷の貴族や女房たちの、熱心というにはあまりに思いつめた各地への参籠行とも軌を一にするものとみなければならない。

従来、法然浄土教の成立については、平安時代から鎌倉時代にかけての社会経済史的変化、あるいは、仏教思想史、とくに天台教学とのかかわりから説明されるのが普通であった（たとえば、井上光貞著『日本浄土教成立史の研究』や硲慈弘《はざまじこう》著『日本仏教の開展とその基調』などの古典的研究参照）。しかし、いままでにみてきたように、当時の宗教意識全体の中に法然の求道をおいてみるとき、法然の説いた専修念仏は、「いみ」における斎みの復活を、その誕生の重要な契機にしていると考えられるのではなかろうか。以下、斎みの精神との関係において、法然の専修念仏の成立について筆をすすめたい。

法然における宿業の自覚

浄土教とは、今日では一般に、念仏をとなえるものは、いかなる人間でも浄土に往生できる教えと考えられている。そして、その根拠は、阿弥陀仏の、いわゆる第十八願とよばれる誓いにあることが知られている。しかし、肝心の第十八願の文章は次の通りである。

たとい、われ仏となるをえんとき、十方の衆生、至心《ししん》に信楽《しんぎょう》して、わが国に生れんと欲して、乃至《ないし》十念せん。もし生れずんば、正覚《しょうがく》を取らじ。ただ、五逆（の罪を犯すもの）と正法を誹謗するものを除かん。（岩波文庫『浄土三部経』上）

（大意は次の通り。もし私が仏になったとき、あらゆる人々が心から信じ喜び、極楽浄土に生まれたいと願って、その心を十回起こすことによっても、もし極楽に生まれることができないようなら、決して悟りをひらかない。ただし、五逆罪と大乗仏教を誹謗するものは除く）。

右のようにあるだけで、念仏をとなえるものは、誰でも救いとる、という表現にはなっていない。そのような解釈を導き出したのは、中国の浄土教思想家善導（六一三―六八一）である。善導は、経典に説く第十八願の、十念を口称の念仏とし、乃至という表現から、となえる念仏の数は、上限は一生涯にわたるもの、下限は、臨終の際の一声にいたるまでを示すと理解した。そして、最後にかかれている、五逆罪を犯した者と仏教を批難する者は救済から除くという文言も、その真意は警告にあり、彼等もまた阿弥陀仏の救済にあずかるものとした。そして、経典にかかれている第十八願の文章を、次のように独自に読みかえたのである。

もし我成仏せむに、十方の衆生、我が国に生ぜむと願じて、我が名号を称すること下十声に至らむに、我が願力に乗つて、もし生ぜずは正覚を取らじ
（法然『選択《せんちゃく》本願念仏集』、岩波書店版『日本思想大系』10、一〇一頁）

このように、我々に親しい浄土教は、善導教といってもよいほど、善導の解釈によるところが大きい。法然は、この善導の教えを受け入れることで、その専修念仏を生み出したのであるが、法然は、その受容に際し、さらに微妙な飛躍をくりひろげている。たとえば、念仏を口で唱《とな》えることの強調もその一つである。それは、右にみたように、十念は十声であるとする善導の解釈に従っているが、さらに、懐感という人の解釈を手がかりに、「念

は即ち是れ唱なり」（『選択本願念仏集』）と声が唱であることを確認し、機会あるごとに、「仏の本願は、称名の願なるが故に、声を立ててとなふべき也」（『和語燈録』、「十二問答」）と唱念仏を強調している。それは、当時、同じ念仏といっても、口で唱えるのではなく、心で仏の形を観察する、観想の念仏が一般に行なわれていたから、それとの相違を明らかにするためともいえるが、根本的には、法然のねらいが、万人に可能な救済方法を求めていた結果といえる。

法然が、善導の浄土教を受け入れるにあたり、もっとも大きなくいちがいを見せたのは、人間についての認識の仕方である。法然にとって人間は、あくまでも宿業に縛られた存在と考えられている。宿業の宿とは前世のことであり、業とは行為を意味する。法然は、この宿業論に立って、善導の浄土教を受容したのである。その相違は、具体的には、「三心《さんじん》」とよばれる、念仏をするときの心持ちをめぐる解釈において明らかとなる。

三心とは、『大無量寿経』の第十八願にのべられている、至心・信楽《しんぎょう》・欲生我国《よくしょうがこく》という三つの心であり、同じ浄土教経典『観無量寿経』によれば、至誠心《しじょうしん》・深心《じんしん》・回向発願心《ほつがんしん》をさす。いずれも、心をこめて浄土に生まれたいと思って念仏をとなえよ、ということである。そして、大切なことは、経典はもちろん、善導も、この三つの心のうちの一つでも欠くならば、浄土往生はできないとしていることである。善導によれば、念仏だけで救われるという解釈はありえないのであり、必ず三心を具えていることが、往生の条件となっている。とくに、善導は至誠心を真実心とよみかえ、身体的にも意識的にも、いつも真実であることによって浄土を願わねばならぬと強調している。外面と内面の心とが矛盾したまま浄土を願うことは、はげしく否定された。

法然も、表面的には、善導の三心についての考え方をうけつぎ、三心を具えて念仏することを強調もしている。しかし、以下にみるように、善導の解釈にさらに苦心の解釈を加え、結論からいえば、三心を保つことに力点をおくよりも、念仏一行を強調するにいたるのである。その手がかりは、善導の至誠心の解釈である。善導はのべる、「至誠心と云ふは、至は真なり。誠《じょう》は実なり。一切衆生の身《しん》・口《く》・意業《いごう》に修するところの解行《げぎょう》（知解と修行のこと）、必ずすべからく真実心の中になすべきことを明かさむと欲す。外《ほか》に賢善精進の相を現じ、内に虚仮を懐《いだ》くことを得ざれ」（前出、岩波書店版『日本思想大系』10、一二一頁）。至誠心とは真実心のことであり、真実心の実践にあたっては、いやしくも、見た目には賢く善い人のようにふるまい、努力している人のようでありながら、内心は、愚かで怠慢であるという、内外一致しない生き方をしてはならない、と戒めている。法然は、引用した文章の、「外に云々、内に云々」の、内外の関係に注目し、どのような状態が真実心であるかを示そうとした。法然は、その際、二つの解釈を施す。一つは、外面は賢、善、精進、という相を示しながら、内心は、懈怠、虚心を懐いているときには、「もしそれ外を翻《ほん》じて内に蓄《たくは》へば、祗《まこと》に出要に備ふべし（出離解脱の要道となる）」という解釈である。

そして二つは、内心が虚仮で、外面が真実であるときには、「それ内を翻《ほん》じて外に播《ほどこ》さば、また出要に足んぬべし〔迷いの世界を離れる要因となる〕」という解釈である。これだけでは、法然が何を意図しているのかは十分理解できないと思われるが、そのいわんとするところは、一つは、外面の姿と内面の心との不一致が非真実心であり、逆に、内面の心と外面の姿が一致すれば、それが真実心である、ということである。だが、問題は、「外を翻《ほん》じて内に蓄《たくは》へば」、「内を翻じて外に播《ほどこ》さば」という法然の解釈である。一体、この解釈の意味するところは何か。

石井教道の解釈によると、次の通りである。外相が智で内心が愚、同じく、外が善で内が悪、またみた目には精進に励んでいるようで、実際は懈怠であるという、外と内の対応の仕方は、内外不調で、不真実心といわねばならない。しかし、もし、内にある愚かしさ、悪、怠け心を外面に翻じ、内心の方を智で善、精進とするならば、形式的には、内外不一致であっても、内心に蓄えられた智・善・精進の価値のために、浄土往生が可能となる。同じように、内心が虚仮でありながら、外面を真実にとりつくろっているものもまた、内外不一致で、不真実心であるが、逆に、内心の虚・仮をそのまま外面にあらわし、外面にのみ映じている実・真を、内心にも及ぼすならば、形式は内外不一致で不真実心のようにみえても、内心に蓄えられる実・真の価値のために、それもまた浄土往生への道となる（『選択集全講』）。

石井説によれば、法然の解釈は、内心と外相、俗にいえば、タテマエとホンネが一致することが至誠心の定釈であるが、内外不相応のときでも、内心に賢・善・精進が蓄えられているときには、往生が可能となることを示すところに眼目があるとされる。たしかに、法然の法語をみても、外を飾って内の虚しい人は、文字通り虚仮なる人であるが、外は虚しくみえても内心に誠のある人もいるのであり、その人は、外面の如何を問わず、真実の行者とされている。そして、真実心を決めるのは、ひとえに、「内心の邪正迷悟によるべき」(『和語燈録』巻一、「往生大要抄」)ことを強調している。

しかし、法然の「翻外蓄内」、「翻内播外」という解釈は、右にみたように、内心に真実心を保っている限り、外面の如何を問わず真実心となることを主張するに尽きるのであろうか。それでは、真実心を保ち得ない人間はどうなるのであろうか。この点、法然は、同じ法語で、「をよそこの真実の心は人ごとに具しがたく、事にふれて欠けやすき心ばえなり」(同前)と、内心に誠を蓄えることの困難さに思いをいたしている。また、「所詮は、ただわれらがごときの凡夫、をのをの分につけて、強弱の真実の心ををこすを至誠心となづけたるとこそ、善導の釈の意は見えたれ」(同前)とあるように、法然は、凡夫の内心に蓄えられる真実の心に懐疑的ですらある。

このようにみてくると、法然の「外を翻じて云々」、「内を翻じて云々」という解釈には、石井説にとどまらぬ一面が隠されているのではないか。それを解く一つの鍵は石田充之の解釈である。

それによると、「外を翻じて内に蓄へ」るとは、みた目の智・善・精進を内に蓄えて、外相と内心ともに智・善・精進とすることであり、「内を翻じて外に播さば」とは、内なる虚仮を外面にもあらわし、内外ともに虚仮者となる意味とする。「そこには、賢者は賢者のまゝ、虚仮なる愚者は愚者のまゝといった、いずれも内外一致する、いわゆる「ありのまゝ」の浄土願生の信的態度を採る所に至誠心、真実心といった心がえられることを意を尽して説明される趣きが窺われる」(「親鸞聖人の信形成の問題」、『龍谷大学論集』第四〇二号)と、法然の二釈は、真実心とはそのままの心であることを示すためのもの、とされている。

私も、この石田説に従いたいと考える。というのも、法然もまた、次のように端的に、ありのままの、かざることのない心を至誠心として説いているからである。

この釈の心は、内はをろかにして、外にはかしこき人とおもはれんとふるまひ、内には悪をもつくり、外には善人のよしをしめし、内には懈怠の心を懐きて、外には精進の相を現ずるを真実ならぬ心とは申也。外も内もありのままにて、かざる心のなきを至誠心となづくるにてこそ候めれ。

(『和語燈録』巻三、「大胡太郎実秀へつかはす御返事」)

右の引文では、内に誠を蓄えることは、もはや第一義とはなっていない。「黐外蓄内」、「黐内播外」は、内心と外相、いずれにせよ、その人の本然の心にしたがうことで、至誠心に叶うことを示す、法然苦心の解釈であったということができる。

そうはいっても、法然は、三心を具えることの必要性を、他の法語において強調している。しかし、最終的には、三心は、念仏を申すほどの人ならば誰でも自然に具わる心であり、「つねに念仏をだにも申せば、そらに三心は具足する也」(「十二問答」)、あるいは、「三心といへる名は格別なるに似たれども、詮ずるところはたゞ一向専念といへる事なり」(「念仏往生義」)と、三心、真実心の有無の問題よりも、一向に弥陀をたのむ心の有無が前面にでてきているのである。

このように、ありのままの心で十分であるとする解釈は、人間は宿業によって決定されている存在だという、法然の人間観に根拠をもつ。法然によれば、「寿命の長短といひ、果報の深浅といひ、みな宿業にこたえたる事」(「念仏往生義」)なのである。いや、寿命、果報だけではない、今生の身のあり方それ自身が宿業によって決定されているのである。

さきの世の業《しわざ》によりて、今生の身をばうけたる事なれば、この世にてはえなおしあらためぬ事也。たとへば女人の男子にならばやとおもへども、今生のうちには男子とならざるがごとし。

(『和語燈録』巻四、「禅勝房にしめす御詞」)

このように、人間は宿業的存在であるが故に、「念仏申す機〔人のこと〕はむまれつきのまゝにて申す也」(同前) とされるのであり、「智者は智者にて申し、愚者は愚者にて申し、慈悲者は慈悲ありて申し、慳貪者は慳貪ながら申す」(同前) こととなるのである。ここにいたって、法然は、善導を超えたといってよい。三心は、ひとまず視野の外におかれ、宿業に引かれるままに、ありのままでとなえる念仏だけで、往生が確約されることになったのである。

人間が宿業に縛られた存在であるという法然の認識は、直接的には、仏教的伝統の中でなされたことはいうまでもない。また、宿業の自覚は、ひとり法然においてのみなされたのではなく、同時代の仏教徒のひとしくいだいた、いわば時代精神というべきものである。のちにふれる、『方丈記』の著者、鴨長明もまた、人の信心は「宿執」によって決まるとのべている。ただ、法然の宿業の自覚は、結論のみいえば、人間の全存在を貫徹するものであった。そのことは後章でのべるとして、いまは法然の人間認識が、いままでのべきたった、伝来の宗教意識とも密接な関係をもつものであるということを強調しておきたい。

つまり、当時の宗教意識は、参籠に典型的にみられるように、神を迎えるにふさわしいように身を改める、ミカワリにあった。そこでは、聖なる世界にむかう主体のあり方への内省が不可欠となる。法然の人間認識も、時代が生み出したこのような主体への鋭い関心を背景として営まれたというべきではなかろうか。しかし、法然が導き出してきた結論は、伝来の斎み《いみ》の精神とは全く異質のものであった。法然にあっては、人は容易にミカワルことができない存在、宿業に縛られた存在であったのであり、法然は、主体を徹底的に無力化することにより、最も普遍的な救済の原理を発見するのである。それは、従来、ミカワリを前提とする宗教意識しかもたなかった日本人には、革命的な、新しい宗教意識の発見となるのである。

言葉をかさねれば、それまでは、聖なる存在に対しては、人間の側が、時間をかけ、プロセスをふんで、努力して近づくほかなかったのであるが、法然の教えは、聖なるものの方から人間に近づいてくれる、全く新しい救済であったのである。つまり、「いみ」という手続きを重視する救済に対して、原理による救済が成立したのである。

第二章　宿業から煩悩へ

「逃れぬ契り」

『とはずがたり』の作者である久我家出身の女房・二条が生まれたのは、正嘉二年（一二五八）で、それは、親鸞の年譜でみると、その死去の年、弘長二年（一二六二）に先立つ四年前にあたるから、この物語は、親鸞とほぼ同時代に属するといってよい。

この物語の前半は、後深草院（一二四三―一三〇四）を中心とする宮廷における愛欲生活を赤裸々にえがき、後半は、幼少から西行にあこがれ、その跡を慕って出家した二条の、女西行としての漂泊の旅が記録されている。後深草院は、北条幕府の干渉による、いわゆる大覚寺統・持明院統の両統迭立《てつりつ》のはじまりとなった、持明院統側の最初の天皇である。『とはずがたり』とは、現代風にいえば、懺悔録ということになろうが、とくに、その前半の愛欲生活、なかでも、男女の道に対する宿業観は、法然、親鸞らの新しい宗教意識の成立を理解する上で、重要な背景となっている（以下、引用は筑摩叢書版による）。

二条が宮廷に出仕したのは、十四歳から約十七年間であるが、その間、彼女は、後深草院の寵愛を受ける一方、「雪の曙」・「有明の阿闍梨」という二人の男性とも、同時に深い交渉をもつ。「雪の曙」は、後深草院の院政下で、太政大臣として権勢をふるった西園寺実兼をさし、彼は、二条にとっては又従兄弟にあたる。また、彼は、後深草院とも従兄弟の関係になる。「有明の阿闍梨」は、後深草院とは異腹の弟になる性助法親王をさすという。この三人の男性と二条の関係は交錯している。最初に二条を召し出したのは院であり、二条も皇子を産んでいるが（皇子は早死する）、二条が宮中に上がる日、実兼からすでに恋慕の告白がなされている。そして、のちに二条は、院に秘して実兼の子（女子）を産むが、その子は、たまたま実兼の正妻が同時に死産したことから嫡室の子として育てられ、一説によると、のちに後深草院の子である伏見天皇の妃に、あるいは、後深草院の弟、亀山上皇の妃になったとされる。また、仁和寺の阿闍梨・性助法親王とは、彼女の二十四、五歳ごろに交渉があったとされるが、それは、後深草院自らの仲立ちと公認のもとで行なわれ、法親王との間には二児が生まれた。

このように、二条は、数寄な男女関係を生きるが、そもそも後深草院との関係のはじまりが浅からぬ縁による。物語によると、院は、「新枕のこと」を二条の母から教えられており、院は、その母に思慕を抱いていたが、彼女は他の男性と結ばれる。そこで、院は、彼女が身籠もったときから、その子が女であることを願い、女子ならわがものとしたいと、その誕生を待ちうけていたのである。そして生まれたのが二条であった。母は、二条を生んですぐ病死した。院は、二条の四歳のときから膝元において育て、十四歳の春、ついに契を結ぶことになる。このような、出生以前からの縁をもつ二条にしてみれば、院との関係は前世からの定め、「逃れぬ御契」と観念されるのは無理からぬことである。

同様のことは、性助法親王との契りにおいて一層切実に意識されている。法親王は、院の御所に祈禱のために通っているうちに、二条を見初め、はげしく迫る。二条は、一度はその要求を拒むが、抗しきれずにその子を身籠もる。そして、院に二人の関係を見破られ、そののちは、院の公認で交渉がつづくが、性助法親王が僧侶であることもあって、その交情については互いに深く感ずるところがあった。「まことに前業の所感こそ口惜しく侍れ。〔中略〕かゝる悪縁に遇ひける恨み、忍び難く」とは、法親王の感慨であり、二条は、「これや逃れぬ契りならむと、我ながら先の世ゆかしき心地して〔このようになった前世のことも知りたい〕」と、院のときと同じく、法親王との関係を再び観念している。

このように、『とはずがたり』においては、男女の道というものがすべて「逃れぬ契り」、「前業の所感」として認識されている。もとより、このような認識は、さかのぼれば『源氏物語』にもすでに明白にあらわれていることであり、宮廷貴族社会では、日常に属することがらとなっていたというべきであろう。

しかし、この物語の特色の一つは、宿業は、その決定性の故に、当の人間にとっては責任を負うべきことがらではなく、かえって罪のないこととして、いかなる業も許されるという、一種の居直りが展開されているところにある。そのことを端的に示しているのは、御深草院が、性助法親王に、二条との恋は宿業のなせる業であって、それは一向に罪にはならないと説く条である。「さても、広く尋ね、深く蔵《かく》するにつきては、男女の事こそ、罪なき事に侍れ。逃れがたからむ契りぞ、力なき事なる。されば、昔も例《ためし》多く侍り。浄蔵と言ひし行者は、陸奥《みち》の国なる女に契りあることを聞き得て〔陸奥の女と宿縁により結ばれるということを聞いて〕、害せんとせしかども、かなはで、それに落ちにき〔結局は、その女と結ばれてしまった〕。染殿《そめどの》の后は志賀寺の聖に、「我を誘《いざな》へ」とも言ひき。この思ひに耐へずして青き鬼ともなり〔后を想う心に耐えきれなかった聖は、紺青鬼となった〕、望夫石といふ石も恋ゆゑなれる姿なり〔夫に死別した女はその悲しみのあまり石となってしまった〕。もしは畜類、獣に契るも、みな前業の果す所なり。人能くすべきにあらず」（『とはずがたり』巻三）。

このように、男女の道を、前世からの定め、宿業であるということにより、かえって肯定する考え方は、真言密教の性《セックス》と結びついた即身成仏の教え、のちの立川流等とも、深く関係しているとも考えられる。そして、このような現世肯定は、厭離穢土・欣求浄土を説く浄土教的な現世否定の対局に位置する、中世のもう一つの思想ともいえよう（村松剛著『死の日本文学史』）。いまは、そのことには立ち入らないが、男女の道に限って、宿業ということがつよく意識されていることを確認しておきたい。

「風前の草」

『方丈記』の作者、鴨長明は、さきの『とはずがたり』の作者に比べれば、親鸞とは全く時代を同じくする人物ということができる。年譜をつきあわせてみると、親鸞が生まれた承安三年（一一七三）は、鴨長明の十九歳にあたる。また、鴨長明が六十三歳で没する建保四年（一二一六）は、親鸞四十四歳である。親鸞は長命で、そののち四十六年を生きるが、両者は、四十四年間を同じ日本の中ですごしているのである。両者が相識っていたかどうかは、大いに興味のある点であるが、その証拠はない。

空間的には、長明はあくまでも都を本拠にし、ときに、伊勢・熊野、鎌倉等へ旅にでることがあったにすぎないが、親鸞は、三十五歳のとき、専修念仏停止の事件で、都から越後国府へ遠流に処せられて以来、赦免ののちも都に帰ることなく、常陸を中心に関東に約二十五年間とどまる。そののち、帰洛し、死は都で迎えるが、その思想を語る上で、関東止住の二十五年間をぬきにすることはできない。他方、鴨長明の場合、その都意識はきわめて強烈で、たとえば『方丈記』は、ひたすら都のことのみが記述されており、同時代の重要な政治的事件である源頼朝挙兵や平氏滅亡には、一切ふれるところがない。

このように、両者は、時代を同じくしながらも、行動半径と空間意識においては顕著な相違をみせるが、このほかにも、思想史的にさまざまな対照をみせている。この論稿の文脈に即していえば、鴨長明を知ることは、親鸞の思想の本質にせまる有力な道筋ともいえるほどである。とりわけ、鴨長明の人間認識とその救済意識は、親鸞の教説の展開を知る上でまたとない鏡を提供しているのではなかろうか。

鴨長明は、よく知られているように、下鴨社の神官の出身であるが、世俗的立身出世の道がとざされたのちは、仏教に深く影響され、遁世へのあこがれをつよくいだいて生きた知識人である。『方丈記』によると、都の南郊、日野に隠棲したときも、源信の『往生要集』の抜き書きを座右においており、広い意味での浄土教信者といってよい。ちなみに、法然が専修念仏に帰したのは、鴨長明の二十一歳のことであった。鴨長明も、法然の教えをよく心得ていたではあろうが、その著作、たとえば『発心集』に集められている念仏者の群像には、法然の直系にあたる専修念仏の徒は姿をみせてはいない。まして、親鸞のような、いわば絶対他力の信仰に生きる念仏の行者は姿をみせていない。

ところで、鴨長明の人間認識の特徴は、一言でいえば、人間を中途半端な存在とみる点にある。それは、たとえば、「自心をはかるに、善を背くにも非ず、悪を離るるにも非ず。風の前の草のなびきやすきが如し」（『発心集』序、『新潮日本古典集成』版。以下同じ）とか、「我等が類ひは、元来《もとより》心よわく、つたなくして、きらきらしき〔これといった〕罪をもえ作らず、げにげにしく〔まじめに〕懺悔を修するにあらざれば、熾盛《しせい》〔はげしい〕の心もなし。愚癡《ぐち》闇鈍《あんどん》にして、泥《でい》を切るがごときなるなり〔手ごたえのないことおびただしい存在である〕」（同前、第七・十二）と述懐されているように、とりたてて善を指向し、あるいは、悪を廃しようと努力するということもなく、そのときどきの状況によって悪にも善にもつく、あたかも、風前にゆらぐ草の如きあり方が人間というものである、という認識である。このような人間は、これといった罪もつくらないが、かといって、経典に説かれるがごとき、全身より血を出し、眼より血の涙を流して懺悔するというはげしい心もない。「泥を切るがごとき」とは、まことにいいえて妙な表現であるが、このような、総じて心よわき存在が、鴨長明にとっての人間の素顔であった。

したがって、救済を求めるにあたっても、「殊更に深き法《みのり》を求めず」（同前、序）ということになる。言葉をかえれば、深き救済の法を求めるには、自身の心があまりにも「短」すぎるのである。源信以来、凡夫の救済には阿弥陀仏の本願をたのむしかないということは、時代の常識になっていても、そのことを信じようとしないのが現実の人間である。鴨長明はのべる。「凡夫の習ひ、我も人も、此の世の事にのみうつりて〔現世のことだけに関心があって〕、さらにいとふ事なく〔世をいとう事もなく〕、身は世の塵にのみ著して、もろもろの罪つくりて、弥陀の誓ひのありがたく、極楽の詣でやすき事を聞けども、信ずるともなし。疑ふともなし。耳にも入らず。心にもそまず。願ふ心なければ、又つとむる事もなし〔仏道に励むこともない〕」(同前、第六・十三)。これでは、「深き法」を求めようにも、求めることができないのはあたりまえである。しかし、このような存在であっても、死がやがて訪れることは熟知しているのであり、来世はまた三塗の闇を経めぐるかもしれぬという恐怖心もないことはない。では、一体、どうすればよいのか。

そこで、鴨長明は、このような人間に対する救済として、ほぼ二つの道を考える。

一つは、つよき「道心」が身に生ずるように願え、ということである。道心とは、仏道を求める心をさす。だが、くりかえしのべてきているように、「泥を切る」がごときたよりない心の持主にとって、どうすればつよき「道心」が生ずるというのであろうか。鴨長明は、一つの例をあげる。それは、「多武峯僧賀《そうが》上人」の遁世譚(同前、第一・五)である。僧賀上人は、十歳で出家して以来、高徳の僧として知られていたが、自身は「深く世を厭ひて、名利にほだされず。極楽に生れむ事をのみ」願っていた。しかし、心ゆくまでの、十分な「道心」が身に生じないことを嘆き、比叡山延暦寺の根本中堂に千夜参詣の願を立て、「夜ごとに千返の礼《らい》をして、道心を祈り申」すこととなった。始めのころは、礼のたびに、とりたてて声をたててお願いするということもなかったが、六、七百夜になると、「付き給へ、付き給へ」と声に出していうようになった。それを聞きつけた人々は、この僧は何事を祈っているのであろうか、付き給え、付き給え、というのは、天狗でも付いてくれといっているのであろうか、などと笑うようになった。だが、千夜詣の終りになると、上人もはっきり、「道心付き給へ」と申されるようになり、人々も、さすがと感じ入るようになったというのである。そして、「かくしつつ、千夜満ちて後、さるべきにやありけん〔前世よりの因縁であったのであろうか〕、世を厭ふ心いとど深くな」るにいたったのである。そして、上人は、毎年正月、天皇の臨席のもとに開かれる「内論議」に参加したさい、慣わしとなっている、貴人の残飯を庭に投げて乞食に食べさせる行事に、自ら走り下りて、乞食とともにそれを食うという、衆人を驚かす奇行をやってのけ、年願の遁世を実現することに成功するのである。

たしかに、例にあげられた僧賀上人は、決して、「泥を切る」がごとき、心よわき人物ではない。また、上人のように、心ゆくばかりの道心を得ること自体、滅多にないことであり、それ故に、長明も、それを記し残しているのであるが、この例によって長明が主張しようとしているのは、道心は、祈らば付与されることがある、ということであろう。僧賀上人のような、深く世を厭う高徳の僧にして、なお、「道心付き給へ」と祈ったのである。まして、「風前の草」のごとき心の持主である凡人であってみれば、道心は祈ることによってしか身に生ずることはできないではないか。そして、滅多にないことではあっても、祈らば道心は生ずるのである。

そのことを、長明は、他の例をひいて強調している。たとえば、次のような、ある尼の往生の物語である。南都の僧が年来、三尺の不動尊を本尊として、朝夕勤行していたところ、ときどき、その本尊が消え失せることがあった。不思議に思って、沐浴潔斎して、そのいわれをたずねたところ、夢に不動があらわれていうのに、「汝、此の事おどろくべからず。此の廿余年、我をたのみて臨終の魔障を祈る者あり。これを助けんが為に、時々行きむかふなり〔出向いていくのだ〕」と。では、不動尊をたのんでいるのは誰であったのか。不動のお告げによれば、それは長楽寺の唯蓮房という尼であるという。そこで夢さめた僧は、東山の長楽寺をたずねたところ、たしかに唯蓮房という尼がおり、その尼に、さまざまに問いなしたところ、「此の廿年ばかり不動の慈救咒《じくじゅ》をこそ、毎日廿一返満《み》てて、臨終正念ならん事〔臨終に心乱れることなく無事往生をとげること〕を祈り侍る」とこたえた。そののち、尼は、見事に往生を遂げたというのであるが、長明は、この例に対して、「末世なれど、信じ奉る人の為には、かかる不思議も侍りけるなり。道心なき人の習ひにて、我が心のつたなきをば知らず、万《よろづ》の科《とが》を世の末におほせて〔末世のせいにして〕、むなしく退心をおこすは愚かなる事なり」（同前、第八・六）と結んでいる。現代人からすれば、祈ること自体、すでにすぐれた道心の表現といわねばならぬように思われるが、道心の付与を神仏に祈ることと、現世を厭離し、遁世を実現し、そのことによって純粋に往生をねがう道心とは、区別されていたのが、中世であったのである。

そもそも、道心自体がいかに中世において大切なものと考えられていたかは、他の説話にも明らかであって、たとえば『一言芳談《いちごんほうだん》』においては、高野の明遍などは、道心あるものの代表とされ、彼の衣服住に執着しない様が高く評価されており、「道心くらべ」ということすらあったことが紹介されている（五来重編『仏教文学』）。

では、なぜ、道心が重要視されたのか。それは、道心によってのみ、境界を離れることができるからである。さきの僧賀上人は、遁世後も、さまざまな奇行を試みた人として知られるが、長明は、その奇行について、「此の人のふるまひ、世の末には物狂ひとも云ひつべけれども、境界離れんための思ひばかりなれば」と、その目的が、境界《きょうがい》、つまり煩悩に汚染された現実生活からの離脱にあることを主張している。そして、境界を離れることによってのみ、凡夫の「乱れやすき心」も、しずまるものと考えられているのである。

では、いかに祈ろうとも、道心すら生じない人間は、どうすればよいのか。長明によると、その場合は、人々に備わったやり方そのままを実践することでよいということになる。なぜなら、一つには、諸行もまた、阿弥陀如来の本願に合致するものであるからだ。長明はのべる、「一華《いっけ》一香、一文一句、皆西方に廻向せば、同じく往生の業となるべし。水は溝をたづねて流る。さらに〔決して〕、草の露、木の汁を嫌ふ事なし。善は心にしたがひておもむく。いづれの行か、広大の願海に入らざらんや」（『発心集』第六・十三）と。そして二つには、人々がどのような救済方法を選ぶかは、前世の因縁によって決まっているからである。そのことを長明は、「諸行は、宿執によりて進む」（同前）とのべている。宿執とは、前世からの因縁である。人がいかなる救いの手段を有するかは、その人の自由意志をこえた選択であり、前世からの宿業によって決まっているものである以上、その身に備わった方法を肯定するしかない。そして、このような、宿執にしばられた個別の存在と仏の慈悲とは、巧みに対応してもいるのである。釈尊は、「衆生の諸々の行、はじめ耳に触れしより、心にすすみ、功を積み、証を得るまで、悉く前世の宿習によりて、好む所ひとつならざる」故に、仏はその慈悲をおこされたのであり、弥陀もまた、「衆生の宿執・志、ひきひき進みおくれたる事〔それぞれに個人差のあること〕をしろしめして、広大の誓願をおこし給ふ」（同前、第七・四）たのである。

このように、道心の強調と、人々に備わった諸行を積極的に肯定することにより、「心よわき」凡夫も、往生の素懐を遂げることができるとするのが、鴨長明の立場であった。

ところで、このような長明の考えは、親鸞の思想と比べてみると、どのような課題、ないしは特徴をもっているといえるのであろうか。

第一の、道心の強調についていえば、長明においては、道心は祈らば貰えるものであり、一度それを手にすれば、境界から離脱することができ、世俗的名聞から自由になれば確実に遁世が実現され、遁世が実現されれば必然的に仏道成就の道がひらけるということが信じられている。一言でいうなら、遁世の効果が信じられているのが、長明の立場であるということができる。道心は、その遁世を確実ならしめるための起爆剤にほかならないのであり、遁世に結びつかぬ道心は意味がない。とりわけ、長明が強調しているのは、世俗的名聞からの自由というより、出家によって世俗から離脱したのちの、出家的世界における名声からいかに脱却するかという問題である。つまり、俗人が出家して僧となるだけでは、いまだ救済の世界に入ったということはできない。なぜなら、中世においては、出家は世俗的世間とは異なるが、もう一つの名聞獲得のコースであったのであり、真の求道者は、出家集団からの再出家を試みねばならなかったのである。このようにして誕生したのが、聖《ひじり》とよばれる一群の求道者たちであり、彼等は、高野山・比叡山といった既成の聖地の周辺に、別所とよばれる場所を設け、そこに住することが多かったのである。長明が、その著『発心集』において、すぐれた道心の持主として評価賛美した物語の多くは、この再出家の求道者たちの姿であった。そして彼等における道心とは、すでにみた僧賀上人のように、出家の身でありながらさらに遁世をめざす際の、なくてはならぬ、文字通りの起爆剤にほかならなかったのである。

このような、再出家のための工夫が、いかに涙ぐましく、また、熾烈なものであったかは、その説話にくわしい。いま、その代表的な例として、高野の辺に住む上人の、偽って妻を娶った話（同前、第一・十二）をあげることができる。その上人は、徳も高く、帰依する人も多くて、弟子も少なからずいる人であったが、老境に入ったあるとき、心をゆるした弟子に、こともあろうに夜の話相手となってくれる女性を世話するよう頼んだのである。しかも、その女性については、あまり年若いものではなく、ある程度の年配で、よく気のつく人がいいという注文がついていた。そして、もしこのような女性を見つけてきてくれれば、住まいをはじめ、信者等自分が有している権利一切を譲ってやる。そして、その後は、住房の奥深いところに隠居し、二人の食べる分だけを世話してくれればよく、世間的には、死んでしまったように扱ってほしいとのことであった。弟子は、師匠のこのような思いがけない願いに、おどろき呆れもしたが、結局は、年四十ほどの未亡人をさがしてきて、その願いを叶えた。やがて、六年の歳月がすぎさった。そしてあるとき、世話をしたその女が弟子を尋ねてきて、先師が亡くなったことを告げた。弟子は驚いて行ってみると、先師は、持仏堂にあって、我が手と仏の手に五色の糸をひき、脇息によりかかって、眠るがごとくに亡くなっていた。壇上には、勤行の道具がきちんと置かれていて、鈴《れい》の中には、紙が押し入れられていた。音をたてぬための工夫であった。そして弟子が、女に、先師のことをいろいろ尋ねたところ、思いもかけぬ答えがかえってきた。先師は、その女と夫婦関係はもたなかったというのである。のみならず、夜は敷物を並べても、「生死のいとはしき様、浄土願ふべき様なんどをのみ、こまごまと教へ」、他の無駄口はきかなかった。そして、互いに、善知識となって、後生をねがう勤めに励むことをのみ望み、毎日、阿弥陀の行法三度を欠かすこともなく、ひまひまには念仏をとなえ、女にも勧めるという生活であったという。

一体、右の話の老師は、なんのために妻を娶ったのであろうか。あるいは、毎日の勤行のために使用する鈴に、音のでぬように紙をはさみこんでいたのは、なんのためであったのであろうか。総じて、老師は、誰を欺こうとしたのであろうか。それは、一口でいえば、教団内部で培ってきた名声を、自ら破戒僧の姿となることで一挙に否定し、教団から否定されることで、真の遁世を実現することにあったのである。出家の者も、人間である以上、所詮は、名声、所有欲から自由になりきることはむずかしい。そこから自由になる一つの手段は、その集団から抹殺されることである。破戒僧！ そのレッテルが、彼を孤独に追いやる。そして、出家集団から追放され、孤独になったとき、はじめて心は、純粋に浄土を願うことが可能となる。それは、壮烈なまでの、出出家の戦いということができる。

長明はまた、次のような話もひいている（同前）。あるとき、美作守顕能《みまさかのかみあきよし》のもとに、年若い僧が訪れ、私は乞食であるが、家ごとに物乞をするつもりはない。少々お宅さまにのぞむことがあります、といった。僧の様子が、むげに断るわけにはいかない雰囲気をもっていたので、その理由を尋ねてみると、僧がいうのに、私はある若女房と深い関係ができて、女は懐妊してしまい、出産もまぢかになりました。ついては、彼女が動けない間の最低限の食物を乞いたいのです、と。そこで美作守は、事の起りが、僧にもあるまじきことと納得はできなかったけれども、無理もないことと思われて、適当な食糧を人にもたせてつかわそうとした。しかし、僧は、恥ずかしいことだから自分の住居は知られたくない、と食物だけをもらって、自分で負うて出ていった。主人は、なおもあやしく思って、人をやって跡をつけさせた。すると、僧は、人も通わぬ深谷に入り、小さな柴の庵にたどりつき、もらってきた食糧を並べて、「あな苦し。三宝の助けなれば、安居《あんご》の食《じき》もまうけたり」と、独り言をいった。食物は、四月から七月にかけて九十日の間、一定の場所で修行をする夏安居《げあんご》のためのものであり、懐妊した女のためというのはつくりばなしであったのである。跡をつけた男は、なおも一夜とどまり、様子をみていると、僧は夜もすがら法華経を読み、その声の尊さに、男は泪がとまらなかった。そこで男は、屋敷にもどり、主人にあるがままを報告すると、主人は、ただものではない、といって、僧に手紙を書き、必要なものがあれば送るからいうように、とことづけた。しかし、僧は、熱心に経を読むばかりで返事はなかった。そこで、男は、持ってきたものを庵の前に並べて帰り、やがて、日を経て再び訪れたところが、庵にはすでに人影もなく、さきに持参したものは、鳥、けだものが食い散らしているばかりであった。

　長明は、右の話を紹介したあと、「実《まこと》に道心ある人は、かく、我が身の徳を隠さむと、過《とが》をあらはして〔自分の徳を隠すために、わざと罪深い行ないをしてみせて〕、貴《たつと》まれん事を恐るるなり。もし〔かりに〕、人、世を遁《のが》れたれども、「いみじくそむけり〔見事に遁世した〕」と云はれん、貴く行ふよしを聞かれんと思へば、世俗の名聞よりも甚し。此の故に、ある経に、「出世〔出家〕の名聞は、譬《たと》へば、血を以て血を洗ふが如し」と説けり。本の血は洗はれて、落ちもやすらん、知らず。今の血は、大きにけがす。愚かなるに非ずや」

と感慨をのべている。引用の、ある経に云々とは、出家すると名聞は超越できる筈なのに、出家してもなお、名聞を求めるとは矛盾もはなはだしく、譬えていえば、血で血の汚れを洗おうとする、全く無意味なことだ、ということをさす（前掲版、三木紀人・頭注）。いずれにせよ、真実の道心ある人は、出家の名聞をふりすてるために、わざと罪深い行為をしなければならなかったのである。

かつて、益田勝実は、右の『発心集』の二つの話を素材に、すぐれた論文「偽悪の伝統」を発表した。それによると、古代末から中世はじめにかけて、別所を住居とする聖《ひじり》たちの間には、さきの『発心集』の説話にみられる高野の老聖のように、わざと妻を儲けるとか、北山に住した若き僧のように、安居の食を求めるのにわざわざ囲い女の出産という嘘をついてみせるという、破戒的な行為に身をしずめる、いわば偽悪者たちが多数いたこと、そして、彼等は、その偽悪をエネルギーとすることで、厭離穢土・欣求浄土を実現せんとした、ということが明らかにされた。そして、益田勝実は、このような偽悪の意識こそ、のちの法然・親鸞の専修念仏誕生の、重要な前提となっていることを指摘している。

「懸命に〈悪〉をみずから創り出し、それにすがって念仏につながろうとした〈別所的〉な浄土思想は、負としての〈悪〉を、罪の自覚、信仰への自己鞭撻のエネルギーとしていた。しかし、〈悪〉が負として、しかも信仰のエネルギー源としてありうるのは、やはり自力的契機がその信仰の中から払拭できていないからでしかなかった。他力的意識からすれば、それは矛盾であったし、いわば徒労であった、といえないこともない。が、わたしは、やはり、こうして負としての〈悪〉の意識を身をもって積み上げていった人々や、その同盟軍として、そういう行為を称讃して伝承し、憧憬して、自己の信仰のエネルギーとしていた人々の歴史的意義を全く無視することはできない」(『火山列島の思想』、二三八頁)。聖たちの道心を自力的契機とみることは正しい。

しかし、目下の文脈では、道心の強調は、出家遁世の効力がいまだ信じられていた精神の表現と考えておきたい。つまり、聖たちがわざと破戒的な行為に身をおいたことは、あくまでも、出家の名聞をのがれ、真実の遁世を実現するところに本意はあったのであり、わざと悪をなし、悪業をかさねる身となって、悪人をすくいとることを願いとしている阿弥陀仏の救済にあずかろうという、造悪の徒となることではない。それは、まだ、「狂をあげ、実をかくせ」という『摩訶止観』の教えに近いものであり、そこでは、実をかくすことによって、仏果が得られることが信じられている。それに対して、法然らの専修念仏は、遁世や実をかくすことに対する絶望から出発するのである。たとえば、親鸞は、人間は所詮、内に虚仮の心をいだいて生きている存在であり、俗人であろうと出家の身であろうと、思うことと口にすることとは一致しないものである。とくに、世を捨て、出家となるといっても、その本心は「名のこころ、利のこころ」にあるほかないのが人間であると、くりかえしのべている(「唯信鈔文意」)。したがって、そこでは、道心にかわり、三心、あるいは信心が重視されてくるのである。

三心とは、まえにみたように、『観無量寿経』によれば、至誠心・深心・回向発願心をさす。また、同じ浄土教経典である『大無量寿経』によれば、至心・信楽・欲生我国をさす。そして、法然は、両者が同じものであることを明らかにし、親鸞は、『大無量寿経』を根本教典とする立場から、至心・信楽・欲生の三心を重視し、それら三心もまた一心であって、それは、真実信心であることを論証している。いずれにせよ、それらは浄土往生のためには、不可欠の心である。かつて、五来重は、この道心・三心・信心を、安易に同じものとせず、その相違をつきとめていくことが、親鸞・法然・一遍・高野聖たちの念仏を明らかにする上で重要であると指摘した（『仏教文学』、二一〇頁）。そして、道心の特徴として、それは、「法然や親鸞の信にあたるが、その信は「私は他力を信じます」と考えたり言ったりしただけでは駄目なのである。それを生活の上にあらわすのが道心で、きわめて実践的、行動的、戦闘的である」とし、法然の三心にもあたるが、自力的であると説明している。

長明の紹介した、別所の聖たちの道心と法然の三心、親鸞の信心が、どのように関連しあっているかは、たしかに、彼等の救済思想をみる上で重要なポイントである。だが、それは下手をすると、きわめて煩瑣な考究となりがちである。すでに、法然において、三心は、仏道を成ずる菩提心といかに異なるかが論じられ、浄土往生のためには、三心のみが必要で、菩提心は不要とされた。そのこと自体は、仏教界にとって革命的な主張で、栂尾の明恵は、法然の菩提心無視の主張に、正面から疑いをなげかけ、『摧邪輪《ざいじゃりん》』一巻をあらわしたほどである。そして、法然の門下にあっては、旧仏教側からなされた、菩提心無視という理論的批判にこたえるために、三心をめぐってさまざまな解釈が試みられたのであり、結論のみをいえば、親鸞は、信心をもって、大菩提心とする考え方を示したのである。

以上のことを、いま簡単に図式化してのべておくと、まず悟りを求めて仏道を修したいとねがう心、つまり、菩提心を中心にしてみるならば、道心は、文字通り、菩提心の一つの表現である。そして法然や親鸞の三心・信心は、このような菩提心をもつことが不可能であるという、断念の上に成立している。断念とは、この現身で、この現実世界において、仏果を手に入れることは不可能であるということである。それは、道心の強調が、純粋に往生を願うことができるという、人間の求道に対する信頼を前提に成立しているのに対して、明らかに、自己自身の中に救済の可能性が全くないという、絶望の表現である。そして、法然と親鸞のちがいは、しいていえば、阿弥陀仏を信ずる力を、人間の側から発せられるものとみるか、それすらも仏の側から回向されたものとみるか、のちがいである。したがって、法然の三心にはやや道心にちかいものがあり、親鸞の信心は、道心から最も遠い。くりかえすが、道心と信心の距離は、人間に対する絶望の深さに対応している。

鴨長明の救済観が、親鸞の思想を考える上でどのような課題をもつものであるか、その第二の点は、諸行往生論と、それを支える宿執という考え方である。

諸行往生は、法然の一向専修に対応する。一向専修とは、阿弥陀如来の誓いが、弥陀の名号を称するものを救いとる、というものである以上、それ以外の、造寺造塔、写経、布施等々の行は、かえって弥陀の本願に背くものとして否定され、もっぱら如来の誓いに順ずる念仏だけを称するというものである。法然は、阿弥陀如来の誓いを信じて念仏することを、選択本願念仏といい、その他の一切を雑行としてしりぞけた。この法然の立場からいえば、長明の立場は、明らかに雑行に属する。しかし、長明には長明のいい分があった。それは、人々が選びとる行は、本人の意志によるのではなく、前世からの定め、宿執・宿業によるという認識である。ある人は、写経を行じ、他の人は、貧しき人々や出家に喜捨をする、またある人は、観音に救済をねがって百日も千日もの参籠をする、それらは、一見、その人々の自由意志による選択にみえるが、長明は、それこそ宿執によるとした。このような長明からみれば、念仏一筋でなくてはならないという専修念仏の主張は、人々のもつ宿業を無視した、一方的主張にすぎないと考えられたのであろう。

諸行は、宿執によりて進む。みづからつとめて、執して、他の行そしるべからず。一華一香、一文一句、皆西方に廻向せば、同じく往生の業となるべし。〔中略〕いづれの行か、広大の願海に入らざらんや。

（『発心集』第六・十二）

と、諸行を積極的に肯定している。

しかし、長明の、このような宿業の理解は、宿業を人間存在のありようのすべてにかかわる全体的原理とみるよりは、人間の行為の部分、この場合でいえば、どのような救済手段を採用するかということについての、部分的説明原理にとどまっている。それは、さきにみた『とはずがたり』において、宿業が男女の道に限って説明される原理となっていることと共通している。そこでは、宿業は、いまだ、ある行為についての口実、いいわけに近い言葉になっているといわざるをえない。

『歎異抄』における宿業

親鸞は宿業について、どのような考えをもっていたのであろうか。とりわけ、さきにふれた、女房二条や鴨長明、また師の法然と比べると、その宿業理解には、どのような特徴があるのであろうか。

親鸞の宿業論を明白に示す資料として、よく知られているのは、『歎異抄《たんにしょう》』である。『歎異抄』は、親鸞の言葉をそのまま伝える前半部分と、誤った浄土真宗理解に対する批判の後半部分の二部からなっている。宿業論が展開されているのは、後半に属する第十三章である。この章は、親鸞が、その門弟で『歎異抄』の著者とされる唯円に対し、殺人が往生の条件であるとしたら、汝はよく人を殺すことができるか、と問うた部分があることで有名である。以下、本文に即しながら、その宿業論の概要をまず紹介しておこう（引文は、岩波書店版『日本古典文学大系』82による。以下同じ）。

弥陀の本願不思議におはしませばとて、悪をおそれざるは、また、本願ぼこりとて、往生かなふべからずといふこと、この条、本願を疑《うたがふ》、善悪の宿業をこゝろゑざるなり。

この章は、さきにもふれたように、異義に対する批判の一つであるが、批判されている誤った考えというのは、悪人をすくいとるという弥陀の誓いがあるからといって、悪を畏れないのは、その誓いに甘える「本願ぼこり」というもので、それでは往生はむつかしい、という主張である。この異義は、一見もっともと考えられそうである。なぜなら、悪を畏れ、悪を離れよ、ということは、人間として当然なさねばならぬことがらに属するからである。しかしながら、それは他力の信仰を解さぬ考えといわねばならない。なぜならば、それは第一に、弥陀の誓いを誤解しているからであり、第二に、善悪は、宿業に属することを知らないからである。

そもそも、浄土教は、仏教的善行・徳目の一切から見放された悪人の救済を目指しておこった。空や無我という仏教の教える根本的叡智に達するだけの能力もなく、またさまざまな戒律を守り通すことも不可能で、さらに、寺を造り、塔をたて、仏像を刻むといった善行もままならぬ、仏教の説く徳目から遠く離れて生きざるをえない人間、悪人のために開かれたのが浄土教である。その浄土教を可能にしている原理は、阿弥陀仏の誓いにある。阿弥陀仏は、仏になる前の菩薩の位にあるとき、我が名を呼ぶものがあれば、そのものを必ず我が浄土にむかえとるという誓いをおこし、もしその誓いが成就されねば、仏にならぬとした。そして、はかりしることのできぬ長い年月にわたる修行の結果、その誓いを実現し、仏となりたもうた。この誓いがあればこそ、救済の一切の手だてを断たれたものでも、弥陀の誓いを信じてその名を称するというだけで、救済にあずかることができるのである。それは、さまざまな善行から見放された、悪人というしかない人間をすくいとる教えである。それは、悪をおかして生きざるをえない人間のためのものである。なるほど、悪人こそすくいとるという誓いだから、わざと悪をおかすということは、その誓いに甘えるよからぬ行ないのようにみえる。しかし、悪をおかし、悪の真只中に生きていくしかない人間をすくいとることが、弥陀の本願なのである。悪から離れよ、善を行なえ、という主張は、弥陀の誓いがなぜ生まれねばならなかったかを知らぬ、道徳の立場ではないか。

宗教の立場は、道徳の立場と明白に異なる。道徳の世界で悪とされたものを、すくいとるのが宗教である。道徳の世界では、個人は、まず善をなしうる存在と考えられている。しかし、人間は、いつも善をなしつづけることができるであろうか。

そもそも、人間が善を行ない、悪をさけることができているのは、はたして、その人間の意志によるといいきれるか。もし、人間の思いどおりに善悪が行じ分けられるなら、世は善行に満ち満ちるではないか。誰が悪のさてつに泣き、善の足らざることを嘆く必要があろうか。人間は自らの意志により、悪をさけ善をなしうる存在であるとする考えは、楽天的にすぎる。それは人間の現実を知らぬ考えではないか。弥陀の本願が、一切の善行を断たれた悪人のためにあることを忘れ、本願をたのむには悪を離れよ、と主張することは、本願の真実を理解していないばかりか、同時に、善悪が人間の意志のままになることを信ずる立場の表明でもある。それは、善悪が宿業によることを知らぬ立場といえる。

親鸞は、ここにいたって、はじめて宿業の二字を発している。善悪は、人間の自由意志によって選択されるものではなく、それは、過去の行為によって決定されているものであることを表明しているのである。

よきこゝろのおこるも、宿善《しふぜん》のもよほすゆへなり。悪事《あしき》のおもはれせらるゝも、悪業のはからふゆへなり。故上人の仰《おほせ》には、「卯毛《うのけ》羊毛《ひつじのけ》のさきにゐるちりばかりも、つくるつみの宿業にあらずといふことなし、としるべし」とさふらひき。

我が身に善心が生ずると、それは、自分の心がけがよかったからだと思うが、本当は、宿善、前世に作った善業の結果なのである。同様に、悪事を思うのも、過去世の悪業の結果なのである。このように善悪のすべては、過去の業、宿業によって決定されているのであり、そのことは、卯毛羊毛の先につくような微細きわまりない罪の場合にもあてはまるのである。

また、あるとき、「唯円房は、わがいふことをば信ずるか」とおほせのさふらひしあひだ、「さんさふらふ」と、まうしてさふらひしかば、「さらば、いはんことたがふまじきか」と、重《かさね》ておほせのさふらひしあひだ、つゝしんで領状《りやうじやう》まうしてさふらひしかば、「たとへば、ひとを千人ころしてんや、しからば、往生は一定すべし」とおほせさふらひしとき、「おほせにてはさふらへども、一人もこの身の器量にては、ころしつべしともおぼゑずさふらふ」とまうしてさふらひしかば、「さては、いかに、親鸞がいふことをたがふまじきとはいふぞ」と、

（あるとき、親鸞聖人が、唯円房よ、あなたは私のいうことを信ずるかといわれたので、信じますと申しあげたところが、まちがいなくいうことをきくか、ともう一度念をおされた。それで、まちがいありませんと申したところ、では人を千人殺してもらおうか、

そうすれば往生はまちがいない、とおっしゃったので、おおせではあるけれど、わが身の器量では、一人でも殺すことはできないと思われると申しあげたところ、ではどうして親鸞のいうことは必ずきくといったのか、とおっしゃいました）。

（阿満取意、以下同じ）

「これにてしるべし。なにごとも、こゝろにまかせたることならば、往生のために千人ころせといはんに、すなはちころすべし。しかれども、一人にてもかなひぬべき業縁《ごふえん》なきによりて、害せざるなり。わが心のよくて、ころさぬにはあらず。また、害せじとおもふとも、百人・千人をころすこともあるべし」と、おほせのさふらひしは、我等が、心のよきをば、よしとおもひ、悪《あし》きことをば、悪《あし》と思《おもひ》て、願の不思議にてたすけたまふといふことをしらざることを、おほせのさふらひしなり。

（これでよくわかるであろう。何事も心のままにできるとするならば、往生のために千人殺せといわれれば、すぐさま千人殺すことができるはずである。しかし、一人ですら殺すことができないのは、業縁によるのだ。自分の心がよいから、人を殺さないのではない。また殺すまいと思っていても、百人千人を殺すこともあるのだ、とおっしゃいました。そのことは、われわれが、ややもすれば自力の判断にとらわれて、本願の不思議さによって救われていくのだということを忘れていると、指摘していらっしゃるのです）。

右の問答は、『歎異抄』において、もっともよく知られているものの一つであるが、親鸞のいわんとする所は、次の二点にある。一つは、人は、その行動を、その心次第で決め、かつ選択していると思いがちであるが、仔細にみてみるならば、それらはいずれも、個人の自由意志を超えた、宿業・因縁のもたらすものにほかならない。第二は、浄土往生について、それは、行者の心のよしあしで決まるものではなく、行者のはからいをはるかに超えた、弥陀の誓願をたのむことによってしか成就しないものである。いずれにせよ、人間の自由意志によって決定できる世界には限りがあること、人間が、我が力をたのみ、我が力の集積によって善悪を決め、かつ、その力によって往生をもかちとろうとする根性を、人間の思いあがり、不遜として親鸞は批判しているのである。

そのかみ、邪見におちたる人あて、悪をつくりたるものをたすけんといふ願にてましませばとて、わざとこのみて悪をつくりて、往生の業とすべきよしをいひて、やう〳〵に、あしざまなることのきこゑさふらひしとき、御消息に、「くすりあればとて毒をこのむべからず」とあそばされてさふらふは、かの邪執をやめんがためなり。

一切の善行から見放された悪人をたすけるという弥陀の本願は、その悪人救済のゆえに、しばしば、わざと悪をつくる人々を生み出した。悪人であればあるほど、大悲がそそがれ、往生が約束されるというのなら、悪人になることが、往生の条件にかなうことではないか。このような誤解から、わざと悪をこのむ人々が輩出し、それが評判となったとき、親鸞は、そのような造悪は、毒を消す薬があるからといって、わざと毒をこのむにひとしいといって批判した。ここでも、人が、悪をなしうるという考えが否定されている。

またく〔全く〕、悪は往生のさはりたるべし、とにはあらず。「持戒持律にてのみ、本願を信ずべくば、我等いかでか生死をはなるべきや」と。かゝるあさましき身も、本願にあひたてまつりてこそ、げにほこられさふらへ。さればとて、身にそなへざらん悪業は、よもつくられさふらはじものを。

しかし、わざと悪をなすことは批判されても、悪そのものが往生の障りとなることは、断じてありえない。なぜなら、弥陀の本願は、悪人救済にあるのであるから。それをもし、本願を信ずるには、戒律を守らなければならないということになるならば、およそ戒律を保つことなど思いも及ばぬ人間は、いかにして救われることができるのか。善行少なく、悪事多き我等は、悪人救済を説く弥陀の本願にあいたてまつればこそ、自信をもって生きていくことができるのである。しかし、だからといって、わざと悪をつくることはあってはならない。というより、そのようなことは、そもそも不可能なのである。なぜなら、悪業も、身にそなわった宿業があればこそ生じるが、身に宿業もないときには、悪をつくろうと思ってもつくることはできないのである。たやすく悪をなしうるという考えは、宿業の重みを全く無視した、思いあがりでしかない。

また、「うみかはに、あみをひき、つりをして世をわたるものも、野やまにしゝをかり、鳥をとりて、いのちをつぐともがらも、あきなひをもし、田畠《でんぱく》をつくりてすぐる人も、たゞをなじことなり」と。

漁師も猟師も、商人も百姓も、弥陀の本願の前では、まったく平等で、職業の相違は往生の障りにも、また反対に助けにもならない。往生にとって肝要なことは、弥陀の本願を信じて念仏申すことであり、その他の一切の振舞は、往生とは関係がない。

右の一節は、しばしば、いわゆる悪人正機《しょうき》の、悪人がいかなる人間をさすのかを示す一段として注目されてきた。だが、一文の趣旨はあくまでも、往生のためには何が必要であるかを説き示す点にある。弥陀の本願の前では、善悪の有無が問われないのと同様に、職業の如何も、全く問われることがないことを強調しているのである。

「さるべき業縁のもよをせば、いかなるふるまひもすべし」とこそ、聖人はおほせさふらひしに、当時は後世者《ごせしゃ》ぶりして、よからんものばかり、念仏まうすべきやうに、あるひは、道場にはりぶみをして、なむ〳〵のことしたらんものをば、道場へいるべからず、なんどといふこと、ひとへに賢善精進の相をほかにしめして、うちには虚仮をいだけるものか。

さるべき業縁、過去の因縁、宿業が導くならば、人は、どのようなふるまいにも身をまかせることとなる。「さるべき業縁のもよをせば、いかなるふるまひもすべし」――これこそ、親鸞の冷徹な人間認識をあらわしてあまりある言葉である。この事実を知らないところに、妄動が生じる。他力の理解がうしなわれる。そのよい例が、念仏を申しても、善人でなければすくわれぬとか、さまざまな禁制を敷いて、それを犯したものは、念仏の道場に入ることを許さない、といった道徳主義である。それは、人間の自由意志によって善をなし、悪を離れうると信じている。それは、さるべき業縁がもよおせば、いかなるふるまいをするかわからぬ、人間存在の暗き淵をみていない。

願にほこりてつくらんつみも宿業のもよほすゆへなり。されば善《よき》ことも悪《あしき》ことも、業報にさしまかせて、ひとへに本願をたのみまいらすればこそ、他力にてはさふらへ。唯信抄にも、「弥陀、いかばかりのちからましますとしりてか、罪業の身なればすくはれがたしとおもふべき」とさふらふぞかし。本願にほこるこゝろのあらんにつけてこそ、他力をたのむ信心も決定《くゑちぢやう》しぬべきことにてさふらへ。

思えば、弥陀の誓いに甘えて罪悪を犯すことも、宿業の結果ではないか。宿業がなければ、いかに本願に甘えようと、悪を重ねることはできない。くりかえすが、善悪は宿業によるものである限り、善きことが生じることも、悪しきことを行なうのも、それら一切は、宿業の報いとして、すてておけばよい。往生のためには、ひたすら弥陀の本願をたのめば十分である。往生のために、善きことを行ない、悪しきことを避けねばならぬとするのは、自らの力を恃《たの》む立場であって、他力とはいえない。親鸞が最も愛読し、かつ同朋に推賞した、聖覚《せいかく》の『唯信抄《ゆいしんしょう》』においても、弥陀の誓いの広大無辺を、人間の分別でおしはかり、罪業の身では往生できないなどと決めつけることが、いかに誤りであるかが説かれている。ある意味では、本願に甘えようとする心持こそ、かえって、他力の信心に一直線につながるともいえるのである。

おほよそ悪業煩悩を断じつくしてのち、本願を信ぜんのみぞ、願にほこるおもひもなくてよかるべきに、煩悩を断じなば、すなはち仏になり、仏のためには、五劫思惟《ごこふしゆい》の願、その詮なくやましまさん。本願ぼこりといましめらるゝひとぐも、煩悩不浄具足せられてこそさふらふげなれ。それは願にほこらるゝにあらずや。いかなる悪を本願ぼこりといふ。いかなる悪かほこらぬにてさふらふべきぞや。かへりて、こゝろをさなきことか。

おおよそ、煩悩を断じつくしたあとで、本願を信ずるというのであれば、願に甘えるとか、願を誇るということも生じない。煩悩を断じつくしてしまうなら、それは、もはや仏になってしまうことであり、仏には、悪人救済を説く弥陀の本願など不要なものである。本願ぼこりを批判する人々にも、煩悩・不浄は備わっている。このように煩悩・不浄の身で人々を批判するということ自体、願に甘えているのではないか。そもそも、どのような悪を本願ぼこりというのか、また、いかなる悪が本願ぼこりでないのであろうか。おのれの尺度で、善悪をはかり、本願をはかることこそ、幼稚な考えではないか。

以上が、第十三章の全文とその大意である。では、この文章にあらわれている親鸞の宿業論は、どのような特徴をもっているといえるであろうか。

第一は、宿業の拘束が、全存在に及んでいること、第二は、宿業が弥陀の本願との照応の中でとらえられていること、である。

第一についていえば、さきにみた『とはずがたり』や、『発心集』における宿業が、男女の道や、救済の手段に限定して理解されていることと著しい対照をなしている。親鸞においては、宿業は、人間の行為の一部分を説明するものではなく、人間のあり方のすべてを決定づけている。意識・行為・思想から職業にいたるまで、それらは、宿業によって、いまあるものとなっている。このように、宿業をはなれた人間存在を否定する考えは、そもそも人間は何をしでかすかわからぬ、という、人間存在のもつ不気味さ、未知、不安を前提としている。それは、親鸞のことばでいえば、「さるべき業縁のもよをせば、いかなるふるまひもすべし」という認識である。この人間認識が、宿業を、人間生活の部分的説明原理にとどめるのでなく、そのすべてを規定する全体原理とさせているのである。そこでは、宿業からのがれるすべは、他力をおいて他にない。その日々は、ただ業報にさしまかせて生きるだけである。

この点、『とはずがたり』の作者においては、未知で不気味な状況は、男女関係に限定されていた。身に次々とふりかかる男女関係は、あまりにも数奇で、本人の自由意志とかけはなれていた。一体、このような状況を、なぜ、我が身が引き受けねばならないのか。その説明不能の不安が、宿業ということばを必要とした。たしかに、宿業が、男女の道において、もっとも鋭く自覚されるのは、理由のあることである。だが、女房二条の立場は、男女の道に関して鋭い宿業意識をもつものではあっても、親鸞の立場と比べれば、まだ楽天的であったといわねばならぬ。それをよく示しているのが、彼女の出家願望と出家成就である。

女房二条は、幼い頃、西行法師の絵巻をみて、その境涯にあこがれ、「難行苦行は叶はずとも、我も世を棄てて、足に委《まか》せて行きつゝ、花の本《もと》、露の情《なさけ》をも慕ひ、紅葉の秋の散る恨みをも述べて、かゝる修行の記を書き誌《しる》して、亡からん後の形見にもせばや」と思い、三十二の歳には、その思い通り出家し、各地を旅することになり、女西行の異名をとることとなる。彼女にとっては、文字通り、出家の効用が信じられている。そこでは、さるべき業縁がもよおせば、出家の身といえども、何が生じるかわからぬという不安はなかった。彼女においては、出家という行為は、逃れえぬ契り、恩愛の境界をふりすてる上で充分の役割りを果したのであり、宿業は出家の身には及ばぬという、出家に対する信頼があったといわねばならぬ。言葉をかえれば、彼女の宿業は、出家によって切断される程度のものであったともいえる。

鴨長明においては、もはや、単純に出家の効用は信じられていない。出家の身といえども、心に生ずる妄念のすさまじさは充分知りつくされている。したがって出家からさらにもう一度出る、再出家、つまり、遁世が、彼の主要な関心となっていた。だが、再出家といえども、それは広い意味ではやはり、出家であることに変わりはなく、彼もまた、遁世という出家の一形態のもつ効用を信ずる一人であったということは、さきにみたとおりである。その意味では、長明の立場は、あくまでも、仏道成就のためには心を励ますべきであるというものであり、親鸞のように、過去における善業の助けがなければ心を励ますこともできないという考えではなかった。

　このように、人間存在のすべてが宿業によって縛られているとするのが、親鸞の立場であるが、しかし、それは、その宿業論の半面でしかない。というのも、親鸞の宿業論は、弥陀の本願と照応されるときにのみ意味をもつからである。この、本願との対応において宿業をとらえる見方こそ、法然をはじめとする専修念仏徒の重要な特徴である。

『歎異抄』では、往生のためには、人間のつくる善悪は一切不要であり、ただひとえに弥陀の本願を信ずることだけが肝要である、とくりかえしのべられている。その理由は、人間のつくる善悪は、すべて、人間の自由意志を超えた過去の業・宿業の結果なのであり、その人間の自由にならぬ善悪を、あたかも自分の思い通りになることがらと思いこみ、あるときは善をつみかさね、あるときは悪から離れることをもって、往生を勝ちとろうとするのは、あたかも、他人の金で自己のほしいものを手に入れようとするような無謀な試みだからである。したがって、宿業にしばられた人間の救済は、人間とは無縁の、弥陀の本願によるしかない。このように、宿業にしばられた存在であるが故に、他力が必要となってくるのである。弥陀の本願は、宿業にしばられた存在にとってはじめて、その意味が本当に了解されるのである。

もし、人間が、自己の救済のために自力で何かをなしうると信じている限り、他力は必要ではない。このように、親鸞においては、宿業の自覚は、弥陀の本願と対面するために、絶対必要な条件である。宿業は、絶対他力の救済論の中においてのみ、意味をもちうる考えである。だから、もし、宿業論が、弥陀の本願と無関係に考えられるなら、それは、多くの場合、宿命論・運命論・あきらめ・居直りの考えとなるしかない。親鸞が、なにごとも、「業報にさしまかせて」生きよというとき、それは決して自暴自棄に生きよということでも、あきらめの中に生きよということでもない。それはあくまでも、「ひとえに本願をたのみまいらす」生活と表裏をなしているのである。弥陀の本願を信ずるが故に、人間のなす善悪は問題にならないのであり、善悪はともに、生じてくるがままに受けとって生きていくのである。善きことも悪しきことも、「業報」にさしまかせて生きていくことができるのは、弥陀の本願を信じることができているからである。極論すれば、親鸞における宿業は、絶対他力を導き出すための仮説であったのかもしれない。

親鸞が、人間はさるべき業縁のもよおしにあうならば、何をしでかすかわからぬという認識に達したのは、それなりに血の出るような経験があったからにちがいない。しかし、そこには、単に現実の経験に根ざすという以上に、論理の要請も働いている。その論理とは、中国の浄土教祖師の一人、善導の『観経四帖疏《かんぎょうしじょうしょ》』から法然にいたって継承されてきた、二種深信の論理である。二種深信とは、一つは、「自身は現にこれ罪悪生死の凡夫、曠劫《こうごう》

〔大昔の意〕よりこのかた、つねに没し、つねに流転して、出離の縁あることなし」と信ずることであり、二つには、「かの阿弥陀仏の四十八願は、衆生を摂受して、うたがひなくおもんばかりなく、かの願力に乗じて、さだめて往生をう」と信ずることである。前者は、自己の無力を徹底して信知することであり、後者は、そのような自己を救いとってくれる弥陀の本願を信ずることである。古来、この二つの信仰が浄土教の要とされ、法然がそれを専修念仏の中核にすえた。そして重要なことは、この二つの信仰は、後者がさきで、前者があとという、逆転においてなされることを禁ずる。なぜなら、自己の無力を信知することがあってはじめて、そのような自己に注がれている弥陀の大悲が感得されるからである。弥陀の本願の広大さをいくら知っても、自己について無知であるならば、弥陀の本願も宙に浮いているだけである。親鸞の宿業の強調は、法然が強調した二種深信の、いわゆる機、つまり人間の深信の表現の一つである。私がさきに、宿業の強調が論理の要請にもとづいている一面をもつといったのは、このことである。法然の専修念仏の主張を、親鸞なりに変形したのが『歎異抄』の宿業論といえよう。

宿業から煩悩へ

鴨長明は、その『発心集』の中に、次のような一文を引用している。

人一日を経るに、八億四千の思ひあり。一々の思ひ、罪業にあらずと云ふ事なし。

（『発心集』巻七・十二）

その意味は、人は一日に八億四千にのぼる想念を生ずる。しかし、その想念の一つとして、罪業でないものはない、ということである。この文章は、よほど当時の人々にもてはやされたとみえ、『とはずがたり』にも、また法然の『登山状』にもみえる。

『とはずがたり』では、「人間の習ひ、苦しくてのみ明け暮るゝ、一日一夜に、八億四千とかやの悲しみも、たゞ我一人に思ひ続くれば、如《し》かじ、たゞ恩愛の境界を別れて、仏弟子となりなん」（巻一・八）とあり、『登山状』では、「一人一日の中に八億四千の念あり、念々の中の所作皆是三塗業なり」となっている。この一文の出典は、唐の道綽の著『安楽集』に引用されている浄土菩薩経の一文であるが、源信も『観心略要集』に同文を引用している。

鴨長明は、また、同じ内容を『発心集』の序で、「人、一期《いちご》過ぐる間に〔一生の間に〕、思ひと思ふわざ〔心に思ふことすべて〕、悪業に非ずと云ふ事なし」とものべている。

親鸞も同様の思いをいだいており、たとえば、その著『教行信証』において、

> われ無始より三界にめぐりて、虚妄輪《こまうりん》のために廻転《ゑてん》せらる。一念一時につくるところの業足、六道につながれ、三塗にとゞまる。やゝねかはくは慈光護念して、われをして菩提心を失せざらしめたまへ。
>
> （岩波文庫『教行信証』、「真仏土」巻、三一〇頁）

と、曇鸞《どんらん》の『讃阿弥陀仏偈』の一文を引用している。文中の虚妄輪とは、惑業煩悩のことであり、業足は、業を足にたとえた表現である。

長明にせよ、親鸞にせよ、なぜ、人間が一日につくる八億四千の想念の一つ一つが、すべて、罪となる業と考えたのであろうか。

長明の答えは、次の通りである。それは、一言でいえば、心を師とするからである。人間の心は、放置しておくと欲望にはしり、放縦となる。その心のままに一日を経るなら、当然、罪業のもとをつくるだけではないか。したがって、肝要なことは、心の師となるように努めることである。「心の師とは成るとも、心を師とする事なかれ」は、『発心集』冒

頭の言葉である。ただ、その心の師となることがいかに困難なことであるか。そのことを痛感する鴨長明であればこそ、勇猛果敢に、身命をなげうって仏道に励め、と説く。そのことを

実心〔真実の道心〕おこらずは、仏法合《かな》ひがたし。露命消えやすし。一念にて〔ひたすら〕、他事を思ふべからず。〔中略〕此の身をば、水のみなもと〔煩悩の源〕といとふべし。かかれば、わざとも〔進んで〕此の身を仏道の為に投げて、不退の身を得んとこそ覚ゆべけれ。

（『発心集』第七・十二）

あるいは、

身命を仏道の為に惜しまずは、〔中略〕波羅蜜〔悟り〕の功徳も、おのづからそなはりぬべし。

（同前）

しかし、親鸞は、人間がおのれの心の師となる可能性については、きわめて懐疑的であった。なぜなら、人の心は、本人の自由意志で自在に操れるものではなく、すべて宿業によって決定されているからである。「よき心のおこるも、宿善のもよほすゆゑなり。悪事《あしき》のおもはせらるゝも、悪業のはからふゆゑなり」である。よき心が生ずるのは、わが努力

のたまものとはいいきれぬ。その努力をする心自体は、過去の善業の所産である。悪心も、わが心が足らぬから生ずるのではない。悪心は、わが心がいかに制止しても、生ずるときは生じてしまう。それは過去の悪業の結果というしかない。このように、人の心は、その人の意志で自由になりうるように一見思われるが、それは、個人の意志をこえた深い根をもっている。このような深い根をもった心を自在に統御できるというのは、人間の思いあがりではないか。これが、くりかえすが、親鸞の立場である。

もちろん、過去の業にも、善・悪があり、宿善という表現も出てくる。たとえば、生まれがたい人間の身を得たということも、そして、その生まれた時期に、仏法が流通しており、その仏法に逢うことができたという僥倖も、宿善とよぶしかない。親鸞も、その意味での宿善に深く感謝している。しかし、親鸞においては、その宿善は、人間のもつ罪業をすべて払拭してしまうほど強いものとは考えられていない。善は善でも、それは所詮、「善悪の凡夫」と称せられるように、凡夫がなす行為の埒外にでるものではない。

凡夫という言葉は、もと、仏道修行において、聖者の段階にすすみえぬ未熟な修行者をさす言葉である。凡夫は、内にあっては、仏教の真理をいまだ悟らず、その結果、外にあっては、飽くことのない欲望追求に生きるものである。このような凡夫は、聖者の実現をめざす仏教の歴史にあっては、いつも、劣ったもの、克服されねばならぬ存在でしかなかった。しかし、中国で善導が出現するに及び、凡夫が、仏教の眼目にすえられる。聖者に対する凡夫ではなく、凡夫のあり方こそ、人間の本質にほかならないという、いわば絶対凡夫の考えが、善導の浄土教を可能にした。その善導によれば、凡夫とは、十悪（殺生・偸盗《ちゅうとう》・邪婬・妄語・二枚舌・悪口・綺語・貪欲《とんよく》・瞋恚《しんに》・愚癡《ぐち》）、五逆（殺父・殺母・殺阿羅漢・破和合僧・出仏身血）、四重（四つの極重の罪。殺生・偸盗・邪婬・妄語）、謗法《ほうぼう》、闡提《せんだい》、破戒、破見の罪を造るものであり（『観経四帖疏』、「散善義」）、それは、善導自身のあり方にほかならなかった。「余はすでにこれ生死の凡夫、智慧浅短なり」とは、善導の告白である。「一切の善悪の凡夫」といい、「一切罪障の凡夫」、「一切凡聖の身」とは、善導の言葉である。法然は、この善導の告白を承けて、「浄土宗の意は、本《もと》、凡夫のためにして、兼ねて聖人のためなり」（『選択本願念仏集』）と、専修念仏の教えが、凡夫のためのものであることを、たからかに宣言した。

親鸞は、このような凡夫観をうけつぎながら、その凡夫の凡夫たる所以がどこにあるかを、問いつづけた。そして、その答えが、「惑染の凡夫」（『正信偈《しょうしんげ》』。惑とは煩悩の異名）であり、「煩悩成就の凡夫」（『教行信証』、「真仏土」巻）である。煩悩こそ凡夫の本質である。

煩悩とは、サンスクリットで、クレーシャ Kleśa、漢字で「吉隷舎」と音写されるが、その意味するところは、内なる妨害者、という。「身体や心を悩ませ、かき乱し、煩わせ、惑わし汚す精神作用の総称」（中村元監修『新・仏教辞典』）とされ、その根本には、我欲・我執がある。

したがって、親鸞においては、一日一夜に継起する八億四千の想念のいずれをとっても、煩悩に汚染されないものはないのであり、善も、人間のなすものである限り、煩悩の一つの表現にしかすぎない。いや、ときによると、善行は、その善の意識の故に悪でしかないことも生ずる。とくに、善行を積み重ねることで往生を実現しようとすることは、弥陀の本願からすれば、自己の根源的悪、煩悩を知らないおごりでしかない。なぜなら、弥陀の本願は、煩悩に汚染され、煩悩から自由になりえない人間のために立てられたものであり、如来は、ひたすらその本願のいわれを信じて、念仏することだけを求めている。そして、その念仏だけが善とよばれるにふさわしい。その意味で、自己のはからいでなす善は、本願にはずれた悪でしかない。逆にいえば、本願によってすくわれるしかない人間にとっては、そのなす所一切が悪なのである。

悪性さらにやめがたし
こゝろは蛇蝎のごとくなり
修善も雑毒なるゆへに
虚仮の行とぞなづけたる

（「愚禿悲歎述懐」、法藏館版『定本親鸞聖人全集』〈以下『定本』と略す〉2、二〇九頁）

修善も雑毒でしかないという右の告白は、人間の煩悩に対する深い洞察の中から生まれてきたものである。

このようにみてくると、宿業はすべて、悪業・罪業といってよいのであり、それに催されてなすところの時々刻々の思い・行為のすべてもまた、悪業ならざるものはないのである。

親鸞は、法然の教えに従って、人が宿業的存在であることを知った。そして、宿業の生じきたる原因が何であるかを尋ねることで煩悩を発見し、人は、煩悩に汚染されつくした存在であることに思いいたる。そして、煩悩を生ぜしめる根本原因は何かをたずねて、我執にたどりつく。この、宿業的存在から、煩悩的存在へという視点の移行こそ、親鸞の浄土教を特徴づけるものである。

さきにみたように、法然は、人間を宿業にしばられた存在とみることで、弥陀の本願という普遍的救済を発見した。その意味で、法然の浄土教にとっては、宿業は不可欠の要素ということができる。事実、法然は、その語録でしばしば、人が宿業にしばられた存在であることを強調している。そして、親鸞も、その影響を深く受けていることはいうまでもない。その好例は、さきにみた『歎異抄』第十三章である。なかでも、「卯毛羊毛のさきにゐるちりばかりも、つくるつみの宿業にあらずといふことなし」の発言者、「故上人」を法然とみる見解に立つなら（五来重編『仏教文学』）、親鸞の宿業論は、法然の宿業論の延長線上にとどまるものといってよい。そこには、親鸞の独自性は弱いといわねばならない。しかし、親鸞は、法然が発しなかった問いを、おのれに課した。それは、宿業をもたらすものは何かという問いである。法然は、人間が宿業の身であることを強調したが、それをもたらす煩悩の分析には、十分筆をすすめる余裕をもたなかった。

煩悩興盛

人は、なぜ宿業にしばられた存在であるのか。それは、人が煩悩的存在であるからである。貪欲《とんよく》（むさぼり）、瞋恚《しんに》（いかり）、愚癡《ぐち》（おろかさ）等、数えきれぬ欲望につき動かされて人生を送るが故に、輪廻を経めぐりつづけねばならない。そして、輪廻に身を置く限り、煩悩に原因をもつ過去の悪業が、次々と我身におそいきたる。煩悩的存在は、その煩悩の故に、いつまでも宿業的存在であるしかないのである。

では、いかにすれば宿業から自由となり、輪廻を断つことができるのか。それは、根本原因である煩悩を断ずることによってである。しかし、煩悩的存在である人間が、自らの手で、その煩悩を滅することは不可能である。それを可能ならしめるのは、人間に非ざる他の力、弥陀の本願力によるしかない。これが、専修念仏の教えである。

煩悩具足してわろき身をもて煩悩を断じ、さとりをあらはして成仏すと意《こころ》えて、昼夜にはげめども、無始より貪瞋具足の身なるがゆへに、ながく煩悩を断ずる事かたきなり。かく断じがたき無明煩悩を、三毒具足の心にて断ぜんとする事、たとへば須弥を針にてくだき、大海を芥子《けし》のひさく〔杓〕にてくみつくさんがごとし。たとひはりにて須弥をくだき、芥子のひさくにて大海をくみつくすとも、われらが悪業煩悩の心にては、曠劫多生をふるとも、ほとけにならん事かたし。そのゆへは、念々歩々にをもひと思ふ事は、三塗八難の業。ねてもさめても案じと案ずる事は、六趣四生のきづな也。かゝる身にては、いかでか修行学道をして成仏はすべきや。〔『和語燈録』巻二、「念仏往生要義抄」〕

右は、凡夫にとって煩悩を断じ尽くすことがいかに不可能であるかを説き示した法然の法語である。親鸞は、この法然の教えをうけて、煩悩のありように鋭い関心を寄せた。煩悩の巣窟でしかない人間がすくわれていくのは、どのような原理によってなのか。この問いこそ、親鸞の浄土教を組み立てるものであり、その救済思想を、他と区別させるものなのである。

その親鸞の煩悩についての考え方を、端的に示している好例は、『歎異抄』第九章であろう。煩をいとわず、その全文を引用してみる。

「念仏まうしさふらへども、踊躍歓喜の心おろそかにさふらふこと、またいそぎ浄土へまいりたきこゝろのさふらはぬは、いかにとさふらふべきことにてさふらふやらん」と、まうしいれてさふらひしかば、「親鸞もこの不審ありつるに、唯円房、おなじこゝろにてありけり。

念仏の行者であれば、念仏すれば、浄土にむかえとられるのであるから、身も心もおどりあがる気持にもなり、あこがれの浄土にいそいで参りたいと思うのが当然の筈であるが、一向にそのような殊勝な気持が生じないのは、どうしたわけなのであろうか、と唯円が親鸞にたずねたところ、おどろいたことに、親鸞も、同じ疑いをもっているというのである。

よく〳〵案じみれば、天におどり地にをどるほどによろこぶべきことを、よろこばぬにて、いよ〳〵往生は一定《ゐちぢやう》とおもひたまふべきなり。

しかし、本来なら、天におどり地におどるほどに喜ぶべきことを、喜ばぬということこそ、浄土往生が決まっている証拠なのである。

よろこぶべきこゝろをおさへて、よろこばせざるは、煩悩の所為《しょゐ》なり。しかるに、仏かねてしろしめして、煩悩具足の凡夫とおほせられたることなれば、他力の悲願は、かくのごときのわれらがためなりけりとしられて、いよ〳〵たのもしくおぼゆるなり。

念仏をとなえても、往生をよろこぶ心も生ぜず、まして、いそいで浄土へ参りたいとも思わないのは、ひとえに煩悩のせいである。しかし、よく考えてみれば、このような煩悩のとりことなってしまっている人間のためにこそ、阿弥陀仏は本願を発せられたのではないか。

また、浄土へいそぎまいりたき心のなくて、いさゝか所労のこともあれば、死なんずるやらんと、こゝろぼそくおぼゆることも、煩悩の所為なり。

浄土へいそいで参りたいと思うどころか、ちょっと病気でもすれば、死ぬのではないかと心配するのが我等である。しかし、それも煩悩のなせる業《わざ》である。

久遠劫《くおんごふ》よりいまゝで流転せる苦悩の旧里は、すてがたく、いまだむ〔生〕まれざる安養《あんやう》の浄土〔西方浄土のこと〕は、こひしからずさふらふこと、まことに、よく〳〵煩悩の興盛《ごうじゃう》にさふらふにこそ。なごりをしくおもへども、娑婆の縁つきて、ちからなくしてをはるときに、かの土へはまひるべきなり。いそぎまいりたきこゝろなきものを、ことにあはれみたまふなり。これにつけてこそ、いよ〳〵、大悲大願〔阿弥陀仏の本願のこと〕はたのもしく、往生は決定《くゑちぢゃう》と存じさふらへ。踊躍歓喜のこゝろもあり、いそぎ浄土へもまいりたくさふらはんには、煩悩のなきやらんと、あやしくさふらひなまし」と云々。

安養の浄土は、きけども一向に恋ひしくもなく、苦しみに満ちている現世への執着はつよくなるばかりであるが、それは、ひとえに煩悩の盛んなるためである。このような人間であってみれば、浄土へ参るのは、この世との縁がつき、煩悩が消滅するときをまつしかない。くりかえすが、いそいで浄土へ参りたい心など一かけらもない人間にこそ、如来は大悲を注いでいるのである。踊躍歓喜のこころもあり、いそいで浄土へも参りたいなどというのは、かえって煩悩がないのではないかと、疑われる。

右の条文からもわかるように、親鸞は、煩悩を正面から見すえている。煩悩からのがれる術を求めたり、煩悩におどらされている自己のあり方をごまかそうとはしていない。ひたすら、煩悩興盛の事実を見すえている。

さきにもふれたように、法然も、凡夫が、自らの力で自己の煩悩を滅することの不可能なることを力説し、煩悩具足のままで救われるのが、浄土教であることをくりかえしのべている。たとえば、高野山の明遍が法然に、念仏を申しても心を集中することができず、「心のち〔散〕るばかり」であるが、それをどうすればよいかとたずねたとき、法然は、心が散乱するのは煩悩のためであって、それをとり除こうとすることは、あたかも、顔から目鼻をとるようなことで不可能であり、「散心ながら〔散心のままで〕念仏申すものが往生すればこそ、めでたき本願にてはあれ」と答えている。法然は、浄土教においては、念仏の行者がいかに煩悩によって心を乱されていようとも、弥陀の本願を信じて念仏申せば往生することができると説いたのであるが、親鸞は、煩悩興盛であればあるほど、弥陀による救済が確実となると、煩悩に力点をおいて浄土教を説いている。それは、親鸞が人一倍、煩悩にしばられて人生を生きてきたという思いによるものであろう。

女犯

そもそも親鸞が法然の門に入ったのは、自己の中にうずまく煩悩をいかんともしがたくなったことにはじまる。親鸞が、どのようにして法然の門に入っていったかは、親鸞の妻、恵信尼が娘に書きおくった手紙に明らかである。それによると、親鸞は二十九歳のとき、それまでいた比叡山から下りて、京都の六角堂に百日の参籠を企てた。目的は、後世のことを祈り申すことにあった。そして、参籠して九十五日目の暁、聖徳太子が偈をつくって示現した。親鸞は、その偈に励まされて、その暁に「後世のたすからんずる上人」（上人でなくえんい〈縁〉とよむ説もある）に逢うため、六角堂を出て、やがて法然上人に逢い、その後、法然上人のもとに百日間、雨の降る日も照る日も通いづめ、善人であろうと悪人であろうと、そのようなことにはかかわりなく、後世が助かるという法然上人の教えに感激し、法然の門に入っていったのである。

六角堂参籠の目的が、後世を祈ることにあったというが、その内容はわかってはいない。また、聖徳太子によって示されたという夢告の内容も定かではない。しかし、歴史学者の推理によると、当時の親鸞の心をとらえていたのは、性欲の問題、妻帯の可否であったという（たとえば、赤松俊秀著『親鸞』）。比叡山の常行三昧堂で堂僧をつとめ、戒行をきびしく守らねばならぬ立場にいた親鸞にとって、女犯は、現実に破戒僧となり下る、罪の業となるばかりか、それは、来世でも地獄に堕ちる行為にほかならない。女犯の身となり、戒を破っても、後世でなお救われる道はあるのか。これこそが、親鸞をして六角堂に百日の参籠を企てさせ、実行させた問いであったと考えられる。そして、このような彼に示されたのが、ほかならぬ次のような偈であったという（同前）。

行者宿報設女犯　　行者宿報ニテ設《タト》ヒ女犯ストモ

我成玉女身被犯　　我玉女ノ身ト成リテ犯《ホム》セラレム
一生之間能荘厳　　一生ノ間ヨク荘厳シテ
臨終引導生極楽　　臨終ニ引導シテ極楽ニ生ゼシム

（『定本』6、二二七頁）

偈の内容は次のとおりである。仏教の修行者が、前世の業の結果として、もし女犯の道を歩まざるをえないとすれば、求世観音である私が、玉女の身となってその相手となり、一生の間、その生活を立派に見守り、臨終には導いて極楽に生まれるようにしよう。以上の推理によれば、親鸞は、夢中に「行者宿報設女犯云々」の一文を感得することで、妻帯が正当化されたと確信し、僧の生活を離れ、在俗の中に積極的に入っていくこととなる。その親鸞を受け入れ、彼に新しい生き方をさし示す道は、法然のもとにおいてすでにひらかれていた。法然はいう。

現世をすぐべき様は念仏の申されん様にすぐべし。〔中略〕ひじりで申されずば妻《め》をまうけて申すべし。妻《め》をまうけて申されずばひじりにて申すべし。

（『和語燈録』巻五）

もちろん、親鸞が六角堂参籠の中で感得した夢告がいかなるものであったかについては、まだ議論のあるところである。それを、聖徳太子の廟窟偈《びょうくつげ》とするのも有力な説である。廟窟偈とは、河内の磯長《しなが》にある、聖徳太子の廟の立石に刻まれていたと伝承される一文で、親鸞は、その中からとくに、「我身救世観世音云々」の八句を抄出しているが、それを夢告の内容とする見方である。その内容は、聖徳太子の一家は弥陀三尊の化身で、太子自身が、救世観音、妻が勢至、母が弥陀であったが、日本での縁がつきて西方浄土に帰るにあたり、衆生済度のため、亡骸を日本に残しておく。亡骸をまつる廟窟に参詣するものは、必ず悪道を離れ極楽に往生する、というものである。さきに示した、「行者宿報設女犯」の偈こそ、六角堂夢告の内容と考える赤松俊秀は、この廟窟偈では、親鸞が吉水の法然のもとを尋ねる必然性がないとして、廟窟偈を六角堂の夢告の内容とすることに反対している(前掲書)。

一方、赤松説に対する批判の一つに、行者云々の偈を、もとの恵信尼の手紙の文脈においてみるとき、娘に対し恵信尼が、「あなたの父にとって私こそ観音であった」というに等しくなり、恵信尼の手紙の筆致やその性格から、それは、あまりにも奇異で受け入れられないとする説がある(脇本平也「親鸞の夢をめぐって」、『理想』四八五号)。六角堂参籠中の夢告の内容をめぐっては、なおさまざまな議論があるが、この脇本論文には、見逃せぬいくつかの指摘がある。

一つは、仮に夢告の内容が、「行者宿報設女犯云々」であったにしても、親鸞が、菩薩の誓いにことよせて、おのれの性欲の満足を果し、女犯を正当化した、と解釈してよいものか、という疑問である。脇本平也は、それでは、偈をあまりにも素朴に解釈しすぎているのではないか、親鸞は、もう少し深い解釈を下したのではないか、として、次のようにのべている。

「行者宿報」の偈に対する親鸞の解釈は、〔中略〕性欲の満足を菩薩の誓願に短絡させるものではなかった。自意識を超えた「宿報」によって支配される人間存在の根源的なあり方と、これを逆説的に救い上げる誓願の不思議のはたらきとを、親鸞はこの象徴的な詩のうちに読みとった。親鸞のこの解釈は、後年の「わが心のよくて、ころさぬにはあらず。また害せじとおもふとも、百人、千人をころすこともあるべし」(『歎異抄』)という業縁を女犯の上に見るものであると同時に、願の不思議に遇って「遠く宿縁を慶べ」(教行信証総序)という感恩を先取するものであった。(前掲論文)

「行者宿報」の夢告を、女犯の正当化とのみみなすのではなく、女犯が人間の宿業と内観され、その宿業を背おって生きる人間に、仏が救いの手をさしのべるという事実を、この偈は開顕《かいけん》しているとみる点は、親鸞の煩悩論の正鵠を得ていると考えられる。くりかえすが、親鸞にあっては、煩悩は、たえず宿業として感知せられ、宿業意識とはなれた煩悩も、煩悩と無縁の宿業意識もありえない。

また脇本平也は、親鸞の六角堂参籠の動機及びその夢告を、性欲に結びつけて解釈することを拒んでいる。その一つの理由に、「行者宿報」の偈が、特別に親鸞個人にむけて発せられた特殊な文ではなく、類似の文句が一般に流布しており、とくに六角堂では、その本尊の如意輪観音が身代りになって妻妾となる信仰があったことをあげている。また他の理由として、夢告を性夢とする見解は、近代のフロイト流の解釈にひきよせすぎていること、夢には、願望実現という側面の他に、未来を予言する性格があり、この場合も、「親鸞の魂の無意識の深層が、進むべき方向と目的をようやくに探り当てたことを示すしるし」と考えるべきであるとしている。

六角堂参籠の動機が果たして性欲と無縁であったかどうか、それが、脇本平也のいう、聖道門をとるか浄土門をとるか、自力か他力か、叡山か吉水か、の二者択一をせまられる兆候であったのかどうか、それはにわかに決めがたい。なぜなら、六角堂参籠と、法然のもとへ雨の降る日も照る日も二百日の間通いつめた親鸞の行動の背景には、きわめて具体的な問題があったと想定する方が理解しやすいからである。

また、「行者宿報」の文が、親鸞にむけられた特殊な文ではなく、類似の文が一般に流布されていたという指摘は、その通りといわねばならない。管見でも、たとえば、『沙石集』には、「色欲ニ著スル機ニハ、端正ノ女人トナリテ方便シテ道ニ入ル」という浄名経の文がみえている（巻第三、四）。

しかし、類型的な文によって自己の心中を表白することは、近代以前の社会にあっては普通のことであり、たとえば、西行法師も、おびただしい数の陳腐な類型的な歌をよんでいるのであり、それらの方が、現在、秀句とされる個性的なものより、当時にあってははるかに重要な意味をもっていたのである。類型や型を、個性が進みすぎた近代人の尺度で批判することは、しばしば誤りとなる。

同様に、近代以前における夢告自体は、近代人の考えるような個人的なものというより、伝来の神懸りと同じように、一定の共同体を前提とした行為であった。その意味で、親鸞の六角堂夢告は、親鸞個人のものというより、当時の教団に属する下層僧侶に共通の課題に応える性格をもっていたといわねばならぬ。この点、持戒のあり方が根底から問われていた状況は、充分にかえりみられねばならないのではなかろうか。とりわけ、女犯の問題である（当時の僧侶と女犯の問題については、前出の赤松俊秀や松野純孝や森龍吉等が様々にふれている）。私は、六角堂夢告の偈がいかなるものであれ、その内容が、少なくとも持戒にふかくかかわるもの、とくに女犯が、やはり真相に近いと考えるものである。

とはいっても、一生不犯が特殊な霊力や呪力をもつとされていた中で、親鸞の妻帯が、そのような呪術や迷信を否定する意図をもっていたと、直ちにみる説（松野純孝、渡辺照宏の説）にはためらいをおぼえる。というのは、それはひとつの結果であっても、親鸞においては、それが目的であったとは到底考えられない。女犯も不犯も宿業のなせるわざであることを、親鸞がどうして知らないわけがあろうか。いずれにせよ、親鸞は、内なる煩悩に正面からむきあう中で、法然の浄土教に出会っていったことは十分注目されねばならないであろう。

煩悩の本質（その一）

内なる妨害者をもとの意味とする煩悩は、親鸞にとって、二つの相をもってせまってくる。一つは罪悪であり、他は主我性である。

罪悪は、殺人にみられるように、人倫のすべてにもとる行為である。このような罪悪にまみれる人間の代表を、親鸞は、経典に登場する阿闍世《あじゃせ》という人物にみる。その主著『教行信証』の「信」巻の後半で展開されているのは、この阿闍世の救済にほかならない。

阿闍世は、仏陀在世のころの、インド・マガダ国で国王として活躍した人物である。父は、やはり同じ国の王で、頻婆娑羅《びんばしゃら》といい、母は、その妃の韋提希《いだいけ》である。阿闍世は、成人ののち、父・頻婆娑羅を殺害し、王位を襲う。この簒奪事件の背後には、仏陀の従弟、提婆達多《だいばだった》のそそのかしがあった。提婆達多は、仏陀が俗人であったころから、仏陀と競うところが多かったが、仏陀の出家後は、その弟子となった。しかし、仏陀への対抗心はおさまらず、一部の弟子たちをひきつれて分派行動に走り、仏陀を亡きものにして、教団に君臨しようとさえした。この提婆達多にとりこまれたのが阿闍世王である。だが、阿闍世の父王殺害は、提婆達多の教唆にのみよるものではなく、阿闍世王自身の数奇な運命によるところもあった。

そもそも、阿闍世王の出生には秘密があった。というのも、父頻婆娑羅と母韋提希との間には子がなかった。子供を切望する頻婆娑羅は、あるとき、卜者に、子が生まれるか否かを占わせたところ、生まれることはまちがいないが、その時期は、一人の仙人の寿命が尽きたときで、子は、その仙人の生まれかわりとして、妃の胎内に宿る、とのことであった。そして、卜者のいうには、その時期は三年後ということであった。だが、頻婆娑羅王は、その三年を待つことができず、その仙人を探し、殺害した。そして、予言通り、妃は懐妊する。妃は臨月ちかく、再び卜者に胎内の子の将来を占わせたところ、前身である仙人の恨みが深く、子は生まれて成人ののち、二人に仇をなすであろう、とのべた。妃は、そのことに驚き、子が生まれるやいなや、その子を殺すことを謀り、高楼に産室を設け、生まれたての子を地上に投げ捨てた。しかし、子は不思議と小指一本を失っただけで命に別状はなく、侍女たちによってひそかに育てられた。

やがて、そのことが王と王妃の耳に入り、阿闍世は両親にひきとられ、王子として育てられる。だが、成人ののち、人が自分のことを「未生怨」と呼ぶのに気付き、出生の秘密を知ることとなる。「未生怨」とは、文字通り、未だ生まれぬ前から両親に怨をいだく、ということで、阿闍世の原音 Ajātaśatru は「未生怨」を意味する。

このように、自分が両親に歓迎されざる子供として生まれてきたことを知った阿闍世は、両親を深く恨むようになる。そのときあらわれたのが、さきの提婆達多で、彼は、阿闍世に、父王の殺害、簒奪をつよくすすめた。というのも、父頻婆娑羅王は、仏陀のよきパトロンであったからであり、頻婆娑羅王を亡きものにすることは、仏陀を窮地におとしいれることになり、阿闍世を自分のパトロンとすることができれば、仏陀の教団を我が手中にすることも可能であったからである（深浦正文著『仏教文学物語』）。

このようにして、阿闍世の父王殺害と王位継承が実現する。古来、この事件は、王舎城の悲劇として、各種の経典に記されてきた。なかでも、『観無量寿経』は、王妃韋提希を主人公に、浄土教という新しい救済を説き示すものである。経典中の、韋提希のことばは、くらき宿業にひきずられて生きる人間の哀しみを、よく示している。

世尊よ、われ、むかし、なんの罪ありてか、この悪子を生める。世尊もまた、なんらの因縁ありてか、提婆達多とともに眷属たる。ただ、願わくは、世尊よ、わがために広く憂悩《うのう》なき処を説きたまえ。

（岩波文庫『浄土三部経』下）

一方、阿闍世の胸中に光をあてて説かれているのが、『涅槃経』である。親鸞は、『教行信証』の「信」巻には、この『涅槃経』を引用し、悪逆の人、阿闍世王が、いかに救われていくのかを検証している。

親鸞が、阿闍世王にみたものは、人間の限りない悪逆の心であり、煩悩のはげしくうずまく様子である。

またいはくそのときに王舎大城に阿闍世王あり。その性弊悪にして、よく殺戮を行す。口の四悪〔妄語・綺語・悪口・両舌〕、貪恚《とむい》愚癡《ぐち》を具して、その心熾盛なり。

（岩波文庫『教行信証』、「信」巻、一九三頁）

では、このような極悪非道の阿闍世が救われる道があるのであろうか。

そもそも、『涅槃経』は、それまでの経典が見放してきた、最底の人々を救うために説かれた経典である。最底の人々とは、謗大乗（仏教を謗る人々）、五逆罪をおかした人々、およそ仏となる可能性など一片ももちあわせていない一闡提《いっせんだい》とよばれる人々、である。親鸞は、これら三種の人々を、「難化の三機、難治の三病」とよび、仏の慈悲は、これらの人々のために注がれていることを強調する。それは、子を思う父母の心に変りはないけれども、病の子には、とりわけ愛情を注ぐのと同様である。

もろ〳〵の衆生において平等ならざるにあらざれども、しかも罪者において心すなはちひとへにおもし。放逸のものにおいて、仏すなはち慈悲を生ず。不放逸のものには心すなはち放捨す。

（岩波文庫『教行信証』、「信」巻、二〇八―二〇九頁）

親鸞が、どのような人倫にもとる行為を経験しているのか、両親との間にどのような葛藤相克があったのか、一切は不明である。彼が、どのようなドラマを演じて生涯をおえたのかも、その詳細を知ることは、もはや不可能である。しかし、彼が、阿闍世という人物に深く共感していること、阿闍世のごとき人間ですら救われていくという仏教の深さ、広大さにつよくつきうごかされていることだけは、確かである。親鸞が、『涅槃経』より引用する次のような文章にも、彼の地獄に堕ちるしかない人間存在の哀しみと、そこからの解脱への願いが、いかにつよいものであるかをうかがうことができる。

われむかし智者のときにいひしをきゝき。身口《しんく》意《い》業《ごふ》もし清浄ならずば、まさにしるべし、このひとかならず地獄に堕せんと。われまたかくのごとし、いかんぞまさに安穏にねぶることをうべきや。

（岩波文庫『教行信証』、「信」巻、二〇三頁）

これは、若き日の親鸞が、後生のたすかる道を求めて、六角堂と法然のもとへ二百日間通いつめたときの心持ちと通ずるものではなかろうか。地獄に堕ちるしかないという自覚は、自己の底に、悪業をまぬがれることのできない煩悩が巣くっている様をあわせてみているのである。悪業としてふき出てくる煩悩をいかにすればよいのか。それこそが、親鸞の悲痛な問いであった。

この点、「信」巻が、五逆罪の辞書的な解説で終わっていることは、象徴的である。『涅槃経』においては、煩悩はいつも悪心であり、悪業であり、悪罪である。親鸞においてもまた、煩悩は、抽象的観念ではなく、また除夜の鐘にちなんで説かれる百八つの煩悩とよばれるように、数えあげられるものでもない。それは、いつも、罪悪そのものとして自覚されているのである。

煩悩の本質（その二）

仏教は、しばしば、無我の宗教といわれる。無我とは、我が無いということではない。我に執着しない、ということである。我がなければ、生物としても生きていけないし、人生を主体的に生きるということもむつかしくなる。我の意識が弱まると、人生の生き方が消極的になるのか積極的になるのかは容易にきめがたい。先人の言うところによれば、自他の区別のない独特の世界がひらかれるともいう。しかし、さきにくりかえしのべているように、縁次第で、思いもかけぬ生き方をするのが人間である以上、できるかぎり我への執着を少なくして生きようとしてもかなわぬことが生じてくる。我に執着すること少なく、できるだけ、我と我でないものとの境界をあいまいにして生きようとすることは、やはり、煩悩の激しい人間には、遠いことといわねばならぬ。それができるのは、すぐれた聖人たちということになろう。

親鸞が、煩悩は詮じつめれば主我性にある、と考えたのも、容易に我へのこだわりをすてきれないという自覚があったからにほかならない。たしかに、禅仏教に典型的に示されているように、我への度を超した執着から自由になる道は、さまざまに工夫されている。いわばカリキュラムを忠実に実践していけば、我へのこだわりは、よほど弱まるにちがいない。しかし、親鸞は、この種のできるはずだという思いこみをも、所詮は人間の思いあがりであると考えている。それは、我への執着が、いかに根深いものであるかを見透していたからにほかならない。親鸞が、自力という言葉で批判したのは、自らの救済は自らの力によって可能であるとする精神に対してであるが、このような精神はまた、自己への執着心から生じている。もともと、人間が自らの力によって欲望から完全に自由になりうるなどということは、不可能である。悪なる煩悩に全面的に支配されている心に、それを克服する契機はない。なるほど、仏教には、生きとし生けるものすべてに仏性があるという教えもある。しかし、凡夫には、それは通じない。人間の心が、本来清浄であるといくら教えられても、その清浄を覆いつくしている煩悩の方が現実の姿である。

凡夫トイフハ無明煩悩ワレカミニ　ミチミチテ欲モオホク　イカリ　ハラタチソネミ　ネタムコ、ロオホクヒマナクシテ臨終ノ一念ニイタルマテ　ト、マラスキエス。

（『一念多念証文』）

このような煩悩に覆われた存在が、清浄な存在になりうるとしたら、それは、弥陀の本願力によるしかない。他力である。そして、親鸞にあっては、他力を信ずることができるのも、そこに如来の力が働いているからである。自分がほこらしげに念仏しているつもりでも、それは、そこに如来の力が働いているから可能なのである。では、煩悩的存在にどうして弥陀の力が加わることができるのか、一片の清浄心もない凡夫のどこに、弥陀の力を受け入れる余地がのこっているのか。煩悩に満ちている人間が、どうして念仏を発することができるのか、親鸞は、それに対して、ひたすら「不思議」と答えている。いかに不思議であっても、一片の清浄心もなく、我執にこりかたまっている人間が念仏していることとは、事実に変わりはない。その事実に励まされて、親鸞もまた念仏の人となった。しかし、このような、自己に根拠をもたない不思議の信心すら、それを自己の力のなせる結果だと、しばしば思いこむ。親鸞はここに、人間の根深い主我性をみるのである。

おほよそ大小聖人、一切善人、本願の嘉号をもておのれが善根とするがゆへに、信を生ずることあたはず。

（岩波文庫『教行信証』、「化身土」巻、三六九頁）

阿弥陀如来は、はるか過去世において、我が名を称するものは、必ずわが国へ生ぜしむという誓いを立て、その名を称するものがいる限り、その人を救いとろうとしている仏である。したがって、名号を称することは、浄土教の救済にとって最も重要な条件である。右にいう「本願の嘉号」とは、この仏名のことである。それは、親鸞によれば、煩悩成就の凡夫のために、如来からさしのべられた救済の手段であって、凡夫は、ただひたすら、それをうけとめ、称名に恵念すればよいのである。しかし、聖人とか善人といわれる人々は、おのれの力をたのむところが強く、この仏名も、おのれが、浄土往生のために積みあげる善業の一つとしてしまう。聖人とあがめられ、善人と自負する人々は、自らの善行を我が努力でかちえたと考える人々のことである。その人々にとっては、悪人とは、努力のたりなかった人でしかない。このような聖人、善人にとっては、自己の努力と無縁の救済は、理解を絶する。称名も、自分の努力の中の一つと考えるとき、その意味がはじめて了解される。そこでは、しばしば、称名は、回数で量られる。何千回、いや何万回の念仏を称したか、それが問われる。これが、「本願の嘉号をもておのれが善根とする」事態である。それは、念仏の自己所有化である。

しかし、思えば、如来のものを我が物とすりかえるこのような働きこそ、主我性というべきものではないか。主我とは、文字通り、我を主とする、先とするということであって、エゴイズムそのもののことである。もちろん、はじめにもふれたように、我の意識なくしては、人間は生きていくことはできない。また、近代以降の社会は、権利、義務、契約、競争、自己表現等、自我の拡大深化を善とし、教育によって、その価値を人々に植えつけて、今日にいたっている。その自我意識の拡大深化は、当然のことながら、エゴイズムの肥大化と表裏をなしている。夏目漱石が、かつて、昔の人はおのれを忘れろと教えたが、今の人は、おのれを立てることに腐心していると嘆いたのも、この近代社会に、エゴイズムの病弊をみたからであろう。だが、人は、生来、エゴイズムから逃れることはできない。時代のせいばかりではない。それは、人間が煩悩的存在である点に由来する。煩悩の本質を、主我性、エゴイズムにあると親鸞がみたのは、もろもろの欲情も、つきるところは、我をめぐるものでしかないからである。我という核のまわりに、金平糖のように、まつわりつき、自己の本性を見えなくしているのが、煩悩にほかならない。

そして、このような主我性は、他力の救済を前にするとき、疑惑という表現をとる。一般に、信ずれば救われるという形式をとる宗教にあっては、無条件に信ずることが肝要であって、疑いはきびしく誡められるものである。鰯の頭も信心から、という俗諺は、真理の一半を示している。だが、エゴイズムに対する深い認識のない信心は、所詮は、ギブアンドテイクであり、たやすく信じられるところには、深い救済もない。簡単に信じられるものはまた、容易に放棄されるものである。

信を強調する親鸞の立場には、当然のことながら、疑惑がつきまとう。人間の側における努力、苦行、しかもできるだけ犠牲を払った努力のつみかさねを待ってはじめて救済が約束される、というのでなければ、容易に納得できない。ただ、弥陀の誓いを信じて念仏するだけ、というのでは、たよりなさすぎる。人間の側における参加の契機のない救いなど、果たして存在するのであろうか。だが、おのれの価値判断を放棄し、弥陀の本願に全面的に帰投する、いわば〝エゴイズムの崩壊、転換こそ、他力の信心の出発点である。疑惑が、他力の信心の出発点からつきまとうのは当然である。

親鸞の、本願に対する疑惑の分析は、鋭く、深い。とりわけ、他力の信心の世界をかいまみながら、疑心をすてさることができず、あるときは他力を信じ、あるときはそれを放棄し、他の救済論に耳をかたむけるという、中途半端なあり方に対する批判はきびしい。

もし衆生ありて疑惑の心をもて、もろもろの功徳を修して、かのくにゝ生ぜんと願ぜん。

〔中略〕しかもなを罪福を信じて善本を修習して、そのくにゝ生ぜんと願ぜん。このもろもろの衆生、〔中略〕つねに仏をみたてまつらず、

（岩波文庫『教行信証』、「化身土」巻、三二八頁）

弥陀の本願を疑う心は、同時に、本願に誓われた称名以外の、あらゆるききめのありそうな行為（大は造寺造仏から小はお百度参り的苦行まで）の実修をともなう。そこでは、罪福が信じられている。罪福とは、悪業は悪果を生じ（罪）、善業は善果を招く（福）ということである。自己の救済は、自己の努力、苦行とひきかえに得られると信ずるのは、罪福の因果を信ずることである。身は悪業で覆われ、一片の善行を積むこともできない人間にとって、罪福の因果は縁がない。罪福の因果が信じられるとは、我が身に、善果を生み出す善業が期待できるということである。それは、煩悩成就の凡夫のよくなしうるところであろうか。にもかかわらず、「罪福を信じて善本（名号のこと）を修習」するとは、とりもなおさず、本願を疑っている証拠である。疑惑とは、わからぬわからぬとわめくことではなく、罪福を信ずることである。

不了仏智のしるしには
如来の諸智を疑惑して

罪福信じ善本を
たのめば辺地にとまるなり

罪福ふかく信じつゝ
善本修習する人は
疑心の善人なるゆへに
方便化土にとまるなり
（『定本』2、一八八、一九五頁）

右は、親鸞の和讃の中で、「仏智疑惑和讃」と通称されているものの一部である。親鸞は、この一連の和讃の中で、弥陀の本願を疑う罪を次々と批判しているが、彼等が浄土に生まれても、それは「辺地」であり「化土」にとどまるとするのも、その批判の一つである。それらはいずれも、にせの浄土をさす。真の浄土が、阿弥陀如来の誓いによって建立されているのに比べ、にせの浄土は、人間の分別心によって生じる。人間の分別心とは、主我的思惟である。おのれが善しとする価値を尺度とする心である。おのれの価値を第一とするために、それを超えた価値に対しては疑うしかない。そして、疑いの人は、にせの浄土に生まれるしかない。経典によると、にせの浄土は、「懈《け》慢《まん》界」とも「疑城胎宮」とも称せられている。「懈慢界」とは、怠慢かつ自己満足におちいるものの生まれる世界であり、浄土にいたる途中の国土としてあらわされている。「疑城胎宮」とは、仏の智恵を疑う者の生まれる世界で、そこに生まれるものは、あたかも、母の胎内にいる児が、外の世界を見ることができぬように、真の浄土を見聞することができない。前者の、自己満足とは、おのれの考えをよしとする主我性を別にいいあらわしたものであり、その根底には、おのれの力をたのむ自信がある。「疑城胎宮」の名は、親鸞の造語である。

親鸞が、一体なんのために、にせの浄土（化土）という構想をもったかは、別に論じる。ここでは、彼の煩悩論が、罪業の意識と、主我性の自覚という両面において、具体的に論じられており、主我性は、本願を疑う心として把握されていることを明らかにしておきたい。親鸞には、よく知られているように、「愛欲の広海に沈没し、名利の大山に迷惑」（「信」巻）するという、有名な告白がある。愛欲も名利も、まぎれもなく煩悩の姿である。しかし、それらは、疑心に比べれば、煩悩としては、まだ浅いものではないか。なぜなら、本願を疑うことは、解脱への最後のチャンスを喪うことである。凡夫にとって、それが、煩悩中の煩悩でなくして何であろうか。それ故に、親鸞は、筆を尽して、疑惑を離れよ、とすすめている。

まことにもてこの法、凡《ぼむ》を転じて聖《しゃう》となすこと、なをしたなこゞろ〔掌〕をかへすがごとくなるをや。おほきにこれやすかるべきがゆへに、おほよそあさき衆生は、おほく疑惑を生ぜん。すなはち大本《だいほん》〔『大無量寿経』のこと〕に易往而無人《いわうにむにん》〔行きやすくして人なし〕といへり。かるがゆへにしんぬ難信なりと。

〔岩波文庫『教行信証』、「信」巻、一七二頁〕

浄土を修するものつねにおほけれども、その門をえてしかもたゞちにいたるものいくばくもなし。浄土を論ずるものつねにおほけれども、その要をえてしかもたゞちにをしふるものあるひはすくなし。〔中略〕それ自障《じしやう》〔自ら解脱の道を障ぎること〕は愛にしくなし。自蔽《じへい》〔自ら正道を隠してしまうこと〕は疑にしくなし。

〔同前、一七三頁〕

煩悩不浄

親鸞の煩悩論の特色は、煩悩を不浄とみていること、あるいは、仏の清浄心との対比で煩悩をとらえ、それを穢、不浄とみなしている点である。たとえば、『歎異抄』では、

本願ぼこりといましめらるゝひとぐゝも、煩悩不浄具足せられてこそさふらふげなれ。

〔第十三章〕

といって、本願ぼこりを批判する人々も、煩悩と不浄からまぬがれることはできないことをのべ、煩悩は不浄と並記されている。あるいは、同じ『歎異抄』において、

本願には、善悪浄穢なき趣《おもむき》をも説《とき》きかせられさふらはゞこそ、学生《がくしよう》〔学者のこと〕のかひにてもさふらはめ。（第十三章）

と、善悪とならんで浄穢が問題になっている。また、

一切の群生海、無始よりこのかた乃至今日今時にいたるまで、穢悪汚染にして清浄の心なし。虚仮諂偽《こけてんぐゐ》にして真実の心なし。（岩波文庫『教行信証』、「信」巻、一五二―一五三頁）

とあるように、一片の清浄心、真実心もない穢悪汚染《えあくおぜん》が人間のあり方だというのが、親鸞の基本的認識である。「濁世の庶類、穢悪の群生」（「信」巻）、「穢濁悪の衆生」（「入出二門偈頌」）、「愚縛の群萌、穢濁の凡愚」（『浄土文類聚抄』）という表現は、親鸞の著作のいたるところに満ちている。

法然にあっては、末世の人間は、仏道修行においては全く力のない、機根きわめて劣っ

たものであり、悪をおかし、罪を造る「罪悪生死の凡夫」、「貪瞋邪偽《とんじんじやぎ》、奸詐百端《かんさひやくたん》にして、悪性侵《や》め難く、事《こと》蛇《だ》蝎《かつ》に同じき」(『選択本願念仏集』)存在と、痛烈に自覚されても、それを、穢あるいは不浄とみることは必ずしも強くない。それは、法然が、煩悩についてまだ余裕のある見方をしていたためかもしれない。たとえば、次の一文は、法然が、煩悩について、人間の力で制御できるものだと信じていた様子をうかがわせる。

すべてわれらが輪廻生死のふるまひは、ただ貪瞋癡《とんじんち》の煩悩の絆によりて也。貪瞋癡を〔起〕こらば、なを悪趣へゆくべきまとひ〔迷〕のをこりたるぞと意《こころ》えて、是をとどむべき也。しかれどもいまだ煩悩具足のわれらなれば、かくは意《こころ》えたれどもつねに煩悩はを〔起〕こる也。を〔起〕これども煩悩をば心のまらう人《ど》とし、念仏をば心のあるじとしつれば、あながちに往生をばさ〔障〕へぬ也。(『和語燈録』巻二、「七箇条起請文」)

煩悩を心の客とし心の主とするな、という教誡は、さきにみた、鴨長明の道心の強調と同根のものといえる。そこでは、罪悪深重の凡夫であっても、まだ凡夫にもできる何かがあると考えられているのであり、凡夫のすべてを穢、不浄といいきることはできない。

では、親鸞において、なぜ、煩悩は不浄、穢と意識されたのであろうか。それには、ほぼ二つの理由が考えられる。一つは、親鸞が、インド伝来の仏教の正統を継承していること、他は、伝来の神祇における清浄心の尊重が、仏教土着の過程においてさまざまに変化しながら、親鸞において、仏教における清浄の自覚とかさなってよみがえってきたのではないか、ということである。

仏教における清浄

インドにはじまった仏教は、そもそものはじめから、心の清浄を重んじる宗教であった。人間の心性は、もともと清浄なものであるという、「心性本浄、本性清浄」は、原始仏教以来の標語であったし、原始仏教の偈の中にも次のような文がある。

修行僧らよ。この心は清らかなものである。しかし、この心は時々そとから来るその時々の汚れによって汚されている。 （仏教研究会編『仏教思想』2）

心は、本来清浄であるが、煩悩によって汚されており、その汚れを修行によって克服し、心をもとの清浄にとりもどすのが、仏陀の教えである。有名な七仏通戒偈《しちぶつつうかいげ》の「諸悪莫作〔諸々の悪をなすなかれ〕、衆善奉行〔諸々の善を奉行せよ〕」という教えも、この言葉のあとにつづく、「自浄其意〔自らその心を清くする〕」ということがあってはじめて、「是諸仏教〔これ諸仏の教えなり〕」になるのである。原始仏教では、煩悩は、雑染と同義語とされる。人間の心は長い年月の間に、貪欲、瞋恚、愚癡などの煩悩によって雑染されているのである。仏教の教えに従って、この雑染がとりのぞかれるなら、心はまたもとの清浄に回復してゆく。「心雑染なるが故に衆生は雑染し、心清浄の故に衆生清浄なり」といわれる所以である。

原始仏教の主張を右のように要約することには問題もあるが、少なくとも、人間の心は本来清浄であるとする、楽観論、性善説が仏教の基本であったことにはまちがいない。そして、のちに大乗仏教がおこり、膨大な経典や論書があらわされたが、「心性本浄」という信念は、どの学派においてもうけつがれていく。とくに、西暦紀元二世紀から四世紀にかけては、人間の心の本質をさまざまに分析する学風が盛んとなり、その中から、人間の心は、その本質において仏と共通するという理想主義が主張された。如来蔵説や、『涅槃経』の教えが、それである（井ノ口泰淳ほか著『仏教史概説』インド篇）。

浄土教の成立については、ペルシャのゾロアスター教の影響があるとか、中国では、キリスト教の一派景教が深くかかわっているといわれる。しかし、浄土教の説く信心は、原始仏教以来の清浄心の伝統をうけついでいる。

本願の生起本末の体系としての浄土教とは、雑阿含における心の清浄を仏道体系として完成せしめたものである。心の清浄を浄信又は信楽といっても同じである。

（山口益著『仏教学のはなし』）

一方、原始仏教から大乗仏教への展開で注目されるのは、仏国土という思想である。歴史的人物である釈尊のみを問題とする原始仏教においては、仏国土といっても、釈尊のみを中心とする現実のこの世界が一つ存在するだけであったが、無数の仏の存在を認める大乗仏教においては、仏国土もまた、その主人公である仏にしたがって、無数となる。そして、この仏国土の考え方で注目されるのは、いずれの仏の国も、その主人公である仏によって清浄に保たれねばならない、とされている点である。なぜ、仏の国土は清浄でなければならないのか。それは、仏国土が清浄に保たれていてはじめて、そこに生まれてくる衆生も清浄ならしめられるからである。清浄化の働きのない仏国土では、仏道の完成は不可能である。

そして、このような、仏国土を清浄ならしめる浄仏国土の思想は、藤田宏達によれば、二つの表現をとる。一つは、その清浄化された仏国土がいかにすばらしいものであるかを「有形的、感覚的、具体的」に叙述するということであり、他は、心の問題として、「無形的」に表現される。前者は、『無量寿経』等にみられる極楽の描写であり、後者は、「若し菩薩浄土を得んと欲せば、当《まさ》に其の心を浄むべし、その心浄きに随つて、則ち仏土浄し」という、『維摩経』の表現となる（『原始浄土思想の研究』）。

浄土教は、このように、阿弥陀仏に対する信心も、その国である西方浄土においても、原始仏教以来の清浄を重んずる正統思想によって貫かれている。したがって、親鸞が、清浄に格別の関心を寄せたということも、彼が、浄土教の本質にせまればせまるほど、そこに、原始仏教以来の清浄心を重んずる伝統を発見することになったからにほかならない。たとえば、阿弥陀如来が、仏となる前、法蔵菩薩として、衆生済度のための仏国土を建立しようとした物語において、親鸞がとくに注目したのは、法蔵菩薩の清浄心であり、また、大願がかなって建立された浄土については、それがいかに清浄な国であり、その浄化力がいかに強烈無比であるか、ということに集中している。

こゝをもて如来、一切苦悩の衆生海を悲憫《ひみん》して、不可思議兆載永劫《てうさいゑやうこふ》において菩薩の行を行じたまひしとき（阿弥陀仏がその前身の法蔵菩薩のとき、衆生済度のために修行したとき）、三業の所修（身・口・意のなすところ）、一念一刹那も清浄ならざることなし。（中略）如来清浄の真心をもて、円融《ゑんゆ》無礙《むげ》不可思議不可称不可説の至徳を成就したまへり。

（岩波文庫『教行信証』、「信」巻、一五三頁）

これに比べるとき、人間の心がいかに清浄から遠いか、その自覚が、親鸞に痛切な告白を生ぜしめる。

しかるに十方衆生、穢悪汚染にして清浄の心なし。虚仮雑毒にして真実の心なし。
(『浄土文類聚抄』、『定本』2、一四六頁。原漢文)

煩悩具足の衆生は、もとより真実の心なし、清浄の心なし、濁悪邪見のゆへなり。
(『尊号真像銘文』、『定本』3、四一頁)

阿弥陀仏の浄土は、その建立を願った法蔵菩薩の願心が、完全な清浄性を保っていたから実現されたのである。それに比べると、人間のなすところ、思うところ、口にするところは、煩悩に覆われており、いくら浄土を願ってみても、その不浄の故に実現することはない。それは完全な清浄心によって完成された「清浄業処」(浄土の別名、親鸞が「化身土」巻に引用する)に源を発する如来の回向をまってはじめて可能となる。浄土教とは、わが身の清浄ならざるを嘆くものが、如来の清浄心を身に受け、その力をもって如来の国に生まれ、そこで本来の清浄心をとりもどすことができる教えともいうことができる。善導も法然もひとしく、おのれの心の清浄ならざるを嘆き、如来の清浄心を仰いだ。しかし善導や法然においては、清浄ならざる心は、真実ならざる心と自覚されており、それを穢れ、不浄とみることはなかった。あくまでも真実であるかどうか、虚仮不実をいつわっていないかどうかが問われている。それが、親鸞においては、浄穢の価値と結びついているのは何故なのか。私は、ここに、伝来の神祇信仰とのかかわりをみるのである。

神道における清浄

神道の中心思想は、いわゆる清浄にあるといわれる。だが、これが、神道のイデオロギーとして自覚的、意識的に主張されるようになったのは、中世の伊勢神道成立のころからと考えられる。

たしかに、古くは、神亀二年(七二五)秋の詔に、「災を除き祥を祈るには必ず幽冥に憑り、神を敬ひ仏を尊ぶは、清浄を先とす」という有名な文言はある。だが、この言葉は、仏教に由来するという(津田左右吉著『日本の神道』)。また、ここでいう清浄の内容は、詔を読むと、清掃された状態において神仏を供養せよ、というものである。詔はいう、「今聞く諸国神社の社内に多く穢臭《えしゅう》するあり及び雑畜を放つ。敬神の礼豈《あに》是の如くならんや。宜しく国司の長官自ら幣帛を執り、慎しんで清掃を致して常に歳事となすべし。又諸寺院の界隈は勤めて掃浄を加ふべし」（大山公淳著『神仏交渉史』より再引）。

原田敏明によれば、古代人にとっては、清浄、不浄の区別はなく、もっぱら隔離されねばならぬ神聖という意識が先であった（『日本古代宗教』）。そして、時代が下がり、浄、不浄の価値が分化してきても、清浄は、まだ、「善良というようなことも含めて、人間の生活に望ましい状態」（同前）をさすにとどまっている。また、不浄も、「きたなし」、「けがれ」と同じ意味で、「神的でないもの、神の悪《にく》みますところ、したがって神に対して隔離すべきもの」（同前）であり、「罪」ともよばれた。だが、この「罪」は、『延喜式』や『大祓祝詞《おおはらえののりと》』にいうところの天津罪《あまつつみ》、国津罪《くにつつみ》であり、それは、親鸞が鋭く追求した煩悩とははっきり異なって、神事を妨害したり、共同体を混乱に陥れる行為をさしている。

ところが、中世になると、次のような一文があらわれてくる。

神道に内清浄外清浄の二あり、内清浄と云ふは心の斎であつて、いかに外を整へても内がけがれては由なく、外清浄とは行水をし、別火を用ひ精進屋にゐて潔斎するをいふ。

（「貞永式目抄」、大山公淳著『神仏交渉史』より）

ここにいたって、清浄は、心のあり方と考えられてくる。それは、清浄の内面化といってよい。

では、何がこのような清浄の内面化を招いたのであろうか。一つは、ほかならぬ仏教、とくに天台・真言の密教である。それらは、法然らの新仏教の出現により、一時は窮地においこまれるが、やがて、神道との結びつきをつよめることで失地回復をはかろうと試みる。一方、神道も、新仏教の神祇不拝の主張に対抗する上でも、旧仏教の思想をかりて理論武装をめざした。したがって、神道は積極的に仏教の理論をとり入れる。その典型が、伊勢神道の神道五部書とよばれる一群の書物である。いま、その一例をあげると、

正直を以て清浄と為し、或は一心不乱を以て清浄と為す。或は生を超え死を出づるを以て清浄と為し、或は六色の禁法を以て潔斎の初門と為すもの也。
（『類聚神祇本源《るいじゆうじんぎほんげん》』、岩波書店版『日本思想大系』19、一一四頁）

文中、「一心不乱」とは『阿弥陀経』中の言葉であり、「六色の禁法」とは、眼耳鼻舌身意の「六根の内外を浄むる精進」（同前）のことで、天台・真言で重んじられ、修験道では六根清浄《ろつこんしようじよう》とよばれる行法である。また、右の『類聚神祇本源』を著わした度会《わたらい》家行は、清浄を、無から有が生ずる天地開闢の直前の瞬間と考え、それをいかに体得するかに腐心し、神前で無心《い》になることで、神との合一を得ようとした。また、『中臣祓訓解《なかとみのはらえくんげ》』では、解除《はらえ》は神秘の祭文を以て、諸々の罪咎を祓い清めることであるが、その状態は、密教でい

う「阿字本不生」であり、「自性精明」を示すもの、とのべている（同前）。この書物は、鎌倉時代後半に、真言系の僧侶の手によって著されているので、真言密教の術語がふんだんに用いられているのは不思議ではないが、ここまでくると、清浄は、再び仏教の言葉に戻ったと考えられるほどである。いずれにせよ、この段階になると、穢も、単なるケガレにとどまらず、煩悩のなせるところと考えられ、触穢からの回復もまた、従来の禊ぎ払いから、懺悔が強調されるようになってくる（梅原猛「浄という価値」、『文学理論の研究』所収）。

ところで、清浄の内面化をもたらしたもう一つの原因がある。それは、すでにくりかえしのべている、十二世紀から十三世紀にかけての、斎みの復活である。忌みによって抑圧されていた斎みの精神が回復し、聖なる世界に積極的に参加し、身自ら、神仏の示現にあずかろうとする。人々は積極的に参籠を企て、「身変り」を果たし、お告げをきこうとする。そこでは、外なる禁制を守ることへの関心はうすれ、内なる我が身我が心の清浄が問われてくる。さきにみたように、禁忌も、このような風潮にあっては、内面化され、それが唯一の信仰上の行為となってきている。こうして、清浄は、斎みにとって中心的な価値となるのである。

このようにみてくると、親鸞における清浄の強調と煩悩を不浄、穢とみる立場は、伊勢神道における清浄の強調と、根は共通しているように思われる。言葉をかえれば、十三世紀の日本の宗教思想は、仏教、神道を問わず、人間の心の清浄にきわめて強い関心を示しているということができる。そして、このような現象は、もう少し長い期間でみると、伝来の日本人の宗教意識が、仏教を受容する過程で示した一つの反応、トインビー流にいえば、チャレンジに対するレスポンスという、文明史的反応とみることができるのではないか。

図式的にいうなら、奈良時代末から平安時代はじめにかけて成立した神道は、それ以前の仏教政治に対する強い反撥を重要な契機としており、その神道の内部矛盾(忌みによる斎みの抑圧)の顕在化を背景に、法然の専修念仏等の新仏教が誕生する。この新しく生まれた仏教は、それまでの仏教的伝統だけではもはや説明しきれない部分を内にもっている。親鸞の煩悩不浄も、そのあらわれの一つというべきではなかろうか。

氷多きに水多し

親鸞の煩悩論の特色は、煩悩に支配されている人間が、その煩悩を断つことなく悟りへの道に入ることができる、と説く点にある。それは、いままでのべてきた、親鸞の人間認識と一見矛盾するように思われるが、この点こそ親鸞の思想の特徴である。たしかに、親鸞によれば、人間は、欲望とりわけ自己愛に覆い尽されている存在であって、一片の清浄心も真実心ももちあわせることのない存在である。したがって、人間が自らの努力の積み重ねによって仏道を修行しても、遂に悟りの境地に入ることはできないのであり、このような人間の救済は、煩悩とは無縁の世界に源をもつ、如来の力によるしかない、それが親鸞の立場である。その親鸞が、なぜ、凡夫も煩悩を断ずることなく涅槃への道を歩むことができると主張するのであろうか。

その第一の理由は、すべての存在に仏性、仏になる可能性を認めるからである。親鸞の主著『教行信証』では、『大無量寿経』、『観無量寿経』、『阿弥陀経』の浄土三部経に次いで、『涅槃経』が重視されている。それは、この経典が、凡夫といえども、煩悩を断ぜずして涅槃を得ることができるとのべているからである。

『涅槃経』によれば、生きとし生けるものすべてに、仏となる因、種がそなわっている。いわゆる一切衆生悉有仏性《いっさいしゅじょうしつうぶっしょう》である。しかし、それは、あくまでも仏の立場からみた事実であって、人間の側からみる事実ではない。人間の心は、あくまでもつねに煩悩に覆われているのであり、仏性をみることも、仏性をあらわすことも容易ではない。人間は、文字通り「煩悩成就の凡夫」であり、一切悉有仏性は、理想論にすぎない。だが、『涅槃経』はのべる、「衆生の仏性は現在に無なりといえども無というべからず」（『教行信証』、「真仏土」巻）。あるいは、「衆生未来に荘厳清浄の身を具足して、仏性を見ることを得ん」（同前）と。衆生に仏性がないとみえるのは煩悩のせいである。もし、その煩悩が消え失せれば、仏性は自ずとあらわれてくる。

では、煩悩が消え失せるとはどういうことか。煩悩に覆われた穢身を捨てるということか。では、煩悩に覆われた穢身を捨てるとはどういうことか。死ぬことであろうか。否。それは、浄土に往生することである。浄土に往生して、清浄の身となることである。それは決して、肉体的な死を意味しない。肉体の死は、煩悩の停止であって、煩悩の克服ではない。往生は、現在では、死を意味するが、親鸞においては、文字どおり、浄土に往《い》って生まれかわることである。それは、あるいは、回心といってもよい。古き自己に死して、新しき自己に生まれかわることである。

さきにのべたように、『涅槃経』においては、五逆罪を犯したものも、四重禁を犯したものも救われる。五逆罪とは、父、母、阿羅漢（修行僧）を殺す罪、仏の身体から血を出さしめ、教団の和を破壊する罪であり、四重禁は、殺生、偸盗、邪淫、妄語である。そして、とりわけ、『涅槃経』が留意するのは、仏性をもたぬ極悪の人間、一闡提《いっせんだい》の救済である。一闡提は、サンスクリットのicchantikaの音を漢字で写したもので、意味をとれば断善根、信不具足と訳される。仏となる因をもたぬもの、ということである。親鸞が注目したのも、この一闡提である。断善根とは、仏になることができない存在という以上に、そもそも救われたいなどという願いをもちあわせたこともない人間を意味する。しかし、よくよく我が身をふりかえれば、一闡提こそ私のことではないか。この私が、いつ、はたして救われたいと願ったことがあるであろうか。人生には、辛いこと、苦しいこと、いやなことは、決して少なくはない。だが、生きていく上では喜びもあれば、快楽もある。楽しいことも少なくはないではないか。どうして、人生を厭う必要があろうか。死後の世界を恐れるといっても、死ねばなにもわからないではないか。どうして、後生を願う必要があるのか。このように、我が心をかえりみると、断善根こそ、私のことであり、そして、それこそが凡夫のすがたであることに気付かざるをえない。親鸞が、一闡提の救済に深い関心を寄せたのは、それが、ほかならぬ我が身と知らしめられたからにほかならない。

だが、『涅槃経』は、一闡提のものにも仏性があるとは、単純には表現していない。あくまでも、経の立場は、一闡提が仏性をみるのは、未来においてであるとする。あるいは、一闡提にも皆仏性有りという考えもあれば、無いという考えもある、というのが、経の表現である。しかし、親鸞は、「或は説きて無し」という文章をすてて、「或は説きて四重禁を犯し、五逆罪を作り、一闡提等みな仏性ありということあり」のみを引用している（星野元豊著『講解教行信証』、一四六九―一四七九頁参照）。断善根とよばれる人間が、未来に仏性をみることができるのは、現在においても、仏性がなくてはかなわないはずである、という親鸞の思いが、経文の引用を改めさせたのである。そして、それは、善導が一闡提の救済について、「謗法闡提回心皆生」、つまり、仏法を誹謗するものも、一闡提も、心を改め、仏教に帰依すれば、往生しないものはない、とのべたことと軌を一にする結論である。

このように、断善根のものも含め、凡夫にも仏性が貫徹されていることが論証されたが、そのことと他力の信心とはどのような関係があるのか。親鸞はさらに『涅槃経』に依りながら筆をすすめて、信心こそが仏性であると主張する。

仏性はすなはちこれ如来なり。仏性は大信心となづく。なにをもてのゆへに、信心をもてのゆへに菩薩摩訶薩はすなはちよく檀波羅密乃至般若波羅密〔六波羅蜜のこと〕を具足せり。一切衆生はつゐにさだめてまさに大信心をうべきがゆへに、このゆへにときて一切衆生悉有仏性といふなり。大信心はすなはちこれ仏性なり。仏性はすなはちこれ如来なり。

（岩波文庫『教行信証』、「信」巻、一五八―一五九頁）

右の『涅槃経』の引文に対し、星野元豊は、はじめに大信心は仏性なり、といわないで、仏性は大信心と名づく、と表現している点に注目し、凡夫にとっての仏性とは、大信心においてほかにありえぬ、仏より回向された信心（その故に大信心である）以外に、凡夫が、涅槃に至る道はない、とのべているが、炯眼である。煩悩におおわれ、自己の仏性にめざめることのできない凡夫にとっては、如来よりさしまわされた信心こそ、仏性の世界に入る唯一の手だてなのである。煩悩に汚染された人間の側からなす、他のいかなる手だても、その汚染の故に、涅槃に到達するものとはなりえない。清浄な弥陀の願心から発せられた信心を我が心にうけとることのみが、浄土往生への出発点なのである。

では、煩悩具足の凡夫が、なぜ、弥陀より回向された信心を受けとることができるのか。不浄の身に、どうして清浄の信をうけとることができるのか。一つの理由は、弥陀の大悲心のためである。弥陀は、罪悪深重の凡夫を、わが名を称することで救いとり、成仏させようと願って、はかりしることのできない長い年月の間修行をつみ、その願いを完成し、仏となって現在にいたっている。凡夫が存在する限り、弥陀は、その活動をやめることができない。しかも、凡夫は、すでに弥陀の本願によって、原理的にはすくわれている。ただ、凡夫は、そのことを知らない、いや知ろうとはしないだけである。

それでは、凡夫は、弥陀の本願を知らなくてもよいのか。弥陀の本願を信じ、念仏申すことはしなくてもよいのか。否、断じて否である。親鸞のあとにあらわれた遊行の聖、一遍には、信、不信を問わず、という考えがある。凡夫が信じようが信じまいが、救済は達成されている、ということであるが、それは、親鸞の考えるところとは異なる。なぜなら、信心という行為は、個的存在である私の行為である。弥陀のはたらきかけによるとしても、現実には、この私が、口を開いて念仏申すのである。そもそも、煩悩は、一般的現象なのではなく、私の主我性、自己愛にほかならない。欲望一般という抽象論は、生きた煩悩には関係がない。それは、いつも、私にとっての愛欲であり、名誉欲であり、権勢欲である。この意味で、煩悩は、きわめて個別的である。あるいは、主我性、自己愛の意識は、個別的といわねばならない。そして、この個別性、特殊性こそが、人間界の本質である。それに比べると、仏の悟りの世界、法《ダルマ》の世界は、一如であって、無差別であるといわれる。人間界の相対的対立が止揚された世界が、悟りの世界である。信、不信を問わないで、しかも凡夫が救いとられるということは、一如の世界、仏の側からみた事実のことである。個別を本質とする人間の世界では、信、不信は、あくまでも問われねばならない。私が信ぜしめられているという自覚を別にして、抽象的に救済が成立することはできない。念仏を申す私がなければ、弥陀は、私という個に到達することができない。

親鸞ののべるところによると、真如（真理の世界）は、色もなく、形もないものである。それが、なぜ、阿弥陀仏という形をとってあらわれるのか。それは、人間が個別的存在であるからである。人間は、私という我において存在するものである。その個別的存在に語りかけるために、阿弥陀仏という形をとるのである。真如のままでは、人間に手をさしのべることはできない。人間の方も、直接、真如に接し、真如と同一になることはできない。ここに、信心が、救済の重要な契機となってくるのである。たしかに、法蔵菩薩が、罪悪深重の凡夫の救済のために、四十八におよぶ願いをおこし、それを成就し、新しい仏の国を設けたのは、はるか昔の、神話的世界のことである。しかし、それ以来、人間は、無数にわたって生死をかさねて今にいたっている。それは、法蔵菩薩の願いが、無力であるからではない。凡夫がその願いをききわけ、その本願を信じて念仏申すことがなかったからである。凡夫といっても、抽象的にいうのではない。この私、という個々別々の存在が、その願いをわが身にてらしてききしろうとすることが、他力の救済にとっては、もっとも肝要なのである。

凡夫には、本来仏性があり、その凡夫に弥陀からさしまわされた信心が働く。その信心が仏性を開発していくがゆえに、煩悩の身のままで、埋葬にいたることができる。

惑染《わくぜん》の凡夫、信心発すれば、生死すなはち涅槃なりと証知せしむ。

（岩波文庫『教行信証』、「行」巻、一二〇頁）

よく一念喜愛の心を発すれば、煩悩を断ぜずして涅槃をう。

（同前、一一六頁）

すでによく無明の闇を破すといへども貪愛瞋憎《どむあいしんぞう》の雲霧、つねに真実信心の天におほへり。たとへば日光の雲霧におほはるれども、雲霧のした〔下〕あきらかにして、やみ〔闇〕なきがごとし。

（同前、一一六―一一七頁）

煩悩を断じないで涅槃にいたる、という事実を、親鸞は、「煩悩の氷とけて、功徳の水となる」という、先学の比喩を用いて説明している（「行」巻）。煩悩と悟りの世界が、全く別々のものではなく、本願を信ずることによって、煩悩の身のままに、涅槃へいたる道を歩くことができる。氷が多いほど、それがとけると水が多くなるように、煩悩がはげしく深いほど、悟りもまた深く広い。煩悩の自覚の深さが、一段と深く広い救済を希求せしめ、そこで生ずる回心は、深い喜びをともない、救われていることの確信を不動のものとする。

　煩悩にみちている凡夫が、他力の信心をうることで、煩悩のままにすくわれていく。これは、あくまでも信仰の事実である。この信仰の事実を、どのように説明するか、それが親鸞の腐心した点の一つである。この場合、親鸞は、伝統的な天台教学から「転」あるいは「転成」という概念をかりてくる。

　海といふは、久遠よりこのかた凡聖所修《ほむしやうしよしゆ》の雑修雑善《ざふしゆざふぜん》の川水を転じ、逆謗闡提恒沙無明《ぎやくはうせんだいごうじやむみやう》の海水を転じて、本願大悲智慧真実恒沙万徳の大宝海水となる、〔中略〕まことにし〔知〕んぬ、経にときて煩悩のこほり〔氷〕とけて功徳のみづ〔水〕となるとのたまへるがごとし。

（同前、一〇七―一〇八頁）

　雑修雑善とか、逆謗闡提、煩悩という、価値的に劣悪なものが、他力の信心によって、最高の価値に転じていく。転について、親鸞は、「転ストイフハ、ツミ〔罪〕ヲケシウシナハスシテ〔消し失わずして〕善ニナスナリ。ヨロスノミツ〔万の水〕大海ニイレハスナハチウシホ〔潮〕トナルカコトシ」(「唯信鈔文意」)とものべている。その意味するところは、「迷妄を去れば、一切の存在は迷妄的存在性を転じて存在の真姿を現成されてくること」(石田充之「親鸞における転成の意味」、『印度仏教学研究』第二十巻第一号所収)といわれ、このような考え方は、宋代の浄土教者元照の影響によるところも大きいと評される(同前)。親鸞が、いわば舶来の、もっとも新しい学説を援用してまで、煩悩のままで涅槃にいたるという事実を説明しようとしたことは、それが、理論的要請というより、深く動かしがたい体験に根ざしていたからであろう。

法の立場

法然の浄土教が、人間のもつ宿業性に注目して展開されたとすれば、その弟子・親鸞の救済論は、人間の煩悩性に着眼することで達成されたといえる。もちろん、法然においても、人間の罪業性・煩悩についての認識は鋭いものがあったことはいうまでもない。その故に、凡夫のための救済が求められ、独自の浄土教が誕生したのである。親鸞は、その線上にあって、さらに、煩悩そのものの存在であるというしかない人間が、法然によって発見された法をうけつぐことで、どのように生きていくことができるか、その法の下で、いかなる相貌をもつことができるかを追求したといえよう。法然の浄土教をひきつぎながら、その人間論を展開したところに、親鸞の立場があるということができる。

とりわけ、煩悩を断じ尽すことなく、煩悩を身にそなえたままで悟りの世界に達することができるという結論は、人間の煩悩に深く思いをいたした結果、得られたものといわねばならない。煩悩を断ぜずして涅槃（悟りの境）を得るとは、また、別のいい方をすれば、「正定聚《しょうじょうじゅ》の位に住する」ことといわれている。正定聚とは、仏道修行者が、その最後の境地である涅槃に至ることが約束されていることを示す言葉で、修行を怠り、地獄に堕ちるものは邪定聚、涅槃に至るとも地獄に堕ちるとも決まらぬものを不定聚という。煩悩の身に満ち満ちているものが、そのままでどうして、正定聚の位に即くことができるのか、それは、何度ものべているように、他力の信心による。それは、親鸞がくり返し強調しているように、不思議の一言に尽きる現象である。

法然は、人間のもつ煩悩性を強く自覚することで、凡夫のための救済を発見したが、その凡夫は、あくまで六道に輪廻する存在であり、数えあげることのできない大昔からの業を背おって生きる宿業的存在であった。その宿業的存在である人間、凡夫にとっての救いは、弥陀の誓願を信じて念仏することである。そして、この浄土往生は、穢土を去り、穢身を捨てはてるときに達成されることであり、涅槃を得ることは、あくまでも浄土に往生してからのことである。たとえば、つぎに浄土門は、まづこの娑婆世界をいとひすてゝ、いそぎかの極楽浄土にむまれて、かのくににして仏道を行ずる也。（『和語燈録』巻一、「往生大要抄」）

とあるように、その往生の事態について、法然は、凡夫にとっては、いのちおわるときと考えていたといってよい。この点、親鸞は、獲信のとき、ただちに念仏の行者は往生する、と考え、それを「正定聚の位に住する」と考えたのである（往生については、次章「往って還るとは」参照）。

親鸞の、このような正定聚の考え方がどのようにして形成されてきたかは、その思想が、親鸞の思想の本質にかかわるものだけに興味あるところであるが、今は、親鸞にとって、煩悩が、死という肉体的消滅によって雲散霧消となる問題ではないという、煩悩についての強烈な思惟があったことを第一にあげるにとどめておきたい。つまり、親鸞にとっては、煩悩的存在であることと人間であることとは不可分であって、それ故にこそ、煩悩をもったままでいかにすくわれることが可能かを、追求したのである。そして、そこに見出されたのが、法《ダルマ》の自覚である。法の自覚とは、煩悩具足の人間が救われるという事態を、法の側から、つまり阿弥陀仏の側からみるという論理である。それが、「不断煩悩得涅槃」（煩悩を断ぜずに涅槃を得る）という自覚であり、その自覚に達した状態が、正定聚とよばれるものであった。

凡夫人《ぼむぷにん》の煩悩成就せるありて、またかの浄土に生ずることをうれば、三界の繋業《けごふ》畢竟してひかず。すなはちこれ煩悩を断ぜずして涅槃分をう、いづくんぞ思議すべきや。

（岩波文庫『教行信証』、「証」巻、二四七頁）

右の、不断煩悩得涅槃はまた、次のようにも説明されている。

淤泥華というは経に説いてのたまわく、高原の陸地に蓮を生ぜず、卑湿淤泥に蓮華を生ず、これは凡夫煩悩の泥の中に在って仏の正覚の華を生ずるに喩うるなり。これは如来の本弘誓不可思議力を示す。

（「入出二門偈」）

凡夫が、その煩悩を断ずることなく、涅槃分に至るということは、たとえてみれば、泥中に咲く蓮華のようなものであるというのである。

しかし、凡夫においては、獲信によっても、煩悩はいささかも、その活動を止めることはない。信を獲ることによって、慶びが生ずることもあるが、生じないからといって悲観することもない。それは、煩悩がなくなってしまったわけではないからである。穢身は、どこまでも穢身である。だが、それは、人間の側からみたことであって、阿弥陀如来の立場からみれば、獲信の一事において、凡夫は仏になることが約束された存在となるのである。それが、不断煩悩得涅槃、という表現ではないか。

もし、煩悩的存在の側からのみ往生を考えると、往生は、いのちおわるとき、というしかない。しかし、法の側からみれば、凡夫が弥陀の本願を信じて念仏申すということが、法の貫徹である。この、法の側から、凡夫の獲信を説明するところに、親鸞の大きな特徴がある。

宿業的存在から煩悩的存在へという、親鸞における視点の移行は、法の側から凡夫をみるという新しい観点を生み出したといえる。そして、このような法の立場からものをみるという姿勢は、親鸞の思惟に一貫するところである。たとえば、阿弥陀仏についても、それは、もとは色も形もないものであるが、人間に応じて、姿をあらわしたものだという、有名な「自然法爾章《じねんほうにしよう》」の説明も、同じ発想によるといえる。そのことは、あとで、その浄土論や往生についての考え方、また、方便という観点を論ずるときに詳述するが、私という個別・特殊の凡夫と、その凡夫に注がれている普遍的な弥陀の救いという二者を、同時に展望する救済論こそ、親鸞の真骨頂であったといえる。

それはまた、念仏するものは、ありのままですくわれていくと教えた法然の教説を、仏教の論理で一層明らかに証明するという、弟子としての役割でもあったのである。

第三章

幻想としての浄土

回向

回向は、親鸞の思想を解く重要なキー・ワードである。親鸞によれば、それは、如来の方から人間の側に回向される、ということであって、決して、人間の側から仏に向かって施すものではない。死者の冥福のために回向する、という回向の用法は、親鸞の全くとらぬ考え方である。親鸞においては、あくまでも、

廻向は、本願の名号をもて十方の衆生にあたへたまふ御《み》のりなり。

（「一念多念文意」、『定本親鸞聖人全集』〈以下『定本』と略す〉3、一二七頁）

に尽きる。それは、序章でのべたように、一般的な仏教の回向論、民俗宗教の意識からいえば、不回向というしかない。

そして、親鸞にとっての浄土教とは、如来の回向によって、凡夫が浄土に往生すること、また浄土に往生して悟りを得たものが、如来の回向の力によって、この世にもどり、衆生を済度するという教えである。

つしんで浄土真宗を案ずるに、二種の廻向あり。一《ひとつ》には往相、二《ふたつ》には還相なり。往相の廻向について、真実の教行信証あり。（岩波文庫『教行信証』、「教」巻、二九頁）

浄土真宗とは、詮じつめれば、往相《おうそう》と還相《げんそう》の二回向の教えに尽きる。往相とは、浄土へ往《ゆ》く相（すがた）であり、還相とは、浄土から、この世にかえってくる相（すがた）である。いずれも、阿弥陀仏の本願力に支えられている。

この往還二回向という用語や考え方は、中国の浄土教思想家曇鸞《どんらん》に依っている。しかし曇鸞においては、回向はあくまでも、往生を願う人が、自ら積んだ善行を往生のためにふりむけるという意味である。しかし、親鸞は、曇鸞の著『往生論註』の終わりにのべられている解釈を手がかりに、曇鸞の回向論もまた、結局は、絶対他力の回向論となることを明らかにし、自らの不回向論に根拠のあることを示した。

『往生論註』は、世親《せしん》の『浄土論』の註釈書である。世親は、浄土往生を願う菩薩が修すべき五つの行を説いている。五つの修行とは、礼拝（阿弥陀仏を礼拝する）、讃嘆（阿弥陀仏の名のいわれを讃える）、作願（一心にかの国に生まれることを願う）、観察（浄土の妙なる様子を観察する）、回向（大慈悲心をもって苦悩するすべての衆生をすくいとる）で、前四者は、菩薩自らの往生についての行であるから、自利の行とされ、最後の回向は、自己の得た功徳を他に施す行であるから、利他行とされる。そして、曇鸞は、五つの修行について、「然るに覈《まこと》にその本を求むるに阿弥陀如来を増上縁と為す」（『解読浄土論註』、四〇八頁）と解釈を下した。増上縁とは、きわめて強い縁で、結果の上に作用する力をいう。親鸞が注目したのは、この「増上縁と為す」という一文である。ここから親鸞は、さきの五つの行に示される、自利と利他の行が、いずれも、阿弥陀仏の本願力が加わることによって可能となる行であることを明らかにしたのである。

このように、浄土教における回向とは、如来が、その力を衆生の上にさしまわされた状態をさす、と親鸞によって考えられた。このような理解は、法然にもみられる。たとえば、「弥陀は因位の時、専ら我が名号を念ぜんものを迎えんと誓ひ給ひて、兆載永劫の修行を衆生に廻向し給ふ。濁世のわれらが依怙、末代の衆生の出離、これにあらずばなにをか期せんや」（『和語燈録』巻一、「三部経釈」）と、弥陀が衆生に、その修行の成果をめぐらすことを回向というとのべている。だが、法然は、一方では、雑行を修めているものが阿弥陀仏に救われようとするならば、特に回向の意志を働かす必要があり、もし、それを怠るなら、往生はできない、とのべてもいる（『選択本願念仏集』、岩波書店版『日本思想大系』10、九四頁。石井教道著『選擇集全講』、一一九頁）。この法然の回向論の幅に比べると、親鸞においては、回向は、徹底して仏の側のいとなみと考えぬかれている。

還相回向

親鸞の回向論の中でも、とくに注目されるのは、還相《げんそう》回向の強調である。還相回向とは、浄土に往生し、悟りを証したものが、この世に還《かえ》ってきて、衆生を仏道に向かわしめることをさす。親鸞は、この還相回向について、主著『教行信証』において、「証」巻一巻の半ばを費して、その論理構造、浄土教にとっての意味を追求している。親鸞が、なぜこれほどまでに、還相回向を重視しなければならなかったのか、その理由はどこにあるのであろうか。

一つの理由は、法然によって開示された浄土教が、大乗仏教の本道に位置するものであることを論証するためである。

歴史的にみれば、法然の専修念仏がひろまるにつれて、さまざまな迫害が生じてきたことは、よく知られている。たとえば、元久元年（一二〇四）、親鸞三十二歳のときには、比叡山の衆徒が、専修念仏停止を座主に訴えているし、奈良興福寺からは、有名な『興福寺奏状』が朝廷に出されている。そして、承元元年（一二〇七）には、法然、親鸞らが流罪に処せられる。

このような社会史的事件とは別に、思想のレベルにおいても、法然の専修念仏は、きびしい批判にさらされた。その急先鋒が、栂尾の明恵《みようえ》房高弁《こうべん》(一一七三―一二三二)で、その批判は、その著『摧邪輪《ざいじやりん》』にくわしい。『摧邪輪』は、正式には、『一向専修宗選択集の中において邪を摧《くだ》く輪』という。建暦二年(一二一二)、法然が八十歳で示寂《じじやく》した年の秋に成った。この書で、高弁が論難している最大の問題は、専修念仏における菩提心の無視である。菩提心とは、仏教の究極の目標である涅槃、悟りを求める心であり、それも自分一人の悟りを求めるだけでなく、衆生のすべてを仏道に入らしめようとする決心まで含む。それは、仏教徒と称するほどのものであればどんな人間でも、心に発すべき志であるとされている。しかし、法然は、この菩提心を、持戒、精進、般若、持呪、起立塔像、孝養父母等とならんで、往生の行とすることを認めない(『選択本願念仏集』、岩波書店版『日本思想大系』10、一〇四頁)。法然が唯一認める往生の行は、「専称仏号」のみである。それ以外は、菩提心といえども、雑行にしかすぎない。これに対し、高弁は、「五種の大過あり」として次のように駁した。

一は菩提心を以て往生極楽の行とせざる過、二は弥陀の本願の中に菩提心なしと言ふ過、三は菩提心を以て有上《うじよう》の小利とする過、四は双観経(『無量寿経』のこと)に菩提心を説かずと言ひ、ならびに弥陀一教止住の時、菩提心なしと言ふ過、五は菩提心、念仏を抑

ふと言ふ過なり。（岩波書店版『日本思想大系』15、四八頁）

そして、右の五ヶ条について高弁は、詳らかにその過失を検討し、菩提心は仏教においては帝王の地位にも比肩されるべきもので、それを不必要とする法然の立場は、「火を離れて煙を求むるがごとし。咲《わら》ふべし、咲ふべし」（同前、八〇—八一頁）と非難した。

親鸞が、『教行信証』を撰述した動機の一つに、この高弁の『摧邪輪』に対する反駁があったと考えられる（たとえば、武内義範著『教行信証の哲学』、石田充之著『選択集研究序説』）。今は、そのことに立入る余裕はないが、『教行信証』を熟読すると、たしかにそこには、法然の主張を大乗仏教の基本的な論理に立ちもどって再構築しようとする意図が、つよく伝わってくる。かつて、寺川俊昭は、『教行信証』を大乗仏教の論書として位置づけたが（『願生の仏道』）、それは正鵠を得ている。

たとえば、本願を信ずる心が菩提心であるという親鸞の主張は、明らかに、高弁の批判を意識している。親鸞によれば、菩提心にも、自力と他力の区別があるのであり、法然が否定したのは、自力の菩提心にほかならない。そして、明らかにすべきは、他力の菩提心であり、それは信心であることをくりかえしのべている（たとえば、「信」巻の菩提心釈等）。

ところで、還相回向の強調もまた、右の菩提心論と同じく、親鸞における、専修念仏の大乗性を論証する試みといわねばならない。

よく知られているように、大乗仏教の特質は、自利と利他の二つの行の完成にある。自己が悟り得るだけでなく、生きとし生けるものすべてを悟りの世界に導こうとする利他こそ、菩薩の生命とされる。菩薩とは、大乗仏教の生み出した理想的人間のことである。菩薩にあっては、自利と利他は車の両輪であり、他を利する心のない菩薩などというものはありえない。とりわけ、慈悲心にもとづく利他行は、菩薩の生命である。ところが、浄土教は、人間の罪悪性、煩悩性に着眼し、浄土へ往生することのみが強調され、いわゆる利他行に欠けるものと考えられる。さきの、高弁の、菩提心無視という批判も、このことと無関係ではない。貞慶も、『興福寺奏状』において、「善導和尚は、見るところの塔寺、修葺せずといふことなし。（中略）曇融、橋を亘《わた》し、善晟、路を造り、常旻、堂を修し」云々（岩波書店版『日本思想大系』15、三六頁）と、浄土の高僧たちも、利他行に熱心であった証拠を逐一あげて、専修念仏が利他行を無視することの非を追求している。だが、専修念仏の立場からいえば、煩悩におおわれ、我が身を支えるだけでも精一杯の凡夫に、どうして利他行など可能であろうか、といわざるをえない。

自力聖道の菩提心
こゝろもことばもおよばれず

常没流転の凡愚は
いかでか発起せしむべき
（「正像末和讃」、『定本』2、一六六頁）

しかし、この凡愚も、弥陀の力を得ることができれば、自らの涅槃を証するだけでなく、この世にもどってきて、衆生を自在に利益することができる。

還相廻向といふは、すなはちこれ利他教化地の益《やく》なり。
（岩波文庫『教行信証』、「証」巻、二五〇頁）

あるいは、

還相はかの土に生じおはりて、奢摩他《しやまた》（止息）、毗婆舎那《びばしやな》（観察）、方便力成就《ほうべんりき》することをえて、生死の稠林《ちうりん》（迷いの世界の密林）に廻入《ゑにふ》して、一切衆生を教化して、ともに仏道にむかはしむるなり。もしは往、もしは還、みな衆生をぬきて、生死海をわたさんがためなり。
（同前、二五一頁）

親鸞は、還相が可能な理由として、それが本願力の回向によることを強調しているが、一方、その還相が、慈悲行であることもまた、くりかえし説きあかしている。

還相の回向ととくことは
利他教化の果をえしめ
すなはち諸有《しょう》に回入して
普賢の徳を修するなり
（「浄土高僧和讃」、『定本』2、九四頁）

と、それが、菩薩の雄である普賢菩薩の行と等しいことを指摘している。とくに、右の和讃の、「普賢の徳」の左訓は重要である。

ふけんといふはほとけのしい、ひ〔慈悲〕のきは〔極〕まりなり

また、

弥陀の廻向成就して
往相還相ふたつなり
これらの回向によりてこそ

心行ともにえしむなれ　（同前、九三頁）

という、「往相還相ふたつなり」の左訓には、

わうさう〔往相〕はこれよりわうしやう〔往生〕せさせむとおほしめすゑかう〔回向〕なり　くゑんさう〔還相〕はしやうと〔浄土〕にまいりはて〔果〕はふけん〔普賢〕のふるまいをせさせてしゆしやうりやく〔衆生利益〕せさせんとゑかう〔回向〕したまへるなり。

と、還相回向の目的が、衆生利益にあることを明言している。

一体、親鸞が、なぜ、還相回向を強調したのか。一つは、さきにもふれたように、大乗仏教の基本的枠組みの中で、法然の教えを再構築するためであった。しかし、もう一つは、それを、普賢の慈悲行と同じくするということに端的に示されているように、親鸞における慈悲行の挫折の体験が重なりあっているように思われる。

すえとおりたる慈悲

『歎異抄』の第四章は、慈悲のあり方について、親鸞の考え方をのべている。それによれば、慈悲には、聖道門の慈悲と、浄土門の慈悲のちがいがあり、前者は、「ものをあはれみ、かなしみ、はぐくむ」ものであるが、しかし、「おもふがごとくたすけとぐること、きはめてありがたし」という根本的な制約を免れない。たとえば、わが子を愛し、いくら不憫と思い、そのためにできるかぎりの金銭的、精神的援助をつづけても、もしわが生命が断たれてしまえば、それまでである。「おもふがごとく」助けつくすなどということは、生身である以上ありえない。それに比べれば、浄土の慈悲は、「念仏していそぎ仏になりて」、還相回向によって、大慈大悲の心を得ることができるために、「おもふがごとく衆生を利益する」ことができる。したがって、念仏申すことこそが、首尾一貫した、「すゑとをり〔末徹〕たる大慈悲」ということになる。それに比べれば、聖道の慈悲は、「いかにいとをし不便《ふびん》とおもふとも、存知のごとくたすけがたければ、この慈悲始終なし」ということになる。

なぜ親鸞は、この章で、慈悲に聖道と浄土の区別があることをのべているのであろうか。

右の第四章で、注意すべきは、二つのべきという言葉である。本文にもどっていえば、「おもふがごとく衆生を利益するをいふべきなり」のべきと、それに、「するとをりたる大慈悲心にてさふらふべき」のべきである。この二つのべきは、個人の好き嫌いなどを超えた、道理を示している。浄土の慈悲こそ、「おもふがごとく衆生を利益する」理想的な慈悲である。それに比べると、聖道の慈悲は、今日流にいえば、ヒューマニズムである。つまり、ヒューマニズムに対する根本的な批判原理として登場しているのが、浄土の慈悲である。

現実の人間は、いかに首尾一貫しない慈悲心であろうとも、それを頼りとして生きていくしかない。もしそれを否定するようなことがあれば、人生そのものの否定となり、人間は生きていくこともできない。第四章で、浄土の慈悲が説かれていることは、現実のヒューマニズムを否定するためではない。そうではなく、ヒューマニズムというものが、根本的な矛盾に満ちたものであることを、根底から示すこと、それが浄土の慈悲の役目なのである。それは、あくまでも批判原理である。凡夫の身であればなおのこと、浄土の慈悲が現実化することなど、ありうべからざることである。しかし、かえってそれだけに、浄土の慈悲は、凡夫の心の底から、あるべき道理として要請されてくるものなのである。したがって、べきなのである。

では、なぜ親鸞は、日常生活を支えるヒューマニズムに対する根本的批判原理として、浄土の慈悲を主張しなければならなかったのであろうか。私は、そこに、親鸞のヒューマニズムについての、深い挫折体験があるように思われてならない。

私は、その証拠の一つとして、佐貫での体験をとりあげたい。

佐貫とは、今の群馬県邑楽郡にあった、利根川ぞいの古い地名である。親鸞は、この佐貫の地を、建保二年（一二一四）、四十二歳の時に通過した。越後流罪を赦され、家族とともに関東にむかう途中であった。そして、この地で親鸞は、衆生利益のために、三部経を千回読もうと発心した。しかし、四、五日ばかりたって、思うところがあってその読誦《どくじゅ》を中止したというのである（「恵信尼の消息」、岩波書店版『日本古典文学大系』82、二二三頁）。親鸞は、なんのために三部経千部読誦を思いたち、また、どういう理由でそれを中止したのであろうか。

それを明らかにするには、佐貫がどのような土地であったかを考慮に入れねばならない。史家によれば、それは、下野国塩谷郡とする見方もあるが（板橋倫行「親鸞の三部経読誦と佐貫石仏」）、私は、上野国邑楽郡佐貫説（赤松俊秀、松野純孝らの説）をとる。それは、今の群馬県邑楽郡である。とりわけ、板倉町。というのも、板倉町は、その大字大同の宝福寺太子堂から、親鸞の高弟で、その信頼のもっとも厚かった性信《しょうしん》房の坐像が発見されている土地だからである（『群馬県民俗調査報告書』参照）。性信の木像は、体内銘と底板銘から鎌倉時代中期の作といわれるが（同前）、彼が、この地に道場を開いた理由には、そこが親鸞にとって忘れがたい土地であったこともあるのではないか。

佐貫荘は、館林、板倉など、現在の七十二ヶ町村にわたっていたといわれるが、昔から利根川・渡良瀬川の二つにはさまれ、水害常習地帯であった（『板倉町における災害史年表』）。一方、このあたりは利根川の水運を利用する船便の発着所であった。親鸞の関東での行動には、水運を考慮に入れる必要があるが、親鸞が佐貫の地をたずねたのも、水運を利用するためであったかもしれない。

また、建保二年という年は、天災地変の年であり、その前年も同じく、関東は飢饉に苦しめられていた（松野純孝著『親鸞』、三七一頁）。このように、飢饉と水害に苦しめられ、しかも、船便の要衝という人の往来のはげしい場所にあって、親鸞は、全身全霊をあげて救済を願わずにおれなかった悲惨な現実をまのあたりにしたのではなかろうか。

加うるに、時代は経典の功徳を認めていた。経典の読誦は、旱魃の地に慈雨をもたらし、病苦より生命を救うと信じられ、僧は争って、その効験を世に問うていたのである。親鸞は、法然の門に入るまで、比叡山で長くこのような霊験をもつ僧侶を養成する中にあった。悲惨な現実を眼前にして、親鸞が我を忘れ、聖道門に身をおいた僧侶として、その救済のために、三部経読誦を発願したとしても、何の不思議があろう。まさに「衆生利益のため」の行為である。もちろん、このような行為は、専修念仏徒としてはあるまじき行為であった。「これは何事ぞ」と思いかえし、「名号のほかに何事の不足にて、必ず経を読まんとするや」とふりかえり、やがてその読誦を中止する。

この逸話は、親鸞における自力から他力への深まりを示すものとして評価されるのが普通である。しかし、私はそれ以上に、親鸞が悲惨な現実につきうごかされ、我が身に備わるあらゆる力を動員してその救済にむかおうとした、いわばヒューマニズムの発露として注目したいのである。たしかに、その振舞は、専修念仏徒として相応わしいものとはいえない。専修念仏に生きるものは、あくまで称名念仏を第一としなければならない。だが、それは、人間としてのやむにやまれぬヒューマニズムを抑圧するものであってよいであろうか。念仏しか凡夫にはたよるべきものはない。だが、現実に応じて、その胸中は、念仏以外の選択をめぐってゆれうごいていて何の不思議があろうか。その動揺こそ、人間として尊いものではないか。人間として自己が何をなしうるのか、と反問することこそ、人間の生き方の出発点である。それが、ヒューマニズムの発露でなくてなんであろうか。私は、親鸞の三部経読誦に、このような、親鸞の、自己のヒューマニズムに対する根本的な問いかけをみたいのである。

そして、衆生利益に対して自己が何をなしうるのか、という切実な問いかけがあればこそ、さきにみた『歎異抄』第四章の、慈悲論が誕生したのであり、また、還相菩薩の本質を、慈悲行の極致とみることができたのである。この世の救済に無力な凡夫であるという自覚が強烈であればあるほど、仏となってこの世に戻ってきたときの、自在の働きを期待する心も強烈となるのではないか。中途半端で、無力な慈悲行しか実践できない、歯がゆい思いに泣く人こそ、「するとをりたる」、完全な慈悲行を仰ぐことができるのである。親鸞の浄土の慈悲、還相回向の主張には、このような、ヒューマニズムをめぐる切実な体験があったのではなかろうか。

還相回向の根拠

凡夫が、弥陀の本願力に助けられて浄土に往生し、浄土で悟りを得たのち、再び弥陀の本願力によってこの世に還来し、衆生利益のために慈悲行を実践する、という還相の活動は、いかなる原理によって可能となるのであろうか。凡夫は、いかなる原理にもとづいて、普賢菩薩と同じ徳を手にすることができるのか。法然は、曇鸞の、還相回向の文を引用するのみで、それ以上の言及はしていない。だが、親鸞は、『教行信証』の「証」巻において、筆をこめて、還相回向とはなにか、それが可能となる根拠は何か、を仏教の根本的理念にまでたち返って詳述している。

親鸞によれば、還相回向の活動が可能となるのは、『大無量寿経』にのべられている、第二十二願に根拠をもつ。第二十二願とは、たとひわれ仏を得たらむに、他方仏土のもろもろの菩薩衆、わが国に来生《らいしやう》して究竟《くきやう》じて必ず一生補処《いちしやうふしよ》に至らむ。その本願の自在の所化、衆生のための故に、弘誓《ぐぜい》の鎧をきて徳本を積累《しやくるい》し、一切を度脱せしめ、諸仏の国に遊びて、菩薩の行を修し、十方の諸仏如来を供養し、恒沙無量《ごうじやむりやう》の衆生を開化して無上正真の道《だう》を立《りふ》せしめむおば除く。常倫に超出し、諸地の行現前し普賢の徳を修習せむ。もししからずは正覚を取らじ。

(岩波書店版『日本思想大系』11、一四五頁。岩波文庫『浄土三部経』上は、以下にのべる親鸞独特の解釈に従って読み下している)

一生補処とは、その一生を終えると次は、必ず仏の位を補うて仏になる、ということで、仏の位と等しいという意味である。法蔵菩薩が樹立しようという仏国土では、そこに生まれてくる他国の菩薩が必ず仏となることができると誓われている。ただし、「その本願の自在の所化」以下、「無上正真の道を立せしめむ」という、衆生済度に燃える菩薩は、例外として、一生補処には住せしめない。常倫とは並ということで、常倫に超出するとは、菩薩にも一から八まで、修行に応じて段階があるが、法蔵菩薩によってつくられた浄土では、そのような通常のコースは無視され、そこに生まれるものは、一挙に最上位の普賢菩薩と同じ徳を得ることができるのである。

以上が、第二十二願の要旨である。くりかえすと、浄土に往生したものは、誰でも、「一生補処」という位について、必ず仏となることができるが、衆生を救いたいという願いをもつ菩薩は、例外として除く、ということである。

しかし、親鸞は、この除くという一語に、独自の解釈を施し、第二十二願の意味を変える。それによると、浄土に往生するものはすべて、一生補処の位について仏となることには変りはないが、衆生救済を願う菩薩だけは、浄土にとどまることなく、ただちに娑婆世界に還り、衆生済度のために普賢の慈悲行を実践するものとし、その間この菩薩たちは、仏と成ることなく、あえて、仏になる一つ手前の位である「一生補処」にとどまりつづける、としたのである。この解釈によれば、浄土にとどまることを肯《がえん》ぜず、この世に還って衆生救済の活動をする菩薩（これこそ還相菩薩とよばれる）は、一度仏となったあとでの菩薩であり、修行をつみかさね、菩薩の位を次々とのぼって仏となる、という通常の意味での菩薩とは、本質的に異なるのである。そして、この第二十二願は、右のような還相菩薩の誕生を誓った願と理解されたのである。親鸞は、四十八の願の重要なものについて独自の名をつけているが、この第二十二願については、「還相廻向の願」とよんでいる。この願こそ、還相回向成立の教理的根拠である。

ところで、西方極楽浄土といい、丈六の阿弥陀仏像といい、また、四十八願、あるいは法蔵菩薩といっても、そのままではきわめて神話的であり、還相回向の根拠といっても、この神話性が克服されない限り、人間、とくに今の人間には、よくわからないといってもよい。この点、親鸞は、このような伝統的な浄土教の用語や考え方をうけつぎながら、しばしば、その肝要な部分において、仏教の基本的思想を表わす、縁起、空、無我、涅槃といった概念を駆使し、浄土教の神話的表現を突破し、その真意を明らかにすることにつとめている。それは、大乗仏教の論師（理論家）に相応わしい仕事といえる。とくに、還相回向を説明する「証」巻や、「真仏土」巻には、その傾向がよくあらわれている。

いま、還相回向についていえば、衆生救済ということがどのようにして、またなぜ生まれてくるのか、という問題に関し、浄土や阿弥陀仏、菩薩といった神話的表現をとびこえて、きわめて原理的に説明されている。

その一つは、法性法身《ほっしょうほっしん》と方便法身という概念を使っての説明である。法性とは真理のことで、法身の法とは、同じく仏教の説く永遠の真理であり、それは、言語によって表現することができないとされる。しかし、それは決して静的なものではなく、絶えず働いているものとされ、したがって、身という言葉がつけられている。要するに法身とは、宇宙の根源的真理の活動しているさまをあらわしているといってよい。

したがって、法性法身とは、色も形もないものであって、人間が直接認識することはできない。人間が認識できるのは、法性法身よりあらわれた方便法身である。阿弥陀仏というのも、方便法身である。

法性すなわち法身なり。法身はいろもなし、かたちもましまさず。しかればこゝろもおよばれずことばもたへたり。

（「唯信鈔文意」（専修寺本）、『定本』3、一七一頁）

一方、方便法身とは、この法性法身より姿を示したものとされる。

この一如よりかたちをあらわして、方便法身とまふす御すがたをしめして、法蔵比丘となのりたまひて、不可思議の大誓願をおこしてあらわれたまふ御かたちおば、世親菩薩は盡十方旡〔无＝無〕㝵〔碍〕光如来となづけたてまつりたまへり。

（同前）

別の表現によれば、方便法身の方便とは、

かたちをあらわし、御《み》な〔名〕をしめして、衆生にしらしめたまふをまふすなり、すなわち阿弥陀仏なり。

（「一念多念文意」、『定本』3、一四六頁）

ということになる。

右の説明は、現代風にいえば、真理の象徴的解釈ということができよう。阿弥陀仏は、永遠の真理の象徴であって、この象徴を媒介にして、真理を読みとることが浄土教の教えということになる。親鸞は、別のところで、阿弥陀仏といえども、それは永遠の真理を知るための手がかり、手段でしかない、とまでいいきっている。

无〔無〕上仏とまふすは、かたちもなくまします。かたちもましまさぬゆへに、自然とはまふすなり。〔中略〕かたちましますとしめすときには、无上涅槃とはまふさず。かたちもましまさぬやうをしらせんとて、はじめて弥陀仏とまふす、とぞききならひてさふらふ。弥陀仏は自然のやうをしらせんれう〔料、手段〕なり。

（「末燈鈔」、『定本』3、七三―七四頁）

しかし、重要なことは、だからといってこの阿弥陀仏が、決して手段におわるものではないということである。そもそも、方便とは、人間の心に理解できるように表現された真理のあり方をさすのであって、人間は、方便法身の働きなくしては、真理に近づくことはできない。手段は、それを経ることなしには目的に達することができないところに、手段としてのかけがえのなさがある。阿弥陀仏は、凡夫にとっては、真理に至るための手段である。しかし、それは、人間にとって唯一の手段なのである。人間の恣意によって、自由に取捨される手段ではない。阿弥陀仏も、浄土も、菩薩の表現も、まことに神話的である。しかし、その神話によってしか、凡夫は、救済の道を歩むことができないのである。その神話の解釈や、その芸術的表現は、時代とともに、人間とともに変わっていく。だが、その手段としての性格は、不変なのである。

法性法身によりて方便法身を生ず。方便法身によりて法性法身をいだす。この二法身は異にしてわかつべからず。一にして同ずべからず。

（岩波文庫『教行信証』、「証」巻、二六〇頁）

阿弥陀仏・浄土・菩薩は、法性法身によって生じた。だが、法性法身は、これらの方便法身によってのみ、自己を示すことができる。もし、方便法身がなければ、真理はついに真理として自己完結することができないのである。法性法身は、方便法身という形を生ずることによって、それが真理であることを完成するのである。

もう一度、還相回向にたちもどっていうならば、それは、阿弥陀仏の慈悲心の表現である。阿弥陀仏は、真理が、人間という存在のために自己限定して姿をあらわした存在であって、人間、とりわけ凡夫は、その慈悲にすがるしかない。その慈悲にすがって往生した凡夫は、仏となって、広大無辺の慈悲心をおこし、再びこの世にもどってくる。そして、その慈悲心が、この世の凡夫をして、浄土に往生することを可能にするのである。凡夫の往相回向は、仏の還相回向によって可能となり、仏の還相回向は、この世の凡夫の往相回向をひきおこすことによって完了する。この両者の関係は、法性法身と方便法身という、仏教的真理のあり方によって成立しているのである。

往って還るとは

ところで、今まで、往・還二回向の説明の中で、往生ということについて無雑作に筆をすすめてきた。だが、浄土に往生して、そののちこの世に還ってくる、というときの往生とは、どのような意味なのか。また、この世に還ってくるというとき、何が還ってくるというのであろうか。

往生とは、さきにもふれたように、普通は死後極楽浄土に生まれることを意味する。源信僧都の『往生要集』は、「それ往生極楽の教行は、濁世末代の目足〔末世の凡夫のたよりとすべき目標〕なり」という文句で始まるが、源信が、この書において強調していることは、いかにして死後、極楽に往くか、という、往生極楽の方法を明らかにすることであった。なかでも、とくに重視されたのが臨終の行儀であった。というのも、臨終の振舞次第で、死後、極楽へ往けるかどうかが決まると考えられたからにほかならない。

命旦夕《たんせき》に迫った病人は、無常堂と名づけられた場所に移される。その堂には、阿弥陀仏の立像が西向きに置かれていて、その左手からは、「五綵《ごさい》の幡《はた》」が曳かれ、立像の後に置かれた病人も、左手でその幡を執り、もっぱら、「仏に従ひて仏の浄刹《じょうせつ》に往く想《おもい》」をこらすのである。看病にあたるものは、「香を焼《た》き華を散らして病者を荘厳す。乃至、もし屎《し》尿《にょう》、吐唾《とだ》あらば、あるに随ひてこれを除く」。そして、臨終のものは、もっぱら念仏をとなえ、阿弥陀仏が迎えにくる様子を想像し、もし、まのあたりに来迎を見たときには、その様子を看病人につげ、看病人は、それを記録しなければならない。もし病人がなにも語らなければ、看病人は病人に、いかなる境界を見たかを問う。そして、もし病人が「罪相を説かば」、看病人は、「即ち為に念仏して、助けて同じく懺悔し、必ず罪をして滅せしめ」るのである（以上、『往生要集』巻中。岩波書店版『日本思想大系』6、二〇六—二〇七頁）。このような臨終作法は、源信ら二十五人を中心に結成された「二十五三昧会」で、実際に行なわれたことはよく知られている。

法然も、凡夫が仏となるのは、かの極楽浄土であって、それは、この娑婆世界をいとい捨てることによってのみ可能だとしている。「つぎに浄土門は、まずこの娑婆世界をいとひすてゝ、いそぎかの極楽浄土にむ（生）まれて、かのくににして仏道を行ずる也。しかればかつ〳〵浄土にいたるまでの願行をたてて、往生をとぐべき也」（「往生大要抄」、『和語燈録』巻一。再引）。このような往生の理解は、『選択本願念仏集』の、「もし衆生あつて、たとひ一生悪を造れども、命終の時に臨んで、十念相続して、我が名字を称せむに、もし

〔衆生が極楽に〕生ぜずといはば正覚を取らじ」（岩波書店版『日本思想大系』10、八八頁）に根拠をもつ。この文章は、第十八願の文とされているが、法然が、道綽《どうしゃく》の解釈をまじえて作った合糅《ごうじゅう》文といわれる（石井教道著『選択集全講』、二八頁）。その点でも、法然にとって往生とは、あくまでも命終《みょうじゅう》のとき、死後極楽に生まれることを意味していたのである。

このように、往生が、死と結びつけられて理解されるのが普通であった中で、親鸞は、往生が生きている間のできごとであり、肉体的死とは無関係であることを強調したのである。親鸞によれば、「信心をうればすなはち往生す」（「唯信鈔文意」）といわれるように、信心獲得の一瞬に、往生が成立するのである。それは、決して死後往生ではない。

本願を信受するは前念命終なり。即得往生は後念即生なり。他力金剛心なり。しるべし。

（「愚禿鈔」、『定本』2、一三、六六頁。原漢文）

右の文における命終とは、死後のことではなく、他力の信心を得たときが命終であり、次の瞬間に往生が実現することをのべている。往生は、あくまでも、他力の信心獲得の瞬間のできごとなのである。それは一般的にいえば、くりかえしのべているように、回心による宗教的再生とよぶことができる。

即得往生は、信心をうればすなわち往生すといふ、すなわち往牛すといふは不退転に住するをいふ、不退転に住すといふはすなわち正定聚《しやうぢやうじゆ》のくらゐにさだまるとのたまふ御《み》のりなり、これを即得往生とはまふすなり。即はすなわちといふ、すなわちといふはときをへず日をへだてぬをいふなり。

（「唯信鈔文意」、『定本』3、一六一頁）

正定聚とは、さきに紹介した一生補処と同じ意味で、仏となることが定まったものをさす。往生とは、正定聚となることと同じ意味である。

煩悩成就の凡夫、生死罪濁の群萌《ぐんまう》、往相廻向の心行をうれば、すなはちのときに大乗正定聚のかずにいるなり。

（岩波文庫『教行信証』、「証」巻、二四三頁）

往相回向の心行を得るとは、往生のことであり、それは、同時に正定聚につらなることである。このように、親鸞にとって、往生とはあくまでも信心の事態を示すことばであったのである。そして、信心獲得の人は、さらに如来と等しいとまで賛嘆されるにいたる。

信心をえたるひとは、かならず正定聚のくらゐに住するがゆへに、等正覚《とうしやうがく》のくらゐとまふすなり。〔中略〕浄土の真実信心のひとは、この身こそあさましき不浄造悪の身なれども、こゝろはすでに如来とひとしければ、如来とひとしとまふすこともあるべしとしらせたまへ。

（「末燈鈔」、岩波書店版『日本古典文学大系』82、一二〇―一二一頁）

往生は回心にかかわる事態だと考える親鸞は、また、経典の読み方においても、しばしば独自の読み替えを行なっている。たとえば、「証」巻では、

もしひとたゞかの国土の清浄安楽なるをきゝて、剋念《こくねむ》（心を専注すること）して生ぜんと願ぜんものと、また往生をうるものとは、すなはち正定聚にいる。

（岩波文庫『教行信証』、「証」巻、二四五頁）

とあるのは、曇鸞『往生論註』の原文では、「剋念して生れんと願わば、亦往生を得て即ち正定聚に入る」（漢文では、剋念願生亦得往生即入正定聚）と読むべきだとされる箇所である。だが、原文どおりの訓み方では、死後に浄土に生まれて、正定聚となる、ということになり、それは、親鸞の往生の理解から遠いものである。そこで、「剋念して生ぜんと願ぜんもの」と「往生をうるもの」の二者がともに、正定聚に入ると訓み替えたのである。浄土に生まれることを願う者はもちろん、すでに他力の信によって往生を得ている者も、ともに、正定聚であるとする（星野元豊著『講解教行信証』、一一三二頁）。

往生を死後のことではなく、生きている間の、信心獲得の事態とする親鸞の理解は、あくまでも、親鸞の信体験に根ざしている。だが、彼が、往生の理解に際し、肉体的亡失を無視するのは、もう一つの理由がある。それは、元来、仏教においては、死後を問題にすることがない、ということである。死後にこだわると、何が往生するのか、死後の世界はあるのかないのか、など、解決不能の問題が生じてくるからである。よく知られているように、釈尊は、死後の問題については論じることを戒めている。その理由は、人が、死後もなお存在するか存在しないか、霊魂と身体とは同じであるか別であるか、などの問題について、かりにあるといっても、現実の生老病死、愁歎苦悩が消滅するわけではない。毒矢を射られた人間は、まずその毒矢を抜くことが先決であって、この毒矢を射た人間が誰であるか、毒矢の形はいかなるものかなどを詮索していては、命を失ってしまう。死後の世界を論ずることは、このように、毒矢の分析に心うばわれ、それを抜くことを忘れているのと同じ戯論だと戒めた（増谷文雄著『仏陀』参照）。

のみならず、仏教ではもともと、あらゆる存在は無数の因縁によってできているのであって、自性、固有の実体というものはもたないと説いている。無我とか空とか縁起といわれる教えである。それによれば、人間の中に何か不変の魂というものがあって、それがあの世に往生するという考え方は、人間のつくる妄見といわねばならない。親鸞が、往生について、あくまでもこの世の信心の事態としたのは、このような仏教的伝統に忠実な解釈といわねばならない。したがって、『教行信証』においても、親鸞は、往生について、それは仮名人《けみょうにん》の往生ということであり、常識でいう有我論にもとづくものではないことを強調している(「行」巻)。仮名人とは、諸々の要素が、かりに聚《あつ》まって人間となっているものをさす。仏教でいう人間とは、あくまでも、仮に人と名づけておくしかない無常な存在なのである。往生といっても、その仮名人の往生である。では、穢土の仮名人と浄土の仮名人の関係はどうか。それは不一不異とされる。不一不異とは、連続しているが断絶している。同一ではないが、異なっているわけではない、という関係である。穢土の仮名人が往生して浄土の仮名人になるというとき、両者は同一であって、しかも異なっていなければならない。単に同一なら、新しく生まれかわるということがない。異なるだけなら、同一人であるということができない。

なぜ、このような、煩わしい論法を必要とするかといえば、仏教は、因果の道理を重んずるからである。因果の道理とは、因と果が不一不異の関係にあることをさす。往生を、信心の上でのできごととすることは、不一不異の関係が保たれていることをあらわしている。信心を得る前の私と、信心を得た後の私とは、依然、同じ私である。しかし、他力の信を得ることで、私は生まれかわったのである。さきの「末燈鈔」のことばでいえば、「浄土の真実信心のひとは、この身こそあさましき不浄造悪の身」であることにはかわりはないが、如来より真実信心を得ることによって、如来と等しいという自覚を得ることができているとするのである。

このような親鸞の往生についての理解は、一説によると、源信に負うところがあるといわれる（石田瑞麿《みずまろ》「往生要集の思想史的意義」、『日本思想大系』6解説）。さきに、源信の往生理解は、死を意味しているといったが、石田瑞麿によると、源信の往生の理解には、「往《ゆ》くとは、即《いま》の生に惑業の心を転じて、極楽の清浄衆の心を成ずるなり」とのべているように、悪業の命に死して、極楽の清浄心に生きることを意味する一面がある。だが、源信の考え方は、往生と成仏が等しいという、密教における即身成仏のニュアンスが強いのではないか。この点、私は、源信と親鸞の間に、法然という巨峰が屹立している意味を見逃すわけにはいかない。というのも、法然は、末世の凡夫にとって、この世において、煩悩に満ちた心を清浄心に転ずることはありえないということをはじめて自覚した人であり、そのような凡夫のために、新しい救いを発見した人である。そこには、人間に対する深い絶望がある。法然の専修念仏の魅力は、この人間性に対する深い洞察にあるといってよい。仏となるのは、浄土往生を待つしかないという悲痛な思いは、八百年をへだてた今もなお人の心をうつ。親鸞の往生論も、当然のことながら、師の法然の思いを承けて成りたっている。親鸞のいう往生論には、信心を得た深い慶びはつよくても、決して、天台の即身成仏的な意味はないといわねばならぬ。

さきに、親鸞は、肉体の亡失を問題としなかったといった。しかし、それはあくまでも往生の説明についてであって、仏となるためには、煩悩の巣窟である肉体の亡失をまたねばならないのである。他力の信を得るという、回心の経験によって得られるのは、正定聚という位である。正定聚とは、あくまでも、次に仏となることが定まっているということであり、その次にとは、凡夫にとっては、煩悩の完全滅却、肉体の亡失を意味する。法然によって、極楽往生と一言で説かれてきた内容を、親鸞は、肉体をもっている間と、肉体を亡失するときの二段階で説明しなおしたともいえる。

かるがゆへにし〔知〕んぬ。安楽仏国にいたればすなはちかならず仏性をあらはす。本願力の廻向によるがゆへに。また経には衆生未来に清浄の身を具足し荘厳して仏性をみることをうるとのたまへり。　（岩波文庫『教行信証』、「真仏土」巻、三一八—三一九頁）

未来に往生するのではなく、未来に仏性を見るのである。往生することで、仏性を見る資格を得るのである。仏性を見るのは、あくまでも、穢身をすてはててからのことである。

このようにみてくると、親鸞における往生には、正定聚という、他力信心によって必然的にもたらされる、新しい境地を意味すると同時に、仏となるという仏教徒の最終目標の実現が保証された状態をさす、二重の用法がこめられていることがわかる。そのことを端的に示しているのが、次の「末燈鈔」である。はじめの往生は、涅槃までを射程に入れている往生であり、真中の往生は、正定聚という信心によって生ずる事態であり、最後の往生は、順次の往生、未来に仏性を得るという、はじめと同じ意味として使われている。つまり、はじめとおわりは、死後往生という普通の用例とみえるが、それは肉体の亡失をさし、ねらいは仏となるというところにある。

明法御房の往生の本意をとげておはしましさふらふこそ、〔中略〕めでたきことにてさふらへ。往生は、ともかくも凡夫のはからひにてすべきことにてさふらはず。めでたき智者もはからふべきことにもさふらはず。大小の聖人だにも、ともかくもはからはでたゞ願力にまかせてこそおはしますことにてさふらへ。〔中略〕われ往生すべければとて、すまじきことをもし、おもふまじきことをもおもひ、いふまじきことをもいひなどすることは、あるべくもさふらはず。〔中略〕念仏にこゝろざしもなく、仏の御ちかひにもこゝろざしのおはしまさぬにてさふらへば、念仏せさせたまふとも、その御こゝろざしにては、順次の往生もかたくやさふらふべからん。

（岩波書店版『日本古典文学大系』82、一四二―一四四頁）

他界の復権

親鸞が、浄土に生まれたものは、ただちに現世の衆生を救済するためにこの世にもどってくるという、還相菩薩を強く主張した背景の一つには、伝来の民族宗教における他界観念の復活があったのではなかろうか。

谷川健一によれば、日本人にとって現世と他界とは、太古、相似で等価値の関係にあったという。

古代においては、現世と他界とに双分された世界があった。古代人の世界を見開かれた一冊の書物にたとえるならば、左のページは海の彼方にある他界であり、右のページは、自分たちの住む現世であった。その書物の喉にあたる部分、すなわち中心線が渚であった。そうして左右のページ、すなわち他界と現世とはまったく相似であるとおもわれていた。

（「豊玉姫考」、『谷川健一著作集』4、二三八頁）

相似とは、現世に起ることは他界でも起るということであり、生きているとき漁師であったものは死んでも漁師であると考えられていたことをさす。したがって、現世と他界の間には、なんら優劣はなかった。むしろ、他界に住む霊が、現世の子孫を保護していると考えられていたのである。そして、古代人は、この双分された世界の中で、生から死へ、死から生へと、安心して生死をかさねてきたのである。

しかし、記紀神話の中では、すでに、双分された世界の構図は崩れており、往来可能であった現世と他界との間には、深い亀裂が生じている。その例は、イザナギとイザナミ、スサノオと天照大神、彦火火出見命《ひこほほでみのみこと》と豊玉姫の物語である。イザナギの命は、死んだ妻のイザナミの命をたずねて黄泉の国に下るが、そこで妻の死体を盗み見て驚き逃げかえるところを、黄泉醜女《よもつしこめ》に追われ、ついにイザナミの命から絶縁されてしまう。スサノオも天照大神のつくる「田の畔離《あはな》ち、溝埋め、亦大嘗聞看《きこしめ》す殿に、屎放り散し」などする乱暴をくりかえし、有名な天岩屋戸の物語をはさんで、ついに根の国に追放されてしまう。豊玉姫も、夫に産屋をのぞかれ、八尋鰐《やひろわに》の正体を見られて、わだつみの国へかえってしまう。豊玉姫は、現世にのこしてきた子供への思いにたえかね、妹の玉依姫を現世に遣わして育てることになる。以上の三つの物語について、谷川健一は、いずれも「失なわれた楽園」へのなげき、「妣《はは》の国」への身を焦す思慕が、ライトモチーフになっていると分析している(同前)。そこでは、双分された幸福な世界はもはや失われているのである。

そして、時代を下るにしたがって、現世と他界の関係は、単に往来の途絶のみならず、現世の圧倒的優越へとかわっていく。つまり、現世を支配する帝王の権力が増大するにつれ、彼は、他界の権威をも吸収し、他界の祖霊神のもつ神聖な権威は崩れていくのである。常世《とこよ》が、到りえぬ不老不死のユートピアの国と考えられるようになったのも、道教の神仙思想の影響もあるが、むしろ、「常世が現世と合せ鏡のような形で確乎として存在するという信仰の衰退」（同前、二五一頁）によるのである。

しかし、奈良時代前後から、現世の帝王の権力争奪が激しくなるにつれ、非業の死を遂げるものがふえ、やがて、彼等の霊を鎮めるために御霊信仰が生まれてくる。谷川健一は、この御霊信仰こそ、生者に重く死者に軽くなってしまった、現世と他界のアンバランスを、「もとの正常な二元的世界へ復元したいという歴史の底流にある衝動」の爆発とみる。「死者のこうした要求が時めく権力者にたいして大きな効果を収めたのは、一見歴史の表面から姿を消したようにみえて、なお抹殺されてしまったわけでない他界としての常世がよこたわっていたからである。それは日本歴史の自己修正運動にほかならぬ」（同前、二五一頁）。

私は、さきに、法然の専修念仏が、伝来の宗教意識における斎みの復活と密接な関係にあるのではないか、という仮説をのべてみた。同様に、親鸞における還相回向強調の背景にも、現世に対する他界の復権をのぞむ伝来の宗教意識の、深部からの発動があったのではなかろうか。詳細に、そのことを実証する力は、まだ私にはない。しかし、浄土において悟りを得たものが、この世に還相菩薩としてかえってくるという主張には、谷川健一のいう「歴史の自己修正運動」が働いていると思わざるをえない。それは、魂の去来の民俗をふまえている。

では、そもそも他界とは何であるのか。それは、浄土とどのようにかさなりあっているのか。親鸞は、伝来の宗教意識の大きなうねりの中で、その浄土教を、仏教としてどのように再構築していったのか。その普遍への飛躍はいかにして達成されたのであろうか。

幻想としての他界

他界が救済力をもつのは、それが幻想となって人に迫るときである。幻想になるとは、それが本当に存在すると信じられることである。たとえば、南方洋上はるかにうかぶという、常世の国の話。その国では、一年中果実がなり、そこに住む人々は飢えを知らない。ただ、それだけのことなら、それは一つのお話、神話の断片である。しかし、ひとたびそれが幻想化され、そこにおいてしか人は生きることができないと信じられるやいなや、人々は、その国を目指して船出してゆくことができるのである。

たとえば、谷川健一は、沖縄各地に、苛酷な人頭税に苦しんだあげく、南方洋上に楽土があるという幻影にとりつかれて脱島したという口碑が少なからずのこっていることを紹介している（「日本のユートピア」、『谷川健一著作集』7所収）。南波照間島の物語もその一つである。八重山諸島の波照間島では、清朝順治五年（一六四八）屋久村の「ヤクアカマリ」という人物が、人頭税に苦しむ村民を救おうと、島の南方洋上をくまなく探険し、ついに一つの仙島を発見する。島は、南波照間と名づけられ、或る日、老若男女四、五十人が、この島に移住するために出発していった。今も、波照間島には、島を跡にした四十余戸の屋敷跡が残っているという。そして、島民の間では、この口碑を真実と信ずるものが少なくなく、明治時代には、県知事が、南波照間島の探険を海軍に依頼している。だが、もちろん発見されるはずはなかった。南波照間島は、所詮幻の島であった。

現実に対する深い絶望感、現実に対して一片の期待も寄せることができない状況、それらが、幻想を生み出す。海の彼方に楽土があるという漠然とした思いが、窮迫した現実の中で突如実在感をもった幻影となって凝縮されてくるのである。ないとわかっていても、そこにしか生きるよすがを見出せないとき、それは、いつのまにか現実にあるものと変わっていくのであり、絶望においこまれた人々は、その幻想を求めて、ラスト・スパートをかけるのである。南波照間島の口碑は、他界が、単なる神話の次元をこえ、救済力を発揮するものであることを示す好例である。

しかし、南波照間島は、あくまでも、波照間島の南方洋上にあるとイメージされていた。

それは、決して、現実の時間、空間、地理を超越した世界とは考えられていなかった。それは、現実の連続線上に構想されているのである。このように、他界、幻想の世界を、現実の延長線上にイメージすることは、日本人の他界観の重要な特徴である。

『今昔物語』に、讃岐国多度郡の住人、源太夫の発心譚が紹介されている（岩波書店版『日本古典文学大系』25、「今昔物語集」4）。彼は、「心極テ猛クシテ」、「殺生ヲ以業《モテワザ》」とする男であったが、あるとき、道すがらに仏事に出くわし、僧が「何《イカ》ナル事ヲ云フゾ」と興味をもって立寄った。僧は、かねて悪評のたかい源太夫と知って恐れおののくが、「此《ココ》コリ西ニ多《オホク》ノ世界ヲ過《スギ》テ仏ケ在《マシ》マス、阿弥陀仏ト申ス。其ノ仏、心広クシテ、年来《トシゴロ》罪ヲ造リ積《ツミ》タル人ナレドモ思ヒ返シテ一度「阿弥陀仏」ト申シツレバ、必ズ其ノ人ヲ迎《ムカヘ》テ、楽《タノシ》ク微妙《メデタ》キ国ニ、思ヒト思フ事叶フ身ト生レテ、遂ニハ仏トナム成ル」と説く。この話を聞いた源太夫は、にわかに発心し、剃髪出家してしまった。そして、源太夫は、水干袴を布衣、袈裟に着替え、弓、胡録《やなぐい》を金鼓《こんぐ》（叩き鉦）にもちかえ、「我レハ此《ココ》ヨリ西ニ向《ムカヒ》テ阿弥陀仏ヲ呼《ヨバ》ヒ奉テ金ヲ叩《タタキ》テ、答ヘ給ハム所マデ行カムトス。答ヘ不給《タマハ》ザラム限《カギリ》ハ、野山ニマレ海河ニマレ、更ニ不返《カヘル》マジ。只向《ムカヒ》タラム方《カタ》ニ可行《ユクベ》キ也」と、声高に、「阿弥陀仏ヨヤ、ヲイ〱」と金鼓を叩きながら、西にむかって出発してしまう。その後の源太夫の足どりは、真西にむかって、深き河、高き峯も迂回せず、一直線にのびていた。そして最後は、海に臨んだ断崖の「二胯ナル木」にうちまたがり、鉦を叩き、「阿弥陀仏ヨヤ、ヲイ〱」と叫んでおり、尋ねてきた人に、「我レ尚此《ナホココ》ヨリ西ニモ行《ユキ》テ、海ニモ入《イリ》ナムト思ヒシカドモ、此《ココ》ニテ阿弥陀仏ノ答ヘ給ヘバ、其レヲ呼《ヨバ》ヒ奉リ居《ヰ》タル也」とのべた。尋ねてきた人が、「何《イカ》ニ答ヘ給《タマフ》ゾ」と問うと、源太夫は、「阿弥陀仏ヨヤ、ヲイ〳〵。何《イド》コニ御《オハシ》マス」と呼んだ。すると、「海ノ中ニ微妙《ミメウ》ノ御音有《コヱアリ》テ、「此《ココ》ニ有《アリ》」」と答えがかえってきた。源太夫は尋ねてきた人に、七日後に再び尋ねよ、といって返した。「其後《ソノノチ》亦七日有《アリ》テ行《ユキ》テ見レバ、前《サキ》ノ如ク木ノ胯ニ西ニ向《ムカヒ》テ、此ノ度ハ死《シニ》テ居タリ。見レバ、口ヨリ微妙《メデタ》ク鮮《アザヤカ》ナル蓮花一葉生《オヒ》タリ」という様であった。

殺生を業とする極悪の者が、衆人環視の中で翻然と出家し、しかも、阿弥陀仏のいますという西方にむかって、まっしぐらに突き進んでいくという話は、よほど当時の人々の心をとらえたとみえ、『宝物集』や『発心集』などにも採録されている。西方極楽など信ずることができなくなった現代人にも、源太夫の果敢な西方行は心うつものがあろう。それはともかく、この物語で注目されるのは、西方極楽浄土が、文字どおりわが立つ足元より西の方、地続きとしてイメージされていることである。

このように、他界を現実の国土の延長線の内にもとめる願望は、日本人にはよほど強かったとみえ、このほかにも、たとえば『蜻蛉日記《かげろう》』の中にみえる、死者に逢うことのできるみみらくの島のありかについても、伝統的に九州の地名として解釈されてきたという。それによると、みみらくの島は、現在の長崎県西松浦郡五島列島の南端、福江島の西北部、三井楽町にあたり、それはまた、『肥前風土記』、『万葉集』に出てくる美彌良久であるとされる。美彌良久は、遣唐使が、中国大陸をめざして日本を離れる最後の港のあった場所である。松田修は、このみみらくについて、従来の解釈が、何の疑いもなく現実の地名としていることに疑問を呈し、みみらくは、決して現実の場所をさし示しているのではなく、幻の島にほかならないことを論証している（『日本逃亡幻譚――補陀洛世界への旅』第三章）。そして、松田修は、このみみらくについて、それを現実の地名にあてはめて怪しまない解釈が行なわれてきた背景には、「他界・彼岸を現実との連続において表象する日本民族の伝統」（同前、五四頁）があったのではないかとのべている。

たしかに、他界を現実の国土のどこかにあるとする考え方は、日本人に親しいものである。歴史に照らしてみても、十二世紀の初めごろから、高野山、信州善光寺、吉野、熊野に対する信仰が盛んとなってくるが、それらは、従来のいわゆる山中他界観を前提とした信仰である。死者の国は、山の中にあるという古代の信仰に、仏教の教える地獄、極楽、六道のイメージが重なり、霊山信仰が生まれてくるのである。それらは、あくまでも、現実の国土の中の他界なのである。

中世の仏教説話にしばしば登場してくる、凄絶な補陀落渡海も、その最終目標である補陀落は、熊野那智の浦のはるか南の洋上にあると考えられていた。

よく知られているように、補陀落渡海とは、主に熊野、那智の浦を出港地として（『発心集』には、土佐の例もあるが)、はるか南海の洋上にあるという観音菩薩の浄土をめざす航海をさす。『吾妻鏡』に登場する智定房の例によれば、渡海に使用する船は屋形船で、智定房が中に入ると外から釘で密閉され、中には、三十日分の食物と油が積まれていただけといわれる。補陀落渡海をえがいた唯一の絵画資料『熊野那智曼荼羅』によると、渡海用の船には、四方に鳥居が四基立てられている。それは、殯《もがり》の四門という、墓の構造を示すものと同じで、これからいうと、補陀落渡海は、「水葬と入水往生の二面をもつ宗教的実修」であったと考えられる(五来重著『熊野詣』)。

辿りつくことのできぬ補陀落への旅は、客観的には自殺行でしかなかったのであろう。しかし、行者にとっては、補陀落は現実に存在するものと信じられていたのであり、「現実の異国への航路に連続して、補陀落への航路があり、今日的合理の眼からは信じがたいが、両者は次元を同じくしていたのである」(松田修著、前掲書、一一四頁)。

ところで、なぜ、他界、彼岸は、現実との連続性においてイメージされねばならなかったのであろうか。また、このような現実との連続性においてイメージされる他界観は、どのような救済力を発揮しうるのであろうか。

まず、その根本的理由は、日本の村落共同体のありようにもとめられる。時代をさかのぼればさかのぼるほど、日本の村々は地理的に分断されていた。分断と孤立の中に住む人々が、彼等の生活圏の彼方に、あこがれの世界をもったとしても何の不思議があろう。

近世にいたっても、都からくる俳人をはじめ文人墨客が、地方のインテリたちに厚く遇せられたのは、彼等が、都の香りを現実にもたらしてくれるからであった。彼等は、外なる憧れの世界からの来訪者であった。この村落の彼方にある憧れの世界が、他界のイメージとつながってくる。高取正男によれば、村人の生活は、ハレとケが、時間の流れにしたがって、年中行事として交互に訪れるだけではまだ現実を生きる力を生まなかったのであり、自分たちが生活している同一の空間に、いつもハレの部分が「共時的に」存在するという信仰があってはじめて、暗い現実を生きることができたのである。「人びとの日常の生活圏が個々に分断され、相互に隔絶しあっているほど、ハレの部分は個々の生活圏をかこむ山々の、稜線の彼方に想定される」(「仏教以前」、『歴史公論』第七号所収)。空間的に求められたハレの世界、あこがれの世界という空間認識、地理感覚が、他界、彼岸をも、この現実の生活圏の延長線上にイメージさせることになるのである。

そして、このような他界であればこそ、そこに住む死者の霊は、祖霊となり、ときには悪霊ともなり、禍福をともなって、この世とあの世を往来することになるのである。日本人の宗教儀礼で、結界が重視されるのも、住所を清浄に保ち、悪霊の侵入を防ごうとするのも、往来可能な他界観のなせるところである。かさねていえば、この世とあの世が地つづきであるということこそ、日本人の宗教意識を根本から制約するものであったのである。日本の仏教が、この世にとどまりたいという死者の霊を、はるか彼方の極楽浄土におくりとどけようとするとして、柳田國男によって激しく非難されたのも、彼が、伝来の他界観に立つ人であったからにほかならない。

たしかに、さきにみた南波照間島や補陀落渡海における他界は、幻想として大変深く質の高いものである。その幻想性を強めたのは、現実の窮迫度、信仰の深さにほかならない。そして、その高い幻想性の故に、その他界は、よく人々の救済願望に応え得たのである。しかし、それらは、ついに現実を超越した他界とはなりえなかった。

現実の国土の延長に、あの世を想定することが挫折するのは、この世に生きるよすがの一切を喪失したときである。そのとき人々は、はじめて、「純粋に魂の王国をもとめ、真実に宗教的な意味での救済の論理に身をゆだねることになる」（高取正男、前掲論文）。しかし、日本人の大多数の歴史は、「多くの艱難を排して現実の生活圏を再生させ、それを通じて、この世で生きるよすがを、この世のなかに甦らせてきた」（同前）のであり、他界は、その幻想性をいくらつよめても、ついに超越的な魂の王国とはならなかったのである。人々は、この世とあの世を往きかう祖霊の恩寵に身を委ねてその生を終えていくのがならわしとなってきたのである。

専修念仏の誕生は、その意味で、現実とは隔絶した魂の王国を主張するもので、日本人の精神史にとっては、画期的な出来事であったのである。

「別所」の衰退

十一世紀前半ごろから、畿内を中心に、各地に別所があらわれる。別所とは、大寺の寺領や貴族の私有地の中で、「空閑地、山林藪沢、荊棘の地、無領主の地、見作の田畠なき土地」（高木豊著『平安時代法華仏教史研究』）に、本寺を離れた僧侶が、堂宇房舎などの宗教施設をたて、宗教活動を行なった場所である。それは、主に、「本寺を離れた僧の隠栖、自行精進の場所、諸国遊行の聖の寄住の場所であったとともに、一面では、在地の人びとの教化、結縁の場所」（同前、三六八頁）であった。そして、その規模は、高野山の大別所で千人以上の別所聖がいたといわれる。つまり、各地の大寺から遁世した僧侶（聖たち）や、大寺に寄食することのできない僧たちが、大寺の近辺の空間地に、私的に住みつき、そこで写経、読経、諸々の法会を実施し、在地の人々に対する教化活動を行なった場所が別所にほかならない。そして、高木豊によると、このような別所を根拠地とする聖や持経者の活躍こそ、院政期仏教の特色であった（同前、第六章）。歌聖、西行もまた、出家直後は、鞍馬の奥にあった花背か芹生の別所に住んでいたといわれ、円熟の三十年間は、高野聖としてすごしている（五来重著『高野聖』、一六〇頁）。また、法然も比叡山の別所の聖であったし、法然との問答をのこしている明遍は、高野山蓮華谷別所の創始者で、高野聖の開祖とまでいわれている（同前）。

しかし、院政期から中世初頭にかけて全盛をほこる別所と、そこに住んだ聖の活躍も、それ以降は史料から姿を消し、別所自体も本寺の子院化あるいは末寺化していく（高木豊著、前掲書）。

私は、この別所の衰退と親鸞の浄土教の成立とは密接な関係にあるのではないかと考える。というのも、別所の存在は、宗教的自由の空間的保障であったと考えられるからである。宗教的生命を喪った大寺に絶望しても、なお、別所という自由の天地が残されているのであり、志ある求道者は、その別所で、心ゆくまで修行にも励み、在俗者への教化にも努めることができた。しかし、その自由なる空間が、次第に大寺や貴族の領内に組みこまれ、その姿をとどめなくなってしまったとき、宗教的真実に生きる場所はどこに求めればよいのであろうか。さきにもふれたように、高取正男は、「この世に生きるための地上のよすがを失えば、人びとは純粋に魂の王国をもとめ、真実に宗教的な意味での救済の論理に身をゆだねることになる」と指摘したが、別所の消滅は、親鸞にとっては、まさに地上のよすがを失うことを意味したのではなかろうか。法然と親鸞の相違は、別所が存在しえた時代と別所が消滅していった時代との差ではないか。法然に比べるとき、絶望的とまでうつる親鸞の絶対他力への随順は、地上にたよるべき一片のよすがもありえないことを見極めた中での営みであるように思われるのである。あるいは、親鸞が、越後流罪ののち、京都にかえることなく、関東をめざし、そこに止まること二十年の長きに及んだ背景にも、親鸞が、東国のフロンティアの中に、宗教的自由を物理的に保障される空間を求めてのことではなかったであろうか。しかし、それも束の間、鎌倉幕府は、そのような自由な土地をいつまでも放置しておく筈はなかった。親鸞が、二十年ののち東国を去る一端の理由に、このような自由なる空間が権力によって奪取されていくことに対する絶望もふくまれているのではないか。

ともあれ、別所や自由なフロンティアの喪失は、親鸞をして、この世の延長線上の他界とは全く絶縁した、超越的な魂の王国を構想させることになったと考えられる。この意味で、日本人は、親鸞を中心とする時代においてはじめて、全く地上性を払拭した、従来とは異質の他界観念、魂の王国をもつこととなるのである。

しかも、時代は、さきにみたように、他界の復権を求めてやまない。しかし、その他界はもはや、地上の延長線上に夢みることができなくなってきた。かつて、益田勝実は、清水寺から長谷寺へ、長谷寺から高野、大峯、熊野三山へと、信仰のメッカが、時代とともに、都から南へ南へと移動していく不思議な現象に注目した(『火山列島の思想』)。それによると、このような現象の根底には、「民族の歴史の中で伏流化している、危機ないし終末に際しての、〈南への脱出〉の傾向性」(同前、二〇三頁)があるという。〈南への脱出〉

とは、「果てしない大洋に身をゆだねること」であり、古くは、神話にみえるスクナビコナの、常世郷への旅立ちにまでさかのぼりうる行為である。そして、中世の補陀落渡海も、その延長線上のできごとなのである。同時に、益田勝実は、このような観音聖地の南への後退が、日本人の信仰心の変質とも深くかかわっていることを指摘している。つまり、京の清水寺や、大和の長谷寺の観音信仰は、「生命を全うしつつ、いながらにして、あるいは少々の旅の苦労を代償として、観音の利生に与《あず》かろうとする信仰」であったが、その信仰の「無効性が痛感されはじめて、国のさいはての地熊野の信仰が生まれる」(同前、二〇四頁)というのである。一段と深い信仰を求める心は、一段と強い苦行を求めて、聖地を南へ南へとおしさげていったというべきか。松田修は、同じく補陀落渡海に関連し、自虐性こそ、日本的本質であるとのべた(『日本逃亡幻譚』第四章)。「信仰の法悦にひたるよりも、その前提として信仰の確認、自己確認を求める。つまりは己れを傷つけ害う痛覚において、信仰を体験する。痛覚のないところ、信仰・信仰の体感もまたない」(同前、五九頁)。いうところの自虐性とは、苦行主義といいかえてもよいであろう。それは、修験道に典型的にみられるように、身をいため心を労する苦行をかさねることによって、罪や穢を消滅させることができるという信仰であり、それは、今日にいたるも、大方の庶民信仰の基本をなしているといってよいであろう。苦行主義は、聖なる空間を必要とする。穢れた古き自己に死し、新しい自我によみがえる、擬死再生を実現する聖なる場所が必要である。そして、その聖地も、より強い苦行を求めるために、どんどん都を離れ、ついに熊野にまでいたりついたのである。しかし、そこでもなお、生の不安を解消することができなかった。人は、さらに、幻の補陀落をさして船上の人となったのである。

別所の喪失にみられるように、宗教的自由を保障する地は、権力によって奪われていき、一方、いままでの聖地は、生の不安にこたえることができなくなり、海の彼方に姿を消していく。古代以来、現実の人生を支えてきた、かつての双分された他界は姿を失い、辛うじて怨霊信仰という形で自己主張をするのみであった。死者の行くべき世界は、生者のよみがえる場所でもある。その他界が、現実の国土のどこにも想定できなくなって、しかも、その世界を求める心のみが切実となったとき、他界は、はじめて、純粋に魂の王国として、その姿をみせることになるのである。親鸞の還相回向の強調は、このような、他界をもとめてもえられぬ時代苦をふまえてはじめて、その意味が了解されるのではなかろうか。

親鸞の浄土

極楽という言葉を、親鸞は自ら積極的に使用することは、ほとんどなかった。用いられているのは、ほとんど引用文においてであり、自発的に用いられているわずかの例は、手紙である。親鸞は、極楽というべきところを、普通は、浄土、安養、真の報土などとよんでいる。それは、極楽という言葉が手垢にまみれていて、親鸞が考えていた浄土の内容をいいあらわすには不十分、あるいは有害と考えていたからではないか。

このような例はほかにもあって、南無阿弥陀仏という名号も、親鸞は、しばしば、帰命盡十方無碍光如来とよびかえている。現存する親鸞真筆の名号は、六字（南無阿弥陀仏）もあるが、十字（帰命盡十方無碍光如来）が主である（宮崎円遵著『初期真宗の研究』）。それは、六字の名号がやはり流布しすぎていて、他力の立場を鮮明に打ち出すためには、誤解を招く要素があると考えられたからであろう。というのも、比叡山では、朝題目に夕念仏といった、観想の念仏行があり、真言宗でも、念仏は盛んに用いられていたからである。親鸞にとって阿弥陀仏は、あくまでも、無量寿、無量光をそなえた仏であり、とくにその光明が、十方を尽して限りなく、しかも何ものにも障えぎられず、あらゆるものを摂取するものと考えられたが、このような内容を盛るには、従来の六字では不十分であったのである。

さて、親鸞の浄土論の特徴は、従来の西方十万億土の極楽浄土といういい方にみられる、この世との連続性、地上性をまったくもっていないということであり、また、極楽浄土にまつわる一切の神話的叙述にとらわれることなく、浄土は、凡夫が涅槃を実現する場であることを、はっきりと把握している点である。

親鸞にとっては、善導の言葉にある、「極楽は無為涅槃界なり」ということこそ、浄土の本質である。

「極楽无〔无＝無〕為涅槃界」といふは、極楽とまふすはかの安楽浄土なり、よろづのたのしみつねにして、くるしみまじわらざるなり。かのくにおば安養といへり。曇鸞和尚はほめたてまつりて安養とまふすとこそのたまへり。また『論』〔世親『浄土論』〕には、「蓮華蔵世界」ともいへり、「无為」ともいへり。涅槃界といふは无明のまどひをひるがへして、无上涅槃のさとりをひらくなり。界はさかいといふ、さとりをひらくさかいなり。

（「唯信鈔文意」（専修寺本）、『定本』3、一七〇頁）

無明の迷いをひるがえして、涅槃の悟りをひらく世界、それが浄土にほかならない。このような浄土の理解は、原始仏教以来、仏教の最も基本的な教えとして伝えられてきた「転迷開悟」〔迷いを転じて悟りを開く〕と同じであり、それ自体は、仏教徒としてきわめて正統な理解といえる。

一方、浄土教の教典の伝える浄土の姿は、あくまでも、絵画的であり、文学的であり、感覚的である。たとえば、『大無量寿経』は、浄土について、それが、「ここを去ること十万億刹《せつ》なり」と距離を示し、「その仏の国土、自然の七宝、金・銀・瑠璃・珊瑚・琥珀・

硨磲《しやこ》・瑪瑙《めのう》、合成して地となし、恢廓曠蕩《かいかくこうとう》〔はてしなく広々とし、遠くて大きいこと〕にして、限極すべからず」と具体的に示している。また、気候についても、「四時の春・秋・冬・夏なく、寒からず熱からず、常に和《やわら》ぎ調《ととの》い適す」とも叙述している。そして、金、銀、瑠璃等の縦横に合成された樹木が極楽に満ちており、これらの宝樹がふれあって、微妙の音楽が流れている。また、内外、左右には、もろもろの水浴のための池があり、そこには、澄浄、清冷、甘美、軽軟、潤沢、安和、飢渇を除く、飲みおわって身体の健康を増す、という八種のすぐれた特性のある水が満ちている。宝池で、水浴をしようと思うと、思うだけでたちまち水が足から没《ひた》してくる。「水をして足を没《ひた》さしめんと欲せば、水、すなわち足を没す。膝に至らしめんと欲せば、すなわち膝に至る。腰に至らしめんと欲せば、水、すなわち腰に至る。頸に至らしめんと欲せば、水すなわち頸に至る。身に灌《そそ》がしめんと欲せば、自然に身に灌ぐ。還復《もとへかえ》さしめんと欲せば、水、すなわち還復《もとへかえ》る」（岩波文庫『浄土三部経』上）。

　また、浄土の地にまかれた華は、ふめば四寸ばかり沈むが、足をあげると、たちまち、もとへもどるという。「また、風吹きて華を散らし、あまねく仏土に満つ。（華は）色の次第に従って、雑乱せず。柔輭《にゆうなん》なる光沢あり、馨香《きようこう》〔香気が遠くまで匂うこと〕は芬烈〔香気盛んに薫ずること〕たり。足、その上を履《ふ》むに、陥下《かんげ》すること四寸、足を挙《あ》げおわるに随って、還復《げんぷく》〔もとへ戻る〕すること、もとのごとし。華、用いおわりぬれば、地、すなわち開き裂け、もって次ぎに化没《けもつ》す。〔中略〕かくのごとくすること、〔昼夜に〕六返なり」（同上）。（上の一節は、かつて、吉川幸次郎博士が、仏典中のもっとも華麗なる部分として、私に指摘されたことがある）。

このように、経典は、浄土の姿を筆を尽して叙述し、他の経典は、この浄土に生まれるための方法を、これまた委曲を尽して説明している。

しかし、親鸞は、浄土の感覚的描写には全く興味を示さない。彼が注目するのは、もっぱら浄土の作用であって、その作用が、仏教の根本原理によっていかに説明されるかを問いつづけている。

たとえば、右の経典に一部うかがわれるような、浄土という国土の荘厳（かざり）、あるいは、阿弥陀仏についても八種類の荘厳が説かれているが、親鸞は、その個々のかざりには興味は示さず、これらのかざりが説かれるのは何故かと問う。そして、それらがすべて、如来の願心から生じていること、如来の願心は、凡夫の救済を目的としていることを明らかにし、浄土のさまざまなかざりも、その根底には如来の慈悲心が流れていることを見出す。また、如来の慈悲心は、真如にもとづいていること、真如は、凡夫には直接認識することができないこと、そのような凡夫のために、真如がかりに姿をあらわしたのが阿弥陀仏であること、凡夫は、阿弥陀仏を手段として、真如に近づくことができること、その手段は、凡夫にとっては唯一絶対であること等々を、つぎつぎと明らかにしていく。自己の全存在をかけるに価する論理の追求、それこそが、親鸞の、『教行信証』、とりわけ、「証」巻や「真仏土」巻における、浄土の存在意義を追求する根本モチーフである。それこそ、三度、高取正男の言葉を引用していえば、「この世に生きるための地上のよすがを失」うことによって求められた、「真実に宗教的な意味での救済の論理」を明らかにするいとなみであったということができよう。

真仏土

親鸞は、浄土を真仏土とよび、『教行信証』に「真仏土」巻をおき、浄土の本質、そのあり方を詳述している。

とくに注目されるのは、その説明のために、『涅槃経』から十三文を引用していることである。それは、さきにふれたように、浄土の本質は涅槃の実現にあるとするところから、涅槃とはいかなる境界《きょうがい》であり、それはどのような原理によって成立するものであるかをたずねる必要が生じたためである。では、浄土は涅槃界なりという親鸞にとって、涅槃界とはどのような世界と考えられているのであろうか。

第一に、涅槃とは、生死の束縛から脱した、真の解脱であり、それは、生死の世界で思惟されている、生とか滅という言葉の意味をこえている。心理的な表現でいえば、欲もなく、疑いもない様が解脱の世界である。

第二に、涅槃の世界は光明の満ち満ちた世界であり、その光明は衰えることがない。しかも、その光明は、すべての存在の本質を照らし出すが故に、智慧と名づけられる。慈悲とともに智慧を強調することが、仏教の特徴といわれるが、ここでも親鸞は仏教の正統に立つ。親鸞は、当初から真仏土を無量光明土と名づけている。それは、浄土の主が阿弥陀仏であり、阿弥陀仏は、無限の光と無限の寿命を別名としていることによる。浄土は無限の光の世界としてイメージされている。そして、救済とは、この光の中に摂取されることである。獲信とは、光明をみることである。

第三に、涅槃には四つの楽があるという。一つは、もろもろの世俗の楽を断じていること。世俗の楽は、必ずその裏に苦を隠している。このような苦を含む楽は、涅槃の楽ではない。涅槃の楽は、世俗的な楽や苦を超越した、大楽といわれる。二つは、一切の煩悩を断った寂静の楽しみ。三つは、世俗的知恵の相対性を知る楽しみ。四つは、金剛不壊の身をもつ楽である。極楽の楽とは、以上の四つの楽を意味する。

第四に、涅槃とは純浄をさす。純粋の浄、清浄の場が、浄土の異名であることは、さきにのべたとおりである。

第五に、涅槃は、いかなる極重悪人においても実現される。極重悪人が、涅槃を開顕できるのは、真仏土、浄土においてのみ可能である。その意味では、浄土は、極悪人が仏と成る場といいかえてもよい。

以上のように、真仏土とは、何よりも涅槃界をさすのであるが、また、『浄土論』によって、浄土とは、「かの世界〔浄土のこと〕の相をみそなはすに、三界〔迷いの世界〕の道に勝過せり。究竟して虚空のごとし。広大にして辺際なし」（岩波文庫『教行信証』、「真仏土」巻、三〇三頁）とあるように、虚空を本質としているともいう。虚空とは、虚しいという消極的な意味ではない。「如来は身心智慧無量無辺阿僧祇《あそうぎ》の土に遍満したまふ、障礙するところなし。これを虚空となづく」（同前、二九二頁）とあるように、真理のもつ自由自在性をさす。真理は、柔軟であって、一切を包摂しながら、しかもそれに束縛されることがない。浄土とは、あらゆる存在に遍満していて、しかもそれにとらわれることのない虚空である。

親鸞は、「真仏土」巻をはじめるにあたって、真仏土の主は、不可思議光如来であり、土は、無量光明土であるとのべている。そして、その光明は、極善であり、日月の光明に勝れること百千億万倍であり、その光明のいたらぬ世界はなく、この光明を見るものは、いかなる存在であっても慈心歓喜し、善をなし、必ず解脱して涅槃に入ることができるとしている。このような光明土という理解は、おそらく、インドにおける浄土教発生以来の、信者たちの深い体験にもとづく表現であるといってよいであろう。これに対し、浄土を虚空とするのは、空や無我を根本とする、仏教の論理的表現に属するのではないか。虚空は、人間の常識をこえた、自由なあり方であり、あらゆるものを含んでいて、しかも、それらに縛られない世界、絶対空をさすのであろう。『大無量寿経』によれば、往生とはまた、「自然虚無之身、無極の体を受ける」ことといわれる。自然も虚無も無極も、いずれも涅槃の別名といわれ（岩波文庫『浄土三部経』上、註）、往生とは、詮ずるところ、虚空に身を没《ひた》すということである。そこでは、肉体の死は全く問題になっていない。

　このように、空という大乗仏教の根本原理から浄土や往生をみると、往生とは涅槃を実現することであり、空に身を没すこととなる。その意味では、往生は、星野元豊の指摘するとおり、形而上学的な概念ということになるであろう（『講解教行信証』、六五五頁）。このような往生の理解は、逆に、浄土もまた、一つの形而上学的概念と考えてもよいことを示唆していよう（星野元豊は、浄土は、キリスト教でいう仲保者的概念にあたるとものべている。『浄土』、『続浄土』参照）。

　私は、さきに、親鸞の煩悩論にふれたとき、親鸞は、法（真理）の側から凡夫の獲信を説明していることを指摘したが、ここでもまた、浄土を、法の論理の側から説明しようとしていることに気づくであろう。このような姿勢こそ、従来の西方極楽という、浄土についての神話的表現に全くかかわることなく、浄土は涅槃を実現するところとし、浄土を虚空性においてとらえるということを可能にしたといえる。そして、このような、法（真如）の側からみた論理が、いかに完全で貫徹したものであるかを説き示そうとする強烈な関心は、もはや地上になんのよすがも見出すことのできなくなった人間の限界状況にもとづくものであり、それは、まぎれもなく、賭けの精神のあらわれということができる。

そして、さきの他界の復権という一般的状況にてらしてみるならば、親鸞の浄土論は、民族宗教としての、伝来の神祇思想にみられる、感覚的・日常的他界観を、凡夫の情に属することとして、それを一度否定した上で、仏教という世界宗教の論理の側に身をおくことで再生させようという、飛躍の思惟とみることができるのではなかろうか。

第四章　仮の認識

仮の認識

はじめにものべたように、私は、親鸞が仮《け》という人間のあり方に注目していることに多大の関心をいだいている。仮《け》的人間とは、親鸞が仏弟子を三種類に分けた、その中の一種である。一つは、絶対他力の信仰に生きる人々（親鸞は、この人々を「真の仏弟子」とよぶ）、二は、外面は仏教徒の装いをしているが、その信ずるところは、仏教に似て非なる思想・信仰という、外道《げどう》につかえる人々（親鸞によれば、「偽《ぎ》の仏弟子」とよばれる）である。この中間にあって、絶対他力の信仰には近づいているが、まだ、それを完全に信じきれない、半ば他力半ば自力という中途半端な人々が、いうところの「仮《け》の仏弟子」である。私が仮的人間というのは、親鸞のいう「仮の仏弟子」のことである。

私は、親鸞が、真か、さもなくば偽か、という二分法におわることなく、その中間に、仮という範疇を設けていることに、深い共感をおぼえる。というのも、実人生は、あれかこれかで決着できることは決して多くない。むしろ、あれでもあり、これでもある、あるいは、あれでもなく、これでもない、という中途半端な事柄が多数を占めているからである。真か、さもなくば偽か、という二分法だけでは、現実はつかみきれない。親鸞がすぐれた現実認識の持ち主でありえたのは、真、偽の他に、仮という尺度をもちあわせていたからである。そもそも、仮《け》という文字自体、ニュアンスに富む意味をもっている。辞典をひくと、仮証文、仮住い、という用法にみられるように、「一時のまにあわせ」、という意味があるが、同時に、「ゆるす」という意味もあり、また「いたる」という意味もある。これからのべるように、親鸞は、「仮の仏弟子」を単純に肯定はしていない。それは、あくまでも、「真の仏弟子」にいたる過程として意味をもつ。仮の語義に「いたる」がある所以であろうか。

ところで、親鸞は、なぜこのような仮的人間を問題としたのであろうか。また、このような人間類型を問題とすることによって、その救済論に、どのような特色をもつことになったのであろうか。結論をさきにのべれば、仮的ありようを問わざるをえなかったのは、一つには、それが、親鸞白身の信仰を語る場合、欠くべからざる道程であったということ、つまり仮的ありようを経てはじめて、「真の仏弟子」にいたりえたという、苦しい体験に根ざしているからである。そして、「仮の仏弟子」を問題とすることにより、彼等にも救済の手がさしのべられていることを発見し、それを方便の救済論として展開しえたことが、親鸞の思想の大きな特徴となっているということができよう。以下、「仮の仏弟子」の内容と、そして、方便の救済論、方便の救済論を必要とした思想史的背景などについてのべてみたい。

「方便」という視点

親鸞の主著『教行信証』には、「顕浄土方便化身土文類六」という最終章がある。「方便化身土」とは、門外漢にとって、はなはだ奇妙な呼称であるが、それは、真実の浄土に対する、にせの浄土のことであり、この章は、絶対他力にあらざる、諸々の救済論を批判し、あわせて、それらを、絶対他力にいたる道筋に位置づけることをねらいとしている。

方便という言葉は、今日では、「嘘も方便」という慣用句が示しているように、目的を達成するための手段、しかも、あまりよい手段ではなく、どちらかというと胡乱《うろん》なひびきをもつ言葉となっている。だが、方便は、大乗仏教においては、まことに重要な意味をもつ言葉である。それは、サンスクリットのupāyaの訳語で、「近づく、到達する」がもとの意味であり、さらに、真理に近づく手段という意味が生まれてくる。

方便が大乗仏教で重視されるのは、大乗仏教の基本的な性格による。というのも、大乗仏教は、出家者という同一条件にある人々によって構成されていた、それまでの出家教団中心の仏教とは異なり、出家在家を問わず、多様な考え方をもつ人々を対象に生まれてきた宗教であった。そのため、現実のさまざまな生き方、価値観をひとまず認め、そののち、それらを、仏教の究極的な真理にいたる道筋に位置づける工夫がなされねばならなかったのである。

このように、方便は、大乗仏教の理想を実現していく上で欠かすことのできない実践智であるところから、古来、すぐれた仏教者は、いずれも、方便の意義に言及している。その中で、方便の意義を徹底的に問い、方便によって自己の思想体系を完結しようとした代表的人物が、親鸞である。『教行信証』に即していえば、その前五章は、法然によって教えられた浄土教の真実を明かすところに目的があるのに対し、最後の一章は、真実でない救済思想を、真実へと転化せしめていく方便の救済論がのべられている。親鸞においては、専修念仏の真実性が明らかになればなるほど、現実の世の中に行なわれている、真実ならざる救済論に対し、批判をむけると同時に、それらを摂取しようとする意志が強く働くことになったのである。そして、この真実と方便を両極として展開される思惟にこそ、親鸞の救済論がもつ強靭さの秘密がある。

親鸞の思想は、彼が真実の教えとしてえらびとった内容を、真正面から追求することで明らかにすることができるのはもちろんであるが、他方、彼によって、真実ならざる教えとして鋭い批判をあびせられたものが何であるかを問うことによっても、分明となるといえる。ことばを変えれば、親鸞にとって、方便は、究極的真理である絶対他力と、その他の諸々の救済価値との間に生じた激しい相克、葛藤を解決し、さらに、絶対他力を中心にして、いままでの旧い考え方や価値を再編、秩序づける基本的な方法論を提供する、かけがえのない視点であり、彼の思想の根幹をなしているといえる。

では、どのような思想が、親鸞によって方便論の対象とされているのであろうか。

「仮の仏弟子」

親鸞が、「方便化身土」巻において批判し、方便論によって救済をはかろうとする対象は、二つに分けられる。一つは、「仮《け》の仏弟子」であり、もう一つは「偽《ぎ》の仏弟子」である。そして、「仮の仏弟子」は、さらに、自力の人々（親鸞は、「聖道の諸機」とよぶ）と、他力にあってもなお自力の精神に執着する人々（「浄土の定散《じょうさん》の機」とよばれる）の二種にわけて論じられている。そして、親鸞は、自力の人々に対しては、聖道門が時代おくれの救いであるという、いわば歴史的立場から批判を展開し、半ば他力半ば自力の人々に対しては、倫理主義では人間の救済は不可能であることを説き示すという、異なった批判の方法をもって臨んでいる。

まず、自力の人々に対する批判からみてみよう。

聖道門と浄土門という区別は、唐の道綽《どうしゃく》の著書『安楽集』に出てくるものであり、法然もその区別をそのまま受けつぐ。そして、法然が聖道門を批判する理由は、「今の時、証し難し」(『選択本願念仏集』)ということで、その理由として、さらに、「一には大聖(釈尊のこと)を去れること遥遠なるによる。一には理は深く解《さとり》は微なるによる」(同前)とする。道綽においても法然においても、「今の時、証し難し」という時代認識が、聖道門批判の根本理由にあげられている。今の時が、いかなる時代であるか、という内省が、聖道門の否定をもたらしたのである。それは、具体的には、正像末史観にもとづく。正像末史観とは、『大集月蔵経《だいじゆうがつぞうきょう》』等の経典に説かれているように、釈迦入滅以来五百年間を「正法《しょうぼう》」の時代とし、その間は、釈尊の教えにしたがって、仏教の理想を実現する人が次々とあらわれる。そして、そののち千年間は、「像法《ぞうほう》」の時代とよばれ、はじめは戒律を保つ人もいるが、やがてそれも減り、破戒が増える。人間の質が次第に悪くなり、悟りに達するものはなくなり、修行者も前途に希望をもつことができなくなってくる。そして、そののち一万年は、「末法《まっぽう》」とされ、仏教という教えはのこるが、その理想を実現する手段はもちろん、その理想を体現する人は皆無となる。「今の時、証し難し」とは、今が末法の時代だからである。そして、このような末法の時代に有効な救済論は、浄土門のみである、とするのが、道綽や法然の主張である。親鸞の、聖道門批判も、両者を引きついでなされている。

まことにし〔知〕んぬ、聖道の諸教は在世正法のためにして、またく像末法滅の時機にあらず。すでにときをうしなひ、機にそむけるなり。浄土真宗は、在世正法、像末法滅、濁悪《ぢよくあく》の群萠《ぐんまう》ひとしく悲引したまふをや。（岩波文庫『教行信証』、「化身土」巻、三七〇頁）

「すでにときをうしなひ、機にそむけるなり」、これが、親鸞にとっても、自力の人々に対する批判のすべてであった。ところが、同時代の既成教団の人々は、釈尊在世の時代と同じように、戒律を保ち、修行に励めば、この身そのままに仏になるという主張をくりかえすばかりか、専修念仏を仏教にあらざる教えと非難し、迫害を加えようとまでする。それは、歴史の流れになんと無知な振舞であることか。

しかれば穢悪濁世《えあくぢよくせ》の群生《ぐんじやう》、末代の旨際《しさい》をしらず、僧尼の威儀をそしる。いまのときの道俗、おのれが分を思量せよ。（同上、三七四頁）

末法に生きる人間は、等しく煩悩に穢され悪業からまぬがれることはできない。にもかかわらず、末世という時代苦を他人事とし、僧尼の威儀の乱れや破戒の様子を非難する人々が、教団の内外に少なくない。だが、それは、歴史の流れに無知なために生ずる楽天論にすぎない。時代を正しく知るならば、このような批判は、自らの内にむかって、「おのれが分」を思い量《は》かる方向にむけられるべきではないか。親鸞は、延暦二十年〈八〇一〉を例に、この年が、仏滅より一七四九年目にあたるという説と、一四一〇年目にあたるという説をあげ、いずれの説によっても、親鸞の生きている時代がまぎれもなく末法の時代であることを確認している（「化身土」巻。当時、一般的には、末法は、永承六年〈一〇五一〉にはじまるという説が信じられていた）。

末法史観は、古を金の時代、理想の時代とし、下るにしたがって理想から遠くなるとする下降史観である。だが、それは、深刻な内省を生むことになり、歴史的には、かえってすぐれた精神の輝きをもたらすことになる。中国における三階教や浄土教は、正像末史観なくしては生まれぬものであったし、日本の鎌倉新仏教も同じである。とりわけ、親鸞においては歴史意識が深く、末世において戒律を保つということはありえず、名ばかりの僧侶でも仰いで尊ぶべしという奇説をのべた『末法燈明記』のほぼ全文を「化身土」巻に引用し、聖道門的思惟を全面的に批判している。

破戒・無戒・「名字の比丘」

『末法燈明記』は、平安時代末に、最澄に仮託して作成された偽書といわれるが、その内容は、当時の仏教的常識をもつ人々を驚天動地におといやる激越なものである。

その主張の第一は、末法の時代にあっては、戒律を保つとか戒律を破るとかいう議論自体が無効、無益である。なぜなら、末法の世は、仏教という教えのみあって、それを実現する手段、戒律がなくなってしまっている時代であり、持戒、破戒といっても、その基準が失われていては意味をなさないからである。

末法のなかにおいては、たゞ言教《ごんけう》のみありて行証なけん。もし戒法あらば破戒あるべし。すでに戒法なし、いづれの戒を破せんによりてかしかも破戒あらんや。破戒なをなし、いかにいはんや持戒をや。かるがゆへに大集(『大集経《だいじつきよう》』のこと)にいはく。仏、涅槃ののち、無戒くにゝみたんと。(岩波文庫『教行信証』、「化身土」巻、三七八―三七九頁)

それでもなお、持戒、破戒を論ずるとすれば、そのことはきわめて「怪異」なことであり、「市に虎あらむがごとし」という奇妙なこととなる、とするのが、『末法燈明記』の主張である。

第二の主張は、末法にあっては、名ばかりの出家者であっても、それを「真宝」としてあがめよ、ということである。『末法燈明記』が引用する『大集経』の説く譬えによれば、次のようになる。

金は最高の宝であるが、もし金がなければ銀をもってかえる。もし銀がなければ、銅を。同様に、銅がなければ鉄、鉄がなければ白錫、白錫がなければ鉛を、それぞれ宝とする。これと同じように、仏教では、仏が最高の宝であるが、仏が不在なら縁覚の位にあるものが、縁覚も不在なら羅漢が、羅漢が不在なら、聖者たちが、最高の指導者となる。以下、同じように、禅定を得た凡夫、浄らかに戒を保つ人、破戒の比丘、ただ鬚髪《かみ》を剃って身に袈裟を著けているだけの、名ばかりの比丘（「名字の比丘」）を、それぞれ宝としてあがめねばならない。なぜなら、名ばかりの比丘であっても、外道の教えに従うものよりは優れているのであり、彼は世間から供養を受ける資格があるのである。そして、世間の人も、名ばかりの比丘から、人間として畏怖すべきことが何であるかを学ぶことができるのであり、彼等を護り育てるならば、必ず悟りへの第一歩を得ることができる、とする。

一方、末世に宝としてあがめよという「名字の比丘」の生活がいかにひどいものであるかも、『末法燈明記』は臆せずに書きしるしている。それによると、末法の比丘、比丘尼は、教えにしたがって戒律を守り修行に励むことは全くなく、在家の人々と同じように、我が子の手をひいて、酒場から酒場へと遊びまわり、淫事にうつつをぬかす、とのべられている。だが、戒律に背き、妻子をたくわえ、酒色におぼれる出家者であっても、彼等を供養すること、さながら正法の時代における舎利弗《しゃりほつ》や目連《もくれん》に対するように行なうなら、必ず功徳を得る、と経典ものべている、とするのである。

『末法燈明記』が、新興の浄土教を擁護するために書かれた偽書であることを、親鸞が知っていたかどうかは不明である。だが、親鸞が、なぜこのような激しい主張を引用したか、その真意は十分に推量することはできる。

それは、聖道門に対する根本的批判として『末法燈明記』が、もっとも有効と考えられたからであろう。聖道門は、あくまでも、出家者による持戒を前提とする仏教である。かつて、南都北嶺の学匠たちが、法然の専修念仏を非難したときも、その批判の一つは、持戒の有無であった。また、『末法燈明記』をはじめて引用したといわれる栄西も、この書物における戒律批判は、小乗仏教の戒律であって、大乗仏教の戒律ではない、と苦心の解釈を施している（岩波書店版『日本思想大系』15、「鎌倉旧仏教」）。栄西は、日本仏教の復興のためには、入宋し、戒律を招来すべきであると主張した人物である。このように、聖道門にとっては、生命線ともいうべき戒律を、『末法燈明記』は、さきに紹介したように、ものの見事に否定し去っている。

出家という形式がいかに無意味となってしまっているかについても、『末法燈明記』は雄弁に証明している。『末法燈明記』は、たしかに、名ばかりの出家者であっても、世の宝としてあがめ尊べと教えてはいる。しかし、裏をかえせば、出家となっても、末世においては、所詮「名字の比丘」となるのがおちである。求道者の立場からいえば、「名字の比丘」としてとどまることで、果たして安心が得られるであろうか。「名字の比丘」自身の救済は、いかに獲得され、保証されるというのであろうか。欺瞞に満ちた「名字の比丘」が最終目標であるような出家という形式に、なおもこだわる理由がどこにあるというのであろうか。それに比べれば、浄土門は、出家在家、男女、老若、貴賤の区別を一切問わない。阿弥陀仏の本願を信じて念仏を申すことのみが肝要なのである。聖道、浄土両門の優劣は火をみるよりも明らかである。

もちろん、『末法燈明記』引用の背景には、専修念仏弾圧を敢行してはばからない官権に対する、秘められた抗議もある。清僧の名声高かった法然をはじめ、親鸞をふくめ、その門弟をやすやすと還俗せしめ、あるものを死罪に、あるものを遠流に処して平然としている官権に対し、「名字の比丘」といえども、彼等は末世においては「真宝」であり、それをうちのめすことは、仏身より血を出だす罪悪に等しい、という『末法燈明記』の記述は、もっとも鋭い批判、抗議となっているといってよい。

獅子身中の虫

「仮の仏弟子」の中の、自力の人々に対する親鸞の批判は、終始、正像末史観にもとづいてなされているのに比べ、半他力半自力の人々（「定散の機」）に対する批判は、心理にわたる内在的なものとなっている。というのも、「定散の機」は、念仏を称することに熱心であり、念仏を大切にすることにおいては、「真の仏弟子」と異なるところがないからである。しかし、彼等は、「真の仏弟子」のように、念仏一筋に生きる人々ではない。一言でいえば、自分の都合で念仏を称する人々であり、念仏は、自己の浄土往生をかちとる上での、とりひき材料となっている。「定散の機」は、一見、熱心な念仏者にみえて、その実は、念仏を自力の成果とみる人々であるから、「真の仏弟子」の立場からいえば獅子身中の虫と映ずることになる。

では、「定散の機」とは、どのような精神の持主をいうのであろうか。「定散」とは、「定心」と「散心」の略で、「定心」とは、精神を一点に集中し、思いを凝らすことのできる心であり、「散心」とは、文字通り、散乱動揺する心をさす。

そして、「定心」によって得られる善を「定善」、「散心」によって得られる善を「散善」といい、『観無量寿経』においては、定散いずれの善も、浄土往生のためには有効な行とされている。それによると、定善とは、具体的には、西方極楽浄土と、その主人公、阿弥陀仏の様子を観想することである。つまり、心を特定の対象に凝らすことによって、浄土の様子を次第に心に焼きつけていくのである。経によれば、その手始めは、日想観とよばれており、「正座し西に向いて」、日没の太陽を観察し、「目を閉じても開きても」、日没のかたちが明瞭になるように努める。そして、次には、水と氷を手がかりに、浄土の大地の広大さ、平らかさ、瑠璃の如き様子を観想する。以下、極楽にあるという宝樹や宝池、建物を次々と思いうかべ、阿弥陀仏や脇侍の観音、勢至両菩薩の様子を詳しく観想していく。このように、『観無量寿経』は、十三種にわたる観法を説明しているが、そのうちの一つでも、行者の力量にしたがって修行するならば、修行者は必ず浄土に往生できると力説している。

また、『観無量寿経』には、散善も説かれている。善導の解釈によれば、散善は、心を統一し、種々の観想を実践することのできない人間のために説かれているといわれる。その内容は、父母に孝行するとか、師匠によく仕えるという、一般的な人倫道徳の実践、あるいは、仏教教団内部の戒律を守ること、または、人に大乗仏教を勧めて、浄土往生をともにすること、にある。そして、善導は、「たとひ余の行なしといへども、孝養奉事をもって、往生の業とするなり」(『序文義』)と、父母に孝行を尽し、師につかえるというだけでも、浄土往生の業となるとのべている。

言葉をかえれば、定善に努め、散善に心をもちいる人々とは、観想の効果、有効性を信ずる人々であり、また、道徳、倫理の有効性を信ずる人々ということができる。

ところで、「定散の機」の問題はどこにあるのであろうか。右にみてきたように、定散二善は、『観無量寿経』はもちろん、善導によっても、浄土にいたる有益な手段として、強く勧められている。だが、それらは、法然以前の浄土教においてのみ有益とされていたのである。浄土教は、法然の段階で、質的に飛躍をとげている。一言でいえば、阿弥陀仏の第十八願のみが、浄土教の正統かつ唯一の救済原理であることの発見である。いかに、浄土教の伝統において有益とされた観法や道徳であっても、第十八願に説かれていないことは無益である。第十八願至上主義が、法然浄土教の核心である。それをうけつぎ、さらに、それを一歩すすめて、信心さえも、阿弥陀仏からの回向とする親鸞にあっては、善導の解釈といえども、そのまま受容するわけにはいかない。否、むしろ、定散二善の立場に立つ人々に、本願に背馳した情念をみるのが、親鸞である。

本願に背馳した情念とは、人間の罪業性に思いいたることの少ない楽天論であり、人間にできないことはないという思いあがりと自己中心の思惟である。彼等の浄土教に寄せる関心は、「真の仏弟子」のように、阿弥陀仏の誓願を信じ、念仏を称する以外に、仏となる手だてがないという、自己の無力についての徹底した自覚にもとづくものではない。むしろ、この人々は、自らの中に、仏となるために必要な善を積み行なうことができるという自負心がのこされている。それは、絶対他力を信ずる人々のもつ、自己に対する徹底的な絶望の思いとはほど遠い。したがって、念仏も、「定散の機」にとっては、あくまでも自己がなしうる善行の一つであり、阿弥陀仏より回向された念仏でなく、自己の力による念仏の域を出ない。その意味で、「定散の機」は、他力中の自力の人、半他力半自力の人といわれるのである。

したがって、念仏も、そのときどきの利害や疑心、きまめ次第で、つづくこともあればとぎれることにもなる。また、その信心も当然、首尾一貫しないものである。親鸞は、このような信心を、牢固ならざる信心、「不牢固執心」(「化身土」巻)とよんでいる。牢固とし、確固とした信心が生じないのは、おのれの一切を放棄し、阿弥陀仏に帰依せず、おのれを価値判断の中心におき、如来を中心としないからである。自己に、まだなにがしかの善行をつみかさねることができるという自負心がある間は、また、世の善行をふみ行ない、それが、往生のために役立つという信念が存する限り、絶対他力の世界はついにひらかれることはない。

だが、親鸞にとって、定散二善につとめる姿は、決して他人事ではなかった。彼等を支配する、本願に背馳する暗い情念は、親鸞にとって無縁ではなかった。親鸞もまた、長くこの暗い情念のとりことなって日をすごした経験があるのである。半他力半自力は、外への批判ではなく、内なる自己のあり方に向けられるべき言葉であったのである。親鸞は、「定散の機」を批判する中で次のように告白する。

まことにしんぬ、専修にしてしかも雑心なるものは大慶喜心をえず。〔中略〕かなしきかな垢障《くしやう》の凡愚、無際よりこのかた助正間雑し、定散心雑するがゆへに、出離その期なし。みづから流転輪廻をはかるに、微塵劫を超過すとも仏願力に帰しがたく、大信海にいりがたし。まことに傷嗟《しょうき》すべし。ふかく悲嘆すべし。
(岩波文庫『教行信証』、「化身土」巻、三六八―三六九頁)

では、親鸞においては、「助正間雑し、定散心雑」する状態とはいかなるものであったのであろうか。

深層意識の中の自力

寛喜三年(一二三一)四月十四日、五十九歳の親鸞は、風邪をひき横になっていた。はじめから、「看病人をも寄せず、たゞ音もせずして、臥しておはしませば、御身をさぐれば、あたゝかなる事、火のごとし」(岩波書店版『日本古典文学大系』82、「恵信尼の消息」。以下同じ)。高熱が出て、頭痛もひどい。そして、四日目の暁、苦しさの中で親鸞は、「ほんとうに、そうしよう」といった。看病していた妻、恵信尼は、「なにごとですか。たわごとを申されましたか」とたずねたところ、たわごとではない、と次のように返答した。「臥して二日目から、休む間もなく、無量寿経を読んでいた。そして、目を閉じても、経の文字が一字残らず、きららかに、すっかり見えるのだ。これはどうしたことか。念仏の信心のほかには心にかかることはない筈だと思い、よくよく考えてみると、十七、八年前、衆生利益のために三部経を千部読もうとしたことがあった。そのときも、経典読誦を思いたつとはどうしたことか、専修念仏に生きるものは、阿弥陀仏の本願のいわれを自ら信じ、人にも教えて信ぜしめることだけが肝要で、名号のほかに、何が不足で、経典読誦を試みようとしたのか、と考えなおして中止したのである。今、こうして、目を閉じても、経典の文字が一字一字くっきりと浮かんできたのも、そのときの気持が、まだ少し残っていたからであろうか。人間が一度思いこみ、また自分の力で善を修め、悪を廃することができるという自信は、容易に消滅しないものである。だが、もうこれで経典を読むことはやめようと思って、「ほんとうに、そうしよう」といったのだ」と。

風邪の高熱が、親鸞の深層心理を一挙に意識の表層におしあげたのであろうか。親鸞は、四十二歳のとき、越後流罪を許され、関東に向かい、途中、さきにふれた上野国佐貫の地で三部経読誦を発願し、四、五日して中止した。そのときの心が、十七年のちの五十九歳の親鸞に再びよみがえってきたのである。自力をたのむ心の、なんとしつこく、断ちきりがたいことか。親鸞は、あらためて、自己の深層心理に十七年もの間生きつづけていた自力の信の根深さに思いをいたしたのである。ことほどさように、自力の克服は困難なことである。定散二善を捨て、阿弥陀如来の本願に帰すことは容易ではない。その批判は、我が内心にメスを入れるという、痛みをともなった方法によってのみ可能なのである。

修善も雑毒なるゆへに

親鸞は、散善について、「散はすなはち悪を廃してもて善を修す」(「化身土」巻)とのべている。それは、さきにもふれたように道徳の立場である。では、倫理、道徳の立場は、そのまま絶対他力の世界につながっていくのであろうか。

しかれば、本願を信ぜんには、他の善も要にあらず、念仏にまさるべき善なきがゆへに。悪をもおそるべからず、弥陀の本願をさまたぐるほどの悪なきがゆへに

(『歎異抄』、岩波書店版『日本古典文学大系』82、一九二—一九三頁)

『歎異抄』冒頭の一節は、絶対他力が、世間でいう善悪の倫理にかかわるものでないことを示して明快である。本願を信じて念仏を申すことのみが肝要であって、「他の善も要にあらず」、また「悪をもおそるべからず」というのが、絶対他力の信に生きるものの世界である。それは、現実の秩序、善悪の倫理を、わざと破れと教えているのではない。その真意は、現実の倫理に拘泥するかぎり、他力の世界に入ることはむつかしい、というとこ

ろにある。要するに、絶対他力は、宗教の世界のことであり、倫理の世界のことではないということである。倫理が教える善悪のけじめを守り、善を積み行ない、できるかぎり悪から遠ざかっている、と自負しているものには、宗教の世界は不用である。善を破らざるをえず、悪に沈まざるをえない人間の悲しみを知るものにとってはじめて、宗教の世界はひらかれてくる。この宗教の世界に、倫理の約束をしたり顔にもちこむことは、宗教にとっては迷惑であり、堕落ですらある。

修善も雑毒なるゆへに
虚仮の行とぞなづけたる

（「愚禿悲歎述懐」、『定本親鸞聖人全集』〈以下『定本』と略す〉2、二〇九頁）

右の和讃は、宗教を求めているものに対して、倫理を説くことのむなしさをよく説き示している。世間的倫理をいくら修しても、それは宗教的救済とは無関係である。いや、むしろ、善悪にこだわることは、そのこだわり故に、かえって雑毒となってしまう。それは虚仮の行でしかない。絶対他力にとっては、第十八願がすべてである。それ以外の、いかなる世間的善も、第十八願にはずれているが故に、雑毒なのである。それにもかかわらず、「悪を廃し善を修める」（「廃悪修善」）ことが宗教であると思い誤られる。この誤解の根は深い。

かつて、伊藤博之は、親鸞の法語が、倫理主義のもつ虚偽意識を告発してやまぬところに、深い文学性があることを論じたことがある（「親鸞の法語の文学性――人間解放の根源的課題」、雑誌『文学』一九六九年十月号所収）。倫理は、しばしば絶対不変と考えられる。しかし、世の善、悪を区別する規準は、しばしば、現実の支配者の恣意によることが多い。その極端な例は、殺人罪と戦争での殺人の関係である。どうして、戦争における殺人が殺人罪とならないのか。それは、全く国家の都合でしかない。伊藤博之は、善がしばしば、「支配秩序の正当化」と結びつきやすく、正義が「優越者の立場の利益の擁護を理念化」しやすい点をあげ、廃悪修善といっても、それは結局、秩序の側にひきとめられるだけであり、人間が人間を支配する正当化に与するにとどまる、とのべる。そして、親鸞は、「現世権力の利害が決定する廃悪修善を受け入れた自己規制を修行であるかのように錯誤する俗念に至っては、烈しい憤りをこめて批判せずにはいられなかった」（同前）とし、「善の観念の虚妄」や「正義の観念の虚偽」の批判において、親鸞がもっとも鋭いことをたかく評価している。

善悪の問題が、社会の支配被支配のイデオロギーに還元できるかどうかは、にわかに決しがたい。それは、社会のありようや時代をこえた、普遍性をもつことも否定できない。倫理のもつ普遍的妥当性がどこに根拠をもつかは、別に論じられねばならぬ大問題である。

ただ、ここで確認しておくべきことは、宗教と倫理との明白な相違である。倫理主義的好みがはげしい日本的風土にあっては、そのことは十分に留意されねばならないであろう。ところで、絶対他力に逸早く帰依した人々は、社会的階層からいえば、「具縛の凡愚、屠沽《とこ》の下類」であった。「唯信鈔文意」によると、

具縛はよろづの煩悩にしばられたるわれらなり、煩はみ〔身〕をわづらはす、悩はこゝろ〔心〕をなやますといふ。屠はよろづのいきたるものをころ〔殺〕しほふ〔屠〕るものなり。これはれうし〔猟師〕といふものなり。沽はよろづのものをう〔売〕りか〔買〕うものなり、これはあき〔商〕人なり、これらを下類といふなり

（『定本』3、一六八頁）

と、説明される。「具縛の凡愚、屠沽の下類」が、容易に絶対他力を信ずることができたのは、彼等が、当時の支配的な社会意識から自由であったためでもあろう。つまり、経済的にも社会的にも、当時の一般的な常識となっていた廃悪修善に参加するための手段をほとんどもちあわせていなかったという、その疎外性のためにかえって、絶対他力の教えの本質を逸早く認識することができたのであり、また、回向の逆転性（人間から仏への回向ではなく、仏から人間に回向されているということ）をよく理解しえたのである。雑毒である

諸善を修する余裕をもたなかったことが、かえって、世の善悪を超えた選択本願念仏に帰依することを容易ならしめたのである。それに比べ、社会的に優位に立つ人々は、それだけ支配階級のイデオロギーに束縛されているところが強く、廃悪修善から自由になることがむつかしかったといわねばならない。次の和讃も同じ事情を説明している。

よしあしの文字をもしらぬひとはみな
まことのこゝろなりけるを
善悪の字しりがほは
おほそらごとのかたちなり

(『定本』2、二二四頁)

親鸞は、自己の絶対他力を、しばしば横超他力と称した。横とは、「よこさまに」ということであり、横着の横である。正常な、一般的な秩序の外にあることが横であり、したがって、横超とは、現実の社会秩序、価値体系をよこざまにとびこえて実現する信心である。同様に、親鸞は、「他力には義なきを義とす」ともいう。それは、世間的、あるいは伝統的な仏教のいういわれを否定したところに生ずるのが他力であることを示している。いずれにせよ、社会意識のあり方からいえば、社会の規範や倫理に忠実であろうとすればするほど、他力の信仰は理解しにくい一面をもつ。その意味では、「定散の機」とは、廃悪修善という、体制的イデオロギーからの離脱をめぐって、ディレンマに陥らざるをえぬ社会意識の持主ということもできる。それは、「屠沽の下類」のように、社会の規範から自由である人々と、体制の秩序、道徳にぴったりとよりそって生きる人々との、ちょうど中間、その意味でも、中途半端な社会意識の持主ということができる。

「偽の仏弟子」

偽《ぎ》といふは、すなはち六十二見九十五種の邪道これなり。

（岩波文庫『教行信証』、「信」巻、一九二頁）

六十二見とは、インドにおける非仏教の教説を分類して六十二種としたもので、九十五種とは、釈尊在世中の外道の数という。親鸞が「化身土」巻で、「仮の仏弟子」とならんで批判している「偽の仏弟子」は、ほぼ三種である。その一つは、鬼神を祀る人、二つは、老荘思想の信奉者、三つは、吉凶卜占にたより、日のよしあしにこだわる人、である。それは、仏教がインド、中国を経て日本に渡ってきた、いわゆる三国伝来に照応しているともいえる。つまり、まずインドの多彩な神々への帰依が批判され、中国では、中国仏教における最大の論敵、道教が、日本では、神祇や陰陽道が、批判の対象となっている。もちろん、このようにいっても、ここでのべられている三種の精神は、単に三国伝来の歴史的思想としてあつかわれているにとどまらず、現に親鸞をとりまいて生きている同時代の精神として批判の対象にのぼっていることはいうまでもない。その上、親鸞にとって偽の仏弟子が問題となるのは、外面は仏教徒で、その実は外道を信奉するという欺瞞性にある。ここに、親鸞の「偽の仏弟子」に対する批判が、特有の沈痛な響きをもつ理由がある。たとえば、それは、次の一連の和讃によみとれる。

五濁増のしるしには
このよの道俗ことごとく
外儀は仏教のすがたにて
内心外道を帰敬せり

かなしきかなや道俗の
良時吉日えらばしめ
天神地祇をあがめつゝ
卜筮《ぼくぜい》《うら》祭祀《さいし》《まつりはらえ》をつとめとす

かなしきかなやこのごろの
和国の道俗みなともに
仏教の威儀をことゝして
天地の鬼神を尊敬す

（「愚禿悲歎述懐」、『定本』2二一一、二一三頁）

鬼神崇拝に対し、親鸞は二経から二文を引用して批判を試みる。

涅槃経にのたまはく。仏に帰依せんものは、つゐにまたその余《よ》のもろ〳〵の天神に帰依せざれ。

（岩波文庫『教行信証』、「化身土」巻、三八九頁）

般舟《はんじゆ》三昧経にのたまはく。優婆夷《うばゐ》〔在家の女の信者〕、この三昧をきゝて学せんと欲せば、みづから仏に帰命し、法に帰命し、比丘僧に帰命せよ。余道《よだう》につかふることをえざれ。天を拝《はい》することをえざれ。鬼神をまつることをえざれ。吉良日《きちりやうにち》〔縁起のよい日〕をみることをえざれ。

（同前）

では、なぜ、仏教以外の諸天神に帰依してはならないのか。親鸞は、その答えを、「起信論』から引用する。

外道の所有の三昧は、みな見愛我慢の心をはなれず。世間の名利恭敬に貪著《とむぢゃく》するがゆへなり。（同前、四二六―四二七頁）

仏教にあらざる教えは、つまるところ、祈福攘災の教えである。そして、福を祈り災をはらおうとする心の底には、さまざまな欲望がうずまいている。単に祈福攘災のみをもとめる精神は、宗教に似て非なる、欲望の投影にしかすぎない。宗教は、人間の欲望の投影ではない。欲望の醜さ、矛盾、絶望から宗教は出発する。たしかに、見愛我慢の心、世間の名利恭敬に執着する心は、人間の世の常であり、凡夫のいつわらざる姿である。しかし、それを凡夫の哀しみとうけとめ、それからの解放をのぞむか、欲望の維持増大のために神に祈るかでは、もとめる世界において、百八十度の相違が生ずる。親鸞によれば、外道に従い、鬼神を祀ることに熱心であるのは、自己の内なる欲望に目をつぶり、快楽を貪る振舞と考えられたのである。

また、親鸞は、拝するところの諸々の天神鬼神も、もとは釈尊が、仏法の護持養育を託された神々であって、その神を主とし、仏教を従とすることは、本末転倒もはなはだしい、と『大方等大集経』から様々な引文を用いて、余神帰依の非を説いている。あるいは、出家とはいかなる存在であるかを顧みることにより、鬼神崇拝の非を説いてもいる。

菩薩戒経にのたまはく。出家のひとの法は、国王にむかひて礼拝せず。父母にむかひて礼拝せず。六親につかへず。鬼神を礼せず。

（岩波文庫『教行信証』、「化身土」巻、四二四頁）

出家者は、国王はもちろん、父母、親族をも拝むということがない。それほどに価値ある存在である。それが、鬼神を礼拝してよいものであろうか。それは、出家者が、自らその価値を否定する行為となってしまうではないか。

老荘思想、道教に対しては、親鸞はどのような批判を試みているのであろうか。親鸞がその批判のために引用する書物は、『弁正論』である。この書物は、中国での、儒道二教の仏教批判に対する仏教側からの反批判の書であり、親鸞がこの事を引用した理由には、日本仏教の課題、とりわけ排仏論の根拠を、中国の思想史にまでさかのぼって明らかにしようとする点があったと考えられる。老荘の思想と道教とはただちにつながらないし、この書で老荘思想の特色としてのべられていることは、必ずしも老荘のものというより、儒教のものとみる方がよいなど、疎漏な点は少なくない。だが、仏教が中国に入るにあたり、儒その術語の多くを道家の用語によって翻訳していること（たとえば、仏陀は大覚、菩提は大道、涅槃は無為と訳されている）、そのために、両者には強い緊張関係が生じ、道家および道教が排仏論の根拠となっていることについては、正確な把握が行なわれている。とりわけ、親鸞が、この書に注目したのは、さきにものべたように、そこに排仏論の典型をみとめ、かつ、その排仏論の論拠のむなしさを発見したからではないか。たとえば、親鸞は、『弁正論』から次のような一節を引用している。

仏教は、釈尊の伝記に典型的にみられるように、解脱のためには家を捨て、国を捨てるという不孝、不仁をあえて行なっている。また、阿闍世王は、父を殺害しながら、回心すれば罪にならぬとされ、提婆達多は、従兄の釈尊を射てもなお罪にならぬとされている。このような教えによって、世間の人々が導かれるならば、悪は増長するばかりで、どうして善を生み出すことができるというのであるか。このような批判に対し、『弁正論』は、儒家や道家の思想は、しょせん、「世間の善」を説くことにとどまるものであり、仏教は、「世間の善」のもつ矛盾に着眼し、その矛盾の克服のために世間を出るのである、と答えている。そしてさらに筆をすすめ、次のようにのべる。たとえば、孝といい仁といっても、つまるところ、人情に従って怨親を分けているだけではないか。これに比べると、仏教では、人間は、久遠の昔から六道を輪廻し、互いに父母とならないことはないと考えている。また、人間の生死は、三界にわたって変転しているものであるから、三界の有情とはみな深いかかわりをもっている。このような人間のあり方からいえば、だれとは親しくし、だれとは怨を結ぶという区別は意味をもたない。むしろ、敵と味方が、しばしば朋友となり導きあうことがあり、また、友人同士が、しばしば敵と味方にわかれる、というのが現実の人間関係である。このような道理を知るために、沙門は、世俗の生活を捨て、出家の身となって、怨親平等の世界に入っていくのである。このようにして、「普く正しき心を行じて普く親き志を等しくす」るのが仏教である。仁や孝に拘泥するのは、いまだ、怨親平等の世界を知らざるものの言ではないか（『弁正論』第十異喩から）。

孝や忠、仁という世間的倫理の立場から、仏教の出世間性を非難する論法は、中国ではもちろん、日本でも盛んに行なわれ（たとえば、時代を下れば、林羅山の排仏論も同じ内容である）、それ自体は陳腐で、互いにかみあうところの少ない議論である。そして、親鸞の心をとらえたのは、このような排仏論それ自体でなく、それに対する反批判の根拠としてのべられている「怨親平等の世界」であった。『弁正論』ののべるところを、もう一度引用してみる。

仏経にいはく、識体六趣に輪廻す、父母にあらざることなし。生死三界に変易《へんやく》す、たれか怨親《おんしん》をわきまへん。またいはく、無明慧眼《ゑげん》をおほふ、いまだ生死のなかにゆかず。ゆきたりてなすところさらにたがひに父子たり。怨親しばしば知識たり、知識しば〱

怨親たり。こゝをもて沙門、俗をすてゝ真におもむく、庶類を天属にひとしくす。

（岩波文庫『教行信証』、「化身土」巻、四三四頁）

右の一節は、『歎異抄』の次の一節と深くつながっているといえないであろうか。

親鸞は、父母の孝養のためにとて、一返にても念仏まうしたること、いまださふらはず。そのゆへは、一切の有情は、みなもて、世々生々の父母兄弟なり。いづれも〱、この順次生に仏になりて、助《たすけ》さふらふべきなり。

（岩波書店版『日本古典文学大系』82、一九五頁）

このように、中国の似非仏教思想に対する親鸞の批判は、さきにのべた言葉でいえば、倫理の立場から宗教の世界を非難することへの強い抗議ということもできよう。

また、親鸞の道教への深い関心は、それが当時の日本社会において、無視しがたい勢力をもっていたことによる。下出《しもで》積與《せきよ》の研究によると、教団としての道教は、そのままでは日本に伝わることはなかったが、その医方、方術の浸透は著しいものがあったといわれる（『道教――その行動と思想』）。医方とは、不老長生のための薬の服餌等をさす（道教の医術は、疾病の治療を目的とはしない）。また、方術には、禁呪（まじない）と符籙（おふだ）の二種がある。

唐の律令には、僧侶と道士に対する規定を設けた「道僧格」があるが、日本の律令では、「僧尼令」だけである。しかし、その中で、官僧が道術を行なうことはかたく禁止されており、もしその禁を破れば、僧尼にとってもっとも重罪である還俗に処すとされている。このような禁止事項があることは、逆に、道術が、仏僧によって行なわれていた証拠と考えられる。実際、さかのぼれば、古く天平元年（七二九）には、「仏法に名を藉りてその実は異端の幻術で厭魅呪詛したり書符封印や合薬造毒などの道術を行なっている」（同前）ことをうれえる勅が出されている。このような状況は、親鸞の、「外儀は仏教のすがたにて、内心外道を帰敬せり」という悲歎を彷彿とさせるものといえよう。

また、道教は、日本では、神道の一部や陰陽道となって展開されている。下出積與は、中国では、陰陽思想はあっても陰陽道はなかったとし、奈良時代から平安時代にかけての陰陽道の成立は、日本独自の現象とみている（同前）。そして、陰陽道は、よく知られているように、天文や暦、卜筮《ぼくぜい》、さらに方角、地相の吉凶にかかわり、祈福攘災を目的としている。実際には、日月星辰の運行と十干十二支を組み合わせ、吉凶禍福を弁じ、それにより、歳月、日時、方位、一身、一事の上に実に繁雑な禁忌を設け、人間万般の行動を律したのである（中村元監修『新・仏教辞典』）。この陰陽道になずむ人々こそ、親鸞が「偽《ぎ》の仏弟子」として批判した、三番目の、吉凶卜占により吉良日（縁起のよい日）をみる人々にほかならない。そして、「僧尼令」においては、吉凶卜相することもまた、すべて還俗に処せられることになっている（岩波書店版『日本思想大系』3、二一六頁）。吉凶を卜相することは、仏教にあらざる呪術であったのである。親鸞は、『本願薬師経』から、吉凶卜占になずむものは、倒見の徒であって、ついに横死する、という警告の一文を引用している。

このように、親鸞の「偽の仏弟子」批判は、思想的には、儒教的な倫理主義と、道教的な欲望主義をめぐってなされたということができよう。

方便の救済論（第十九願と第二十願）

では、仮や偽《ぎ》の仏弟子は、絶対他力によっては救われないのであろうか。彼等は、真の仏弟子にいたることのできない人々として、放置されてしまうのであろうか。結論からいえば、それは否である。彼等もまた、弥陀の救済にあずかるのである。彼等がいかにして救われていくのか、その筋道を明らかにすることが、方便の思惟にほかならない。まず、仮の仏弟子に対する救済論からみてみる。

親鸞によれば、仮の仏弟子、とりわけ、半他力半自力の問題点は、彼等が、念仏一筋に生きるのではなく、念仏以外の諸行を修め、その功徳によって浄土往生を願うところにあった。だが、弥陀の四十八の誓願を仔細にみると、この種の人々のためにすでに救いの手がさしのべられていることがわかる。それは、第十九願である。

たとい、われ仏となるをえんとき、十方の衆生、菩提心を発《おこ》し、もろもろの功徳を修め、至心に願を発《おこ》して、わが国に生れんと欲せば、寿《いのち》の終る時に臨みて、(われ)仮令《もし》、大衆とともに囲繞《いにょう》して、その人の前に現ぜずんば、正覚を取らじ。

(岩波文庫『浄土三部経』上、一三六頁)

右の、「もろもろの功徳を修め」の一節については、親鸞は、同じ内容を示す、『悲華経』の一文を重ねて引用し、功徳とは善根であることをわざわざ確認している(岩波文庫『教行信証』、「化身土」巻、三二六頁)。親鸞は、そのことによって、第十九願が、念仏以外の諸行を修めることにより、浄土往生を願う人々を救う根拠となっていることを強調する。

しかし、いままでのべてきたように、専修念仏においては、第十八願に順じて念仏することが、もっとも重要な点であった筈である。それと、第十九願に裏づけられた諸行による往生とは、どのような関係にあるのか。そもそも、法然以前の浄土教においては、念仏を含め、諸善を修め、その功徳を回向することで、浄土往生を願うことが、浄土門の正統であった。また、実際、『大無量寿経』はじめ、浄土教で重視される経典のいずれも、普通に読めば、浄土往生のためには諸善を修めよ、と説いている。また、法然以前の浄土教では、第十八願よりも第十九願が重視されていたのはまぎれもない事実である。経典に諸行が勧められ、四十八願中に第十九願のある矛盾をどのように理解すればよいのか。

この矛盾を克服するために、親鸞は独自の思惟をめぐらす。それによると、浄土の経典には、表面の意味と、裏の意味、あるいは、顕わな意味と秘密の意味があるのであり、諸善を修めよ、ということは、表面の、顕わな意味に属する。その裏の、秘密の意味は、第十八願を説くことにある。では、なぜ、表裏二重にわたる教えが説かれているのか。それこそ、方便による。表の、あるいは顕わな意味は、凡夫の風情に即して説かれた「異の方便」（特殊な方便）（岩波文庫『教行信証』、「化身土」巻、三四三頁）である。もし、ひとえに、自身の「末代罪濁の凡夫」性に目をひらくならば、経に説く裏の、秘密の救済に容易に気づくことができるはずである。「もろもろの功徳を修」することを選んだものは、やがて、そのことの不可能性に気づき、念仏一筋の生活に入ることができる。方便にたすけられて、真実に入れ、というのが親鸞の主張である。

仮の仏弟子がもつ問題の第二は、彼等が、弥陀の名号でさえもおのれの善根としてはばからぬ主我意識にある。再び引用すれば、次の一文に、その問題性は尽きている。

おほよそ大小聖人、一切善人、本願の嘉号をもておのれが善根とするがゆへに、信を生ずることあたはず。仏智をさとらず。かの因を建立せること〔法蔵菩薩が四十八願の実現を誓って浄土を建立したこと〕を了知することあたはざるがゆへに、報土〔真実の浄土〕にいることなきなり。

（岩波文庫『教行信証』、「化身土」巻、三六九頁）

弥陀の名号（嘉号）さえも、自己の努力によって勝ちとることのできる成果とみなしてはばからぬ人間のエゴイズム。しかし、このようなエゴイズムに対しても、すでに弥陀は方便の救済をさしのべている。それは、四十八願中の第二十願である。

たとい、われ仏となるをえんとき、十方の衆生、わが名号を聞きて、念をわが国に係《か》け、（さらに）もろもろの徳本を植えて、（それらを）至心に廻向して、わが国に生れんと欲《おも》わんに、（この願い）果遂せずんば、正覚を取らじ。

（岩波文庫『浄土三部経』上、一三六頁）

右の、第二十願の文中の、「念をわが国に係《か》け」るとは、浄土に思いを寄せることである。「徳本」とは、通常、善根のことで、すぐれた結果を生む本となる功徳を積むことをさす。しかし、親鸞は、この「徳本」を如来の徳号、つまり名号と考え、「もろもろの徳本を植える」とは、往生のために自力で名号をとなえることと解釈したのである。親鸞は、第二十願についての自己の解釈をさらに明確にするために、『大無量寿経』の異訳である『無量寿如来会』を引用する。

もしわれ成仏せんに、無量国のなかの所有の衆生《しょう》、わが名をとかんをきゝて、もておのれが善根として極楽に廻向せん。もしむまれずといはゞ菩提をとらじ。

（岩波文庫『教行信証』、「化身土」巻、三五四―三五五頁）

第二十願を、名号でさえも自己の善根とする、人間のエゴイズムに対する方便の救いとみなす親鸞の解釈には、『大無量寿経』の文よりも、右の、『無量寿如来会』の異訳の方が、より適切である。異訳では、さきに、明らかに完全に否定されていた「本願の嘉号をもておのれが善根とする」という行為が、むしろ全面的に肯定され、弥陀の名号をおのれが善根として極楽に回向することこそが、浄土往生の要件になっている。親鸞が、しばしば肝心な点において用いる異訳の効果が、もっとも端的にあらわれた好例の一つである。

しかし、それはあくまでも方便である。その証拠に、彼等が浄土に生まれるといっても、それは、第十九願と同じように、化土往生である。化土とはにせの浄土であり、真の浄土往生に比べ、さまざまな不便がある。親鸞は、我が力で念仏に励む人々に、第二十願の救いがあることを教えつつも、それがなお、化土往生にとどまることをあわせて説き、それが方便の救済であることを強調する。

ところで、第十九願や第二十願を以て、方便の救済論を展開しようとした親鸞には、これに第十八願を加えることで、絶対他力にいたる宗教意識に三つの類型があることを示そうとする意図があったと考えられる。それは、古来、三願転入の告白として知られるものであるが、それによると、親鸞の信心は、第十九願的世界から第二十願の世界へ、さらに、そこから第十八願の世界へと、三段階にわたって転じてきたとされる。その三段階とは、要約すれば、次のようにいえる。一は、念仏以外の諸善を種々に実践し、その功徳によって、浄土往生を願う段階、二つは、自己の煩悩を自覚し、諸善の実践の不可能性にめざめ、残された唯一の方法として、念仏をえらび、念仏に励むことによって、浄土往生をかちとろうとする段階、三つは、如来の誓願を信じ、それに一切を委せきって念仏する段階、である。そして、救済原理としては、一に対しては第十九願が、二に対しては第二十願、三には第十八願が考えられている。言葉をかえれば、第十九願も第二十願も、第十八願の救済へのステップとしてのみ、その意味が認められているのである。それは、まさしく、次々と転入せしめられていかねばならない必然的つながりのなかにある。

菩薩みな摂取せむ

親鸞が、「方便化身土」一巻を著わし、方便による救済論を展開したのは、ひとえに偽《ぎ》や仮《け》の仏弟子のためである。絶対他力に立つとき、そこから遠い人々がいかに多いことか。その思いが、この一巻を書かしめた。親鸞ののべる思いの一端をみてみる。

しかるに濁世《ぢよくせ》の群萠《ぐんまう》、穢悪《ゑあく》の含識〔煩悩に穢された悪重き人々〕、いまし九十五種の邪道をいでゝ、半満権実の法門〔半は小乗、満は大乗、権は方便教、実は真実教〕にいるといへども、真なるものははなはだもてかたく、実なるものははなはだもてまれなり。偽なるものははなはだもておほく、虚《こ》なるものははなはだもてしげし。

（岩波文庫『教行信証』、「化身土」巻、三二五―三二六頁）

外道を出て仏教に帰依しても、阿弥陀如来の本願を理解し、それに心身を委ねる「真なる者」はまことに少なく、反対に「偽」や「虚」なるものがきわめて多い。だが、親鸞によれば、実は、仏陀はこの現実のあることをあらかじめ察知し、それぞれに、方便の手だ

てを用意されているとする。その一つは、

こゝをもて釈迦牟尼仏、福徳蔵を顕説して群生海《ぐんじょうかい》を誘引し、阿弥陀如来、もと誓願をおこしてあまねく諸有《しょう》海《かい》を化したまふ。（同前、三二六頁）

とのべる「福徳蔵」の教えである。福徳蔵とは、第十九願に誓うところの、諸善修行による浄土往生の教えのことである。そして、もう一つは、

しかればすなはち釈迦牟尼仏は、功徳蔵を開演して十方濁世を勧化したまふ。阿弥陀如来は、もと果遂《くわすい》のちかひをおこして、諸有の群生海を悲引したまふ。

（同前、三五三―三五四頁）

とのべるところの「功徳蔵」の教えである。功徳蔵とは、あらゆる功徳を備えている弥陀の名号の力による救いの教えである。

このように、仮《け》や偽《ぎ》の仏弟子に対しては、彼等を真実の浄土に入らしめるための手だてが、いろいろ勘案されているが、それもとはといえば、方便が、現実に応じて現実を救いとろうとする仏の智恵の別名だからである。仏の智恵と慈悲には限界がない。

いままで、主に、半他力半自力の人々に対する救済を紹介してきたが、以下、自力の人々、外道の人々に対する方便論にもふれておく。

親鸞によれば、聖道門、自力の人々にも、救済の手だてはすでに及んでいるとする。それは、『末法燈明記』の、「名字の比丘」を「世の真宝」とせよ、という教えの中に示唆されている。

もし衆生ありて、わが法のために剃除鬚髪し、袈裟を被服せん。たとひ戒をたもたずとも、かれらはこと〲くすでに涅槃の印のために印せらるゝなり。

(同前、三八六頁。四二〇頁にも再引)

では、天神鬼神をあがめ、祭祀に心をくだき、日の吉凶に心を悩ます「偽の仏弟子」には、親鸞は、どのような手だてを設けているのか。

一つは、天神も鬼神も、星宿も魔も暦日も、そのおこりは、「衆生を憐愍せしがゆへに、正法のともしびを熾《し》然《ねん》ならしむ」(同前、四〇五頁)ところにあったのであり、そのもとの意味に早くめざめよと説く。また、祭祀については、

しかるに祭祀の法は、天竺には韋《ゐ》陀《だ》、支那祀《し》典《てん》といへり。すでにいまだ世にのがれず。

真を論ずれば俗をこしら〔誘〕ふる権方《ごんはう》なり。　（同前、四四二頁）

と、先祖祭りをはじめとする神々の祀りも、「俗をこしらふる」方便であって、一日も早くその方便性にめざめよ、と説く。

縁なき衆生は度しがたい。しかし、いかなる形にせよ、一度仏教と結縁したものは、必ず涅槃に入らしめられる。それが仏教の慈悲である。親鸞が、あれほどまでに批判した聖道門や外道につかえる人々に対しても、最終的には方便の論理をつかって救済しようと試みるのも、仏教の慈悲の精神にもとづく。それこそがまた、大乗仏教の菩薩道の発露なのである。その意味で、「方便化身土」巻が次の一文で結ばれているのは、象徴的であろう。

もし菩薩種々の行を修行するをみて、善不善の心をおこすことあれども、菩薩みな摂取す。　（同前、四四七頁）

右の一文はまた、『教行信証』全体の結文でもある。それは、『華厳経』からの引用である。その文意は、大乗の菩薩は、仏教を謗るにせよ、仏教に好意をよせるにせよ、およそ一度仏教に近づき親しんだものは、必ず摂取して涅槃に入らしめる、ということにある。源信もまた、その『往生要集』を、この一文で結んでいる。おそらく、親鸞は、この結び方を『往生要集』から学んだのであろう。それにつけても、日本仏教は、平安時代から鎌倉時代にかけて、仏教本来が教えるもっとも普遍的な精神に忠実であろうとしたことは忘れてはならない。善、不善を問わず、また疑いや誹謗を縁として、大乗仏教の真実を伝えようとする気魄が、親鸞の場合にも横溢している。

では、親鸞が、なぜ方便の救済論に意を注ぐにいたったかについて、もう少し他の視点から考えてみたい。

体制化の時代

親鸞が方便の救済論を展開した直接の理由は、真実ならざる教えに生きている人々の存在であり、彼等を真実の教えに導くためにはどうすればよいか、という伝道上の要請にある。他方、間接的には、親鸞の生きた時代が、真実意識を格別に尖鋭化する一面をもっていたということ、親鸞の生活形態が、定住的であるより漂泊的であり、両者における宗教意識に葛藤があったこと、が、方便論を生み出した理由に数えあげられるのではなかろうか。

十二世紀から十三世紀後半にかけて、鎌倉仏教が展開していく背景には、三段階にわたる社会の変化があったといわれる（黒田俊雄著『体系・日本歴史』2「荘園制社会」）。第一段階は、院政期から承久の乱以前までの間で、「荘園制社会の成立と展開にともなう激動と矛盾の発展」の時代とされる。法然、栄西、慈円、貞慶、俊芿《しゅんじょう》、高弁らの時代である。第二は、十三世紀の前半期で、「在地領主層＝武士が貴族への従属的地位から相対的に向上して承久の乱以後の体制的安定期へ到達した時期」で、親鸞や道元らの時代である。第三段階は、十三世紀の後半期で、「荘園制社会の諸矛盾がようやく尖鋭化しはじめ、より強力な封建支配への再編の動きが萌した時期」で、一遍、日蓮、叡尊、忍性《にんしょう》、蘭溪道隆《らんけいどうりゅう》、無学祖元らの活躍した時代である。

このようにみてくると、法然と親鸞とでは、すでにその背景である時代相に明白なちがいがあることがわかる。そのちがいは、鎌倉幕府の歴史でいえば、源頼朝と北条泰時に比較しうるものであり、前者の時代が、乱世的気分をのこしているとすれば、後者は、武家の基本法である「貞永式目」がつくられる、安定した時代であったということができる。したがって、法然と親鸞の時代とでは、求道の質も異なっているのである。黒田俊雄によると、法然の時代は、「武士の熾烈な要求や苦悩とか保元以来の激動と合戦による盛者必衰の無常観」にもとづいて出離の道が求められたのに対し、親鸞の時代は、「荘園制社会の体制に内在する基本的な矛盾にもとづく求道心」が中心となっている（同前）。

たしかに、親鸞は、無常観にはほとんど関心を示していない。親鸞の曾孫の子、存覚も、親鸞には、「かつて穢土をいとへとも、無常を観ぜよともあそばされたる一文なし」（『浄土見聞集』）とのべている。親鸞の求道は、無常に促されているよりは、人間のもつ煩悩、悪業によっておしすすめられている。それは、思想史的にいえば、親鸞の求道が、「『平家物語』が語る無常観の終着点を出発点として展開されている」（森竜吉著『親鸞――その思想史』）ことになろう。

では、相対的安定期における基本的矛盾とは、いかなるものであったのか。その手がかりとして、宝治元年（一二四七）の合戦をとりあげてみよう。この合戦は、長い間鎌倉幕府を支えてきた御家人のうちで、最後に生きのこった三浦氏が滅された合戦である。この合戦により、御家人相互の間に存在していた暗黙の連帯が破綻し、御家人層が一挙に没落、かわって群小の領主層が擡頭してくる。そして、新興の領主層の相互牽制によって、体制の安定がはかられる時代のはじまりが告げられる。つまり、これ以後、体制化の時代が進行することになるのである。体制化とは、体制を構成する諸集団や機構、制度が、その本来の目的にむかって機能することをやめ、ひたすら現状の維持、固定化にむかう状態にほかならない。そして、このような体制化の進行にともなう矛盾の一つが、人間の孤立化ではなかろうか。そこでは、体制内における自己保身が第一の目標となり、正義や真実に忠実であろうとすればするほど孤立化していく事態が生じてくるのである。

信仰の世界でも、法然が教団を維持していた時代は、対外的な圧迫排斥は強かったが、内部的には、念仏を唱えているということだけで互いに信じあうことができた。しかし、親鸞の時代になってくると、同じ念仏者でありながら、同朋を幕府に売るものもあらわれてくる。念仏に忠実に生きれば生きるほど、孤立せざるをえない状況が生じてくる。法然の時代は、自己が救われたいという願いが第一であったが、親鸞の時代では、存在の真実性とは何か、人間にとって真実とはなにか、が問われてくる。宗教意識からいえば、生死無常から世間虚仮への変化である。

このような中で、親鸞においては、凡夫という言葉が特別の意味をもってせまってくる。凡夫は、普通は、仏教の真理をみることのできない愚か者の意味である。だが、別々に生まれるという意味の、異生という別訳もある。それは、ばらばらに疎外されて生まれてきた人間の在り様をさす。凡夫は、単に、愚か者という以上に、ばらばらに生きていかざるをえない存在なのである。それは、我を張って生きていく以上当然である。我は、他の我を服従させるか、それに屈服するか、そうでなければ、互いに我をおかしあうことを避け、つかずはなれずに生きていくしかない。このような我のあり方に、さらに体制化という時代苦が加われば、人は孤独を痛感せざるをえない。親鸞が凡夫という言葉に特別の感情を寄せていることも道理ではなかろうか。

このように、体制化の進行する時代に生きた親鸞にとって、真実を求めれば求めるほど、孤立化を味わわねばならなかった。だが、孤立化し、尖鋭化した真実意識は、同時に、真実ならざるありように対しても強い関心をもたざるをえない。そこに、親鸞の宗教意識には、容易に埋めがたい、一種の亀裂状態が生ずることになったといってよい。あるいは、そこに、真実と非真実の両者を統合する新しい原理が求められる素地が生まれた、といいかえてもよい。このようにして見出されたのが、方便の救済論といえるのではなかろうか。方便は、真実意識の深化をまってはじめて生じてくるものである。そして、このような体制化の現実を、関東にあって、日常感覚のうちにとらえていた親鸞であればこそ、方便論を展開することができたのであり、法然の他の門弟にこのような発想が生じなかったのは、彼等が体制化の現実を知るところが少なかったからではないか。私は、親鸞の方便論に、時代苦の刻印をみるものである。

漂泊の人・親鸞

親鸞は漂泊の人であった。とくに越後流罪以降は、漂泊の聖としての生活を送ったといってよい。漂泊の聖《ひじり》とは、宗教的漂泊民の一種である。そして、親鸞の救済論を考えるとき、親鸞が漂泊の境涯で一生を終えたということは、深い意味をもつ。

日本の社会は、昔から農耕民を中心とする定住社会であったと考えられてきたが、それは近世以降のことであって、時代をさかのぼるにしたがい、定住民以外に、さまざまな漂泊民がいたのである。その中には、狩猟を生業とする山の民や、特殊な技術をもつ職人、それに遊芸や宗教をもちあるく人々がふくまれている。このような漂泊民の存在にはじめて学問的関心をよせたのは、柳田國男である。柳田國男は、漂泊民が、農耕を主とする定着民とは異なる独自の文化を伝承し、それが、日本文化にユニークな奥行きを与えていることを主張した。

そもそも、柳田國男の民俗学は、「山の民」の研究から出発している。明治四十一年、九州に旅行した柳田國男は、宮崎県椎葉村に入り、狩猟に関する珍しい言葉や習慣に接した。このときの驚きが、のちに『後狩詞記《のちのかりことばのき》』としてまとめられ出版されるが、これこそ、日本民俗学誕生の記念碑となることは周知である。柳田國男は、山の民が、農民とはあまりにも異なる生活様式と文化をもつことから、彼等は人種的にも異なるのではないか、という仮説までたてるに及び、同じ民俗学の雄、南方熊楠から叱責されたほど、その研究に熱中した。そののち、柳田國男の関心は、聖《ひじり》と称される宗教的漂泊民の研究へとかわり、序章でふれた「毛坊主考」や「俗聖沿革」といった名論文が生まれる。そして、さらに、柳田國男の研究は、農耕民を中心とする定着民の宗教、文化の分析を中心とするものに変わってしまうが、漂泊民と農民の関係については、鋭い指摘をのこしている。

それは、米づくりにおける不定期労働者の存在への注目である。米作りは、他の産業と異なり、農繁期にだけ、おびただしい労力を必要とするのが特徴である。そのため、「一年中の或期間のみ入用な労力を、強ひて住ませて置」くのが普通となり、その結果、「一つ違へばすぐに非人の境涯に落ちる程度の貧民」が再生産されるのが、米作りの宿命となる(「日本農民史」、『定本柳田國男集』16、二二二頁)。事実、ところによっては、農閑期には、一家をあげて他国へ乞食にでかけるところも少なくはなかったのである。つまり、弥生時代以来、水稲耕作を中心とする共同体は、定住民と、漂泊すれすれの季節労務者という二重構造によって、はじめてその存続を維持することができたと考えられるのである。言葉を重ねれば、村々の定住民は、漂泊民の協力を得ることによってはじめて、その共同体の維持、再生産が可能であったのであり、時代が中世にさかのぼればさかのぼるほど、両者の依存度はたかくなっていると考えられる。

いま、親鸞を漂泊の人というとき、それは、水田耕作を支える季節労務者ではなく、柳田國男の言葉でいえばウカレビト、宗教的漂泊民を意味する。柳田國男によると、このような「遊民浪人」が増加するのは、律令の土地制度が確立したころからであり、とくに、延喜・天暦年間には甚しくなったという。そして、以後、「例へば阿弥陀の聖など謂つて、人の信心を利用して骨折らずに食はんとする群は、空也から一遍へ、法然から親鸞へと増加して行くばかりであつた」(同前、二一九頁)のである。関東に入った親鸞が、どのような人間として地元の人々に受け入れられたか、確かなことはわからない。しかし、研究者によると、奈良時代以来の民間仏教者、聖《ひじり》として受容されていたという。それは、親鸞にのみ当初から「聖人」としるし、「上人」とかきしるさなかったところにもあらわれており、この呼称には、「言はば民間仏教史を流れたヒジリ、特に俗聖的性格を継承してゐることを示すものではあるまいか」（堀一郎著『我が国民間信仰史の研究』㈡、一二頁）と考えられている。また、親鸞のまわりには、勧進聖たちがあつまっており、親鸞自身、あるいは高弟たちも、善光寺の勧進聖、法願《ほうがん》であったのではないか、という見解もある（五来重編『仏教文学』等）。いずれにせよ、親鸞は、村々を経めぐる聖《ひじり》とみなされていた一面を強くもっていたことは否定できない。

　そのことを示す恰好の証拠は、親鸞の肖像画である。とくに、現在の愛知県安城市に伝えられてきた「安城御影」（国宝）は重要である。これは、親鸞八十三歳のときの寿像で、筆者は朝円とされ、「嘯《うそぶき》の御影」の別名がある。この肖像画について詳しい記録を残した存覚によれば、「ウソヲフカセマシマス御口也」とあり、口をつぼめて息を強く吹く形を示している。親鸞自身、この肖像画が気に入り、白髪の数までも違わないとその出来栄を賞賛したという。とくに、この肖像画で注目されるのは、桑の火桶、猫皮の草履、猫皮を巻いた桑の鹿杖、狸の皮の敷物という添物である。この肖像画について綿密な考証をくわえた宮崎円遵は、このような、僧侶に特異な調度ではなく、生活臭のきわめてつよい品々を書きそえた高僧の肖像は大変珍しいとし、「杖と草履は行脚を、火桶は静座を意味」し、それは、「二十年の東国の遊化と帰京後における著述の生活」を象徴するものとしている（『初期真宗の研究』、三〇一頁）。

右の持物について、存覚がしるすところによると、

一、御座ハ大文、御敷皮ヲ被レ用　狸皮
一、御草履ハ猫ノ皮
一、御鹿杖ハ桑ノ木ノマタフリ也、上ヨリマタフリノ所マデ猫皮ヲ被レ巻

（同前より再引）

とあるが、これらは、古代、中世における民間の宗教家が愛用した持物と共通している。たとえば、皮の着用もその一つである。その顕著な例は、十一世紀はじめに活躍した、皮仙、皮聖、皮聖人とよばれた行円で、彼は、四季を問わず鹿皮一枚を着用し、都で法華信仰を弘めるのにつとめていた（堀一郎著、前掲書、二八頁）。当時の社会では、皮着用には独自の象徴的意味がこめられていた。というのも、強力な霊力を保持していた民間宗教家が、山の民の出身であることが多く、彼等は、山民の生業である狩猟者の生活様式を身につけており、皮着用もその一つであったからである。もともと、定着民にとっては、山民

を中心とする漂泊民は、珍しい情報、技術をもたらすものとして好奇の目で迎えられ、ときには、不思議な霊力の保持者として遇せられることが多かった。折口信夫は、見知らぬ世界から訪れてくる賓客、とくに定着民とは異なる神々を奉じて訪れる宗教的漂泊民を根拠に、マレビトの信仰を明らかにしたが、皮聖たちもまた、当時の社会では、まぎれもなくマレビトであったと考えられる。都の人々は、皮聖を、自分たちとは異なる世界からたちあらわれた霊験あらたかな人物として尊崇したのである。そして、このような山民出身の宗教家がもつ意味は大変深く、律令国家の解体期に、その国家によって悪とされていた所業が次第に肯定され、ついに、殺生も往生にはさわりがないとされるにいたるが、その背後には、狩猟を生業とする皮聖たちの役割があったと考えられる（桜井好朗「閑居と漂泊」、『国文学　解釈と鑑賞』一九七二年十一月号）。

また、その杖も漂泊の聖の伝統を示す持物である。古代、中世の民間宗教家たちは、奈良、比叡山の官寺仏教に一度身をおきながら、そこから遁世したものと、聖、沙弥とよばれる遊行する民間宗教家の二種があったが、後者は、さかのぼれば仏教以前の原始宗教者につらなっていく。そして、鹿角杖こそそのシンボルであり、それは、もと神を招き降ろす道具であったのである（五来重・今東光・小林剛共著『六波羅蜜寺——空也の寺』）。つまり、叉木の杖は、それを地面に立て、叉に「わさ」をかけるのである。「わさ」とは「輪になった幣《ぬさ》」で、正月の門松につける輪注連《わじめ》もその一つである（同前、一五三頁）。このように、マタフリ（杈椏）の杖は、伝統的な民間宗教家に欠くべからざる持物であったのである。『梁塵秘抄』には、「聖《ひじり》の好むもの、木の節《ふし》鹿角《わさづの》鹿の皮、蓑笠錫杖木欒子《もくれんじ》、火打笥《ひうちけ》岩屋《いはや》の苔《こけ》の衣《ころも》」（岩波書店版『日本古典文学大系』73、三九八頁）とうたわれているが、皮や鹿角杖は、漂泊の宗教家のシンボルであったのである。安城御影にえがかれている火桶も、『梁塵秘抄』にいうところの、火打笥（火打石、火打金などを入れておく器）と関係があるのではないか。

　このように、関東における親鸞は、その説く内容とは別に、漂泊の聖として、村々をまわり、化導につとめていたと考えられる。

反村落共同体的性格

　関東における親鸞や、その門弟たちの言動には、村の生活を積極的に維持、発展させるというより、それを無視する要素が少なくない。

　茨城県水戸市飯富町の真仏寺は、関東における親鸞の門弟たちの旧跡の一つで、そこには、法然作と称する『一向専修之七箇条問答』が伝えられている。この『問答』は、各地でひろく使用されたとみえ、『昭和新修法然上人全集』にも、大阪府中河内郡の光徳寺所蔵の一本があげられている（同書、一一五五頁）。そして、この『問答』は、歴史的には室町時代に成立したものと考えられており、その内容を、ただちに親鸞とその門弟たちの言動にあてはめることは無謀であるが、専修念仏徒にとって、何がもっとも重大な関心事であったかを知る手がかりにはなる。

それによると、第一条には、「諸神ヲ信ゼザルコト」、第二条には、「モロ〳〵ノ忌ケガレヲイマザルコト」、第三条には、「親ノ孝養ニ墓堂卒都婆ヲタテザルコト」、第四条には、「日月ノ吉凶ヲイマザルコト」があげられている。もともと、弥陀一仏をたのむ専修念仏は、諸神諸仏を拝することにはじめから消極的であった。そして、そのことは、ややもすれば、諸神諸仏を軽視する振舞となり、既成の宗教的権威と、しばしば衝突を繰り返す原因となった。法然の専修念仏を弾劾する『興福寺奏状』においても、「霊神に背く失」があげられている。

このような非難に対応するためにも、法然や親鸞は、過度にわたる諸神諸仏の軽視を、専修念仏の考え方にも反するとして、たびたびいましめている。それによると、弥陀に帰依することが専修念仏者の第一の目的であり、その目的がかなえば、諸神諸仏も、自然に念仏の行者を擁護するのであり、諸神諸仏を軽視することが目的であるような求道は、阿弥陀仏も賛成されないとする（たとえば、「親鸞聖人御消息集」、岩波書店版『日本古典文学大系』82、一五七頁など参照）。

しかし、神祇や諸仏を第一と考える人々からみれば、諸神諸仏を二の次とする専修念仏者は、やはり異端の人と映らざるをえなかった。というのも、中世においては、神祇は、氏や村落という共同体の中核にあり、神々は、彼等を守護する存在としてあがめられていたからである。たとえば、鎌倉幕府の基礎となる「御成敗式目」においても、その劈頭の第一条に、「神社を修理し、祭祀を専らにすべき事」（岩波書店版『日本思想大系』21、八頁）をあげている。その理由は、「神は人の敬ひによつて威を増」すと同時に、「人は神の徳によつて運を添ふ」からである。人間の運命は、神徳に支えられてはじめて展開しうると考えるのは、神が人間を守護する存在だからである。それは、古代以来、日本の神祇に一貫する性格である（有賀喜左衛門は、氏神の由来をたずねる中で、「先祖は元来氏の安泰を守る一種の守護神と考えられる」とし、原田敏明は、「氏神にしても産土神にしても、それは一族または一地方の人々がこぞって崇拝する神であり、その一族または一地方の人々を守護する神であって、その神の性質が、人間神であると自然神であると、これらのことは問題でない」としている。有賀『一つの日本文化論』、原田『日本古代宗教』）。そして、村々においては、これらの神々は、村の秩序を維持発展させることにおいて、その恩恵を垂れるものと考えられていた。そのことは、村々の神の神体が、鏡や剣などではなく、多くの場合、村の掟、仕来り等を書きしるした文書であることからも推測できる。つまり、これらの文書、記録は、村の生活を直接支配するものであり、村落の秩序の源泉であったのである（原田敏明著『村の祭と聖なるもの』)。

このように、村落共同体に欠くべからざる神々に対して、第二義的な位置しか与えない専修念仏は、明らかに、村々に歓迎されるものではなかった。加えて、さきの『問答』の第二条にあたるように、専修念仏教は、死生の忌み（赤、白、黒の三不浄）という、村落共同体を維持していく上でもっとも重要なタブーを無視してはばからぬ傾向をもっていた。もちろん、法然や親鸞が、直接、これらのタブーを積極的に無視せよ、とは説いていない。彼等が説くのは、神祇のときと同じように、あくまでも弥陀一仏への帰依である。しかし、時代を下るにつれ、『問答』にみるように、専修念仏者の証しとして、忌みの無視が積極的に主張されるにいたるのである。たとえば、さきの『問答』においては、垂迹の神に対しては、忌み穢れをさけることが礼儀であるのに、どうして、本地の仏を信ずるという理由だけで、忌みを無視し、神明に背くような行為をあえてするのか、と詰問している。これに対して、作者は、法然に仮託して次のように答えている。およそ、釈迦一代の教えの中に、どこに生死の穢れを忌め、と説かれているか。そのような文は、八万四千の経論のどこにもない、もともと神は、本地である仏を崇むるものを喜ぶので、忌み穢れを忌むことのみを知って、本地である仏を信じないことをかえって罰するのである。両親の死というもっとも重い喪に服していても、神の前で来世のことを祈るならば、神は社壇をおりてその念仏者を守るのである、と。

死生の忌みは、第一章においてものべたように、中世においては、祭祀に参加するものが守るべき単なる習俗というより、神道の根幹にかかわる行為と考えられるようになっていた。大隅和雄によれば、「禁忌の一部に服することが唯一の信仰上の行為」（岩波書店版『日本思想大系』19、解説）となっているのである。しかも、村境に張る注連縄に典型的にみられるように、村外からの悪霊、悪疫を遮断することで、村全体の清浄を保ち、村の安定をはかろうとすることは、水田耕作が技術的に不安定であった中世初期においては、その豊作を呪術的に保証する上できわめて重要なことであった。このような状況にもかかわらず、死生の忌みをあえて無視することは、その村落全体が専修念仏に改宗せぬ以上、異端としての道をえらばざるをえない。

また、父母の孝養（追善供養）に熱心でなかったことも、反村落的性格のあらわれといわねばならない。

親鸞は父母の孝養のためとて、一返にても念仏まうしたること、いまださふらはず

右の一文は、『歎異抄』の有名な一節であるが、法然の語録といわれている中にも、同じ趣旨の一文があり（たとえば、「孝養のために精舎建立のいとなみをなすことなかれ云々」、『昭和新修法然上人全集』、七二六頁）、それは専修念仏者に共通の傾向であったといえる。

神祇の尊崇が、村落の維持に不可欠のものとすれば、父母に対する追善供養は、家の維持に欠くべからざるものといわねばならない。つまり、村落共同体の一員として生きていく以上は、父母に対する追善供養は、どうしても守るべきモラルなのである。親鸞がそれを否定することができたのは、彼が、世俗の倫理から自由であり、普遍的な世界に、生きる根拠を見出していたからである。親鸞の主張は、倫理に属するのではなく、宗教の立場に属する。それは、倫理の立場からすれば、理解しがたい、あるいは認めることのできない発言とうつることは当然である。

また、親鸞は、定住に執着することに消極的であった。親鸞は、関東の門弟にあてた手紙の中で、もし念仏の弾圧がはげしくなり、それに抗しがたいほどになれば、その場所での生活を、縁が尽きたとあきらめて放棄し、他の場所に移住せよとすすめている。

さては念仏のあひだのことによりて、ところせき〔気づまりで住めない〕やうにうけたまはりさふらふ。かへす〴〵こゝろぐるしくさふらふ。詮ずるところ、そのところの縁〔そこに住む縁〕ぞつきさせたまひさふらふらん。〔中略〕そのところの縁つきておはしましさふらはゞ、いづれのところにてもうつらせたまひさふらふておはしますやうに御はからひさふらふべし。

（『親鸞聖人御消息集』、岩波書店版『日本古典文学大系』82、一六四―一六五頁）

親鸞が、簡単に門弟たちに移住をすすめることができたのは、門弟の多くが、若く、その上長男ではなく、二、三男であったということが考えられる。松野純孝によれば、親鸞の根本の弟子となっていた層は、二十歳前後の若い青年たちで、その多くが、二、三男であったという（『親鸞』、三九二―三九三頁）。親鸞自身が、縁にしたがい、縁にもよおされて生きていく漂泊の聖であったことにもよるが、門弟たちの多くが、若く、フロンティアを求めて次々と移住することができたということは、原始真宗教団のあり方を考えるときには忘れてはならぬ点であろう。

以上みてきたように、親鸞の思惟には、既成の村落共同体を、積極的に維持発展させようとする傾向は決して強いとはいえない。その理由は、彼が、まずなによりも出家という境涯から出発していて、世俗の掟や倫理から自由であったということにある。言葉をかえれば、彼が求めたのは、世俗の倫理の世界を超えた、普遍的な救済の世界であり、一言でいえば、魂の共同体であったのである。そして、現実の共同体を超えた、魂の共同体は、一所不住の漂泊の生活に身をおくことにより、それに対する希求が一層激しいものとなるし、また、このような魂の共同体に支えられているが故に、一所不住の生活が可能ともなっていたのである。

問題は、親鸞が、漂泊の人として、魂の共同体のみを念頭に生ききることができなかったという事実にある。その好例は、さきにもふれた、諸神、諸仏を軽んじてはならないといういましめを書きしるした手紙である。

まづ、よろづの仏・菩薩をかるしめまいらせ、よろづの神祇・冥道をあなづりすてたてまつると申事、この事ゆめ〳〵なき事也。〔中略〕仏法をふかく信ずる人おば、天地におはしますよろづの神は、影の形にそえるがごとくして、まもらせ給事にて候へば、念仏を信じたる身にて、天地のかみをすて申さんとおもふ事、ゆめ〳〵なき事也。

（前掲「親鸞聖人御消息集」、一五七—一五八頁）

もし、専修念仏が、柳田國男の明らかにした、水田耕作を支える漂泊民をふくめて、村落共同体から疎外された人々のみを伝道の対象としているのなら、禁忌や神祇の問題も無視することができたはずである。現実の共同体の掟から疎外された人々は、その共同体の約束事にかかずりあうことなく、直ちに、魂の共同体に参加することができたにちがいない。だが、実際は、禁忌や神祇の問題を無視することができなくなっている。そのことは、親鸞の伝道が、確実に、村落共同体の正規の成員にも及びはじめていることを物語っている。さきにみた『一向専修之七箇条問答』は、村落共同体への伝道がおわり、村落自体が、専修念仏の思想で再武装した段階でのマニフェストとみる方がわかりやすい。それは、親鸞の時代から二、三世紀ののちのことである。

親鸞の時代にあっては、地頭の勧農などにより、村落の充実がはかられ、水田耕作は一層、安定化の方向にむかいつつあった。勧農とは、領主による、「農民に農業再生産を維持させるために耕地を割当て、種子、農具などを前給貸与し、年貢率を決定するなどの行為」（黒田俊雄著、前掲書、二四九頁）をさす。そして、このような農業社会は、さきにもみたように、漂泊民の一部や、間人《もうと》とよばれる人々を、村落の周辺に定住させることになる。親鸞の伝道は、彼等、周辺にすむ人々を通じ、次第に、村の成員の中核に及んだと考えられるが、そのとき、あらためて、村落共同体を維持発展させようとする諸々の思惟と、衝突することになったのではないか。ひるがえって考えてみると、「方便化身土」巻において批判の対象となった、定散二善や自力、外道とは、村落共同体の維持、強化の上で欠くべからざる思惟ということができる。いずれも、現世でのモラルの強化に役立つものであり、その善根功徳尊重は、共同体の安定にも有効であった。とりわけ、神祀祭祀や、それにともなう忌みの強調は、それによって村落の団結をはかる恰好の手段を提供する。親鸞は、漂泊の聖として、村々を経めぐりながら、村落共同体を維持発展させる精神との葛藤、相克を経験し、次第に、それらをいかに包摂するかという問題に腐心し、ついに、方便による救済論を展開することになったと考えられる。

方便論の悲劇

親鸞の九十年に及ぶ生涯の中で最も悲劇的な出来事は、長子善鸞の義絶であろう。それは、親鸞が関東を去ったあと、門弟たちの間に信仰上の動揺が生じ、その解決のために、親鸞の代理として関東に遣わされた善鸞が、他力とはほど遠い教えを、親鸞の名の下に説き弘めたために生じた事件である。このとき、親鸞は八十四歳、善鸞は五十歳前後であったという。

この善鸞事件の詳細については、すでにすぐれた研究が多く発表されている（たとえば、山田文昭著『親鸞とその教団』、服部之総著『親鸞ノート』、赤松秀俊著『親鸞』、笠原一男著『親鸞と東国農民』等）ので、それらに従い、まず概要だけを紹介してみる。

専修念仏は、善悪の如何を問わず、弥陀の本願を信じて念仏すれば救われると教えるが、しばしば、あえて悪を行なうことが、救済への近道になるという極論を、その当初から含んでいた。当時の言葉でいえば、「造悪無碍《ぞうあくむげ》」（悪を造っても往生のさまたげとはならない）の異端で、法然も親鸞も、その対応に苦慮している。親鸞が去ったあとの関東でも、この「造悪無碍」をめぐってしばしば動揺があり、建長四年（一二五二）か五、六年ごろには、鎌倉幕府が介入する訴訟沙汰が生ずるにいたった。しかし、この訴訟には、下総国横曾根道場主の性信が応戦し、ひとまず勝利をおさめた（「親鸞聖人御消息集」第二通、第八通がこの間の事情を示している。岩波版『日本古典文学大系』82、一五三頁、一六七頁）。しかし、そののち、時期や内容は不明であるが、異義論争が再燃し、親鸞は、長子善鸞を使いとして下向させた。関東に下った善鸞は、詳細を親鸞に知らせたようで、「親鸞聖人御消息集」には、この善鸞の手紙に対する返事がのこされている。それによると、諸神諸仏を軽んずることと「造悪無碍」が、騒動の中心となっていることがわかる（同前、一五七―一五九頁）。そこでは、「まづ、よろづの仏・菩薩をかるしめまいらせ、よろづの神祇・冥道をあなづりすてたてまつると申事、この事ゆめ〳〵なき事也。（中略）つぎに念仏せさせ給人《ひと》〳〵の事、弥陀の御ちかひは、煩悩具足の人のためなりと信ぜられ候は、めでたきやうなり。たゞし、わるきものゝためなりとて、ことさらに僻事《ひがごと》をこゝろにもおもひ、身にも口にもまふすべしとは、浄土宗にまふすことならねば、人《ひと》〳〵にもかたる事候はず」とある。そして、異義を主張するものの中には、それを親鸞から教えられたというものもおり、別の返事で親鸞は、「往生にさはりなければとて、ひがごとをこのむべしとは、まふしたることさふらはず」（同前、一六一頁）と反論している。親鸞の去ったあとの関東では、それぞれの信仰グループのリーダーは、自分のいうことが親鸞の直伝であることを権威づける必要があったらしく、親鸞からの直筆の手紙を必要以上に所望もしている（笠原一男著、前掲書)。

ところで、そうこうするうちに、何が原因かその詳細は全く不明であるが、善鸞が、東国の有力道場主を敵にまわし、在地の権力者の手をかりて、関東一円の門徒を、自分で統率しようとはかりはじめた。親鸞は、そのような策略があるとはつゆ知らず、善鸞から送られてくる手紙をうのみにし、かつてあれほど信仰の深かったものたちが、どうして今となって動揺するのか、と、性信たちに向ってさえ非難の言葉を投げかけるほどになった。なかでも、「おほぶの中太郎」が中心となっているグループからは、九十人にのぼる念仏者が善鸞のもとにはしるという事件まで出てきて親鸞を当惑させる。実情を知らぬ親鸞は、善鸞に対して、「いかなるやうにて、さやうには候ぞ。詮ずるところ、信心のさだまらざりけるとき〻〔推測し〕候。いかやうなる事にて、さほどにおほくの人〴〵のたぢろぎ候覧《らん》」(前掲「親鸞聖人御消息集」、一六三頁)と書きおくるばかりであった。

しかし、善鸞が、鎌倉幕府に出訴するに及び、親鸞も真相をようやくつかむことができた。善鸞の策略に当惑した門弟の一人は、善鸞が、親鸞の意見として、念仏を弘めるには在地の権力者の手をかりよ、とすすめているが、それは親鸞の本意であろうか、と問うてきたのである。これに対して、親鸞は、権力者の力をかりて念仏を弘めることなど、決してあってはならない。もし権力者が念仏を圧迫すれば、縁がつきたと思って他に移住せよ、と答え、諸々の合点のいかぬことが、善鸞自身に原因をもつことをはじめて知るのである。

そして、「やうくに慈信坊〔善鸞のこと〕がまふすことを、これよりまふしさふらふと御こゝろえさふらふ、ゆめくあるべからずさふらふ」（同前、一六五頁）と書きおくるにいたった。

それにしても、親鸞の落胆はひどかった。善鸞の言葉一つで、これだけ多くの人々の信心が動揺するとは。それは、「詮ずるところは、ひとぐの信心のまことならぬこと」をはしなくも現わしたことではないか。一体、日ごろから、『唯信抄』や『後世物語』など、数々の法文類をかきうつして送りとどけていたのは何のためであったのか。それらの法文類を、善鸞のいうままに捨てた門人も多いという。だが、親鸞は、いつまでも落胆ばかりしてはいない。事実が明らかになり、門弟たちの信心の定まらぬ様子が白日のもとにさらされたことは「よきことにてさふらふ」であり、再び、「よくく唯信鈔、後世物語なんどを御覧あるべくさふらふ」とすすめるのである。

一方、善鸞は、善鸞が誤っている旨の親鸞の手紙が門弟たちの間に浸透するにつれ、次第に不利となり、門弟たちには、自分は親鸞から特別の法を夜中秘密にさずけられたといいふらし、自説の権威づけをはかり、弥陀の十八願はしぼんだ花にすぎないから捨てるようにせまった。また、親鸞に対しても、継母のいうなりになって自分を否定していると逆恨みし、六波羅探題や鎌倉幕府に、さまざまな虚言を訴えたのである。

こうして、ついに、親鸞は善鸞を義絶するにいたる。義絶を書きしるした手紙は、二通あり、一通は、関東の門弟の中で最も信頼していた性信あてに、善鸞を義絶した旨を書きおくったもので、もう一通は、善鸞その人に、「今は父子の義は、あるべからず候」と書きおくったものである(岩波書店版『日本古典文学大系』82、一七一頁と一八三頁。『定本』3では、一六七頁と、「書簡篇」四〇頁)。

善鸞あての手紙の一部を引用しておく。

〔善鸞に夜中秘かに特別の法門を教えたということはない、継母に言い惑わされたこともない、諸々の虚言を六波羅や鎌倉に訴えたことは「心憂き」限りである、と前置きがあり〕これらほどの虚言《そら》〔前置きにのべたこと〕は、この世のことなれば、いかでもあるべし。それだにも、虚言を言うこと、うたてきなり。いかにいはむや、往生極楽の大事をいひ惑《まぼ》わして、常陸《ひたち》・下野《しもつけ》の念仏者を惑わし、親に虚言を言ひつけたること、心憂きことなり。第十八の本願をば、萎《しぼ》める花にたとえて、人ごとに、皆、捨てまいらせたりと聞《き》こゆること、まことに謗法の科《とが》。又、五逆の罪《つみ》をこのみて、人を損じ惑わさるゝこと、悲しきことなり。ことに破僧の罪〔念仏者の団体の和を破った罪〕と申す罪は、五逆のその一なり。親鸞に虚言を申しつけたるは、父を殺すなり。五逆のその一なり。この事ども、伝え聞くこと、あさましさ、申すかぎりなければ、今は、親といふことあるべからず、子と思ふこと、思い切りたり。三宝神明に申しきりおわりぬ。悲しきことなり。

（以下略。一八四頁）

善鸞が、どのような教えを説いたのか、その詳細は不明である。一説によると、「造悪無碍」の風潮に身を置いた善鸞は、それに対抗するために、正しい道徳生活を強調し、その実践がともなわぬ信心を否定したのではないかと考えられている（宮地廓慧「善の意義について」㈠㈡、『京都女子大学紀要』十・十一号）。道徳主義は律法主義となり、容易に権力と結びつく。善鸞が、幕府や在地の権力者と手を結び、門弟たちの生活を矯正しようとはかったのも、当然の帰結といえよう。

また、他の一説によれば、敗訴と義絶後の善鸞が、修験道、陰陽道の徒として、現世祈禱を行ない、巫子の頭領となって生活を送っていたことから、真言的な民間信仰をひろめていたのではないか、ともいわれている。とくに五来重は、善鸞が修験道信仰の持ち主であったと断言し、『歎異抄』第十五条の「即身成仏」の異義批判も、善鸞が修験道と結んだ即身成仏の念仏を説いたことに対する反批判として書かれた、としている（『仏教文学』一〇七―一〇九頁）。

ところで、私がこの事件に注目するのは、それが、親鸞における方便の救済論がいかなる性格をもつものであるかを示しているからである。さきにみてきたように、親鸞は、絶対他力から遠い教えでも、それを否定し捨て去るのではなく、方便の名によって包摂し、絶対他力へと転ぜしめるという姿勢をとっている。それならば、どうして義絶という事態が生じたのであろうか。そうでなくとも、八十四歳という高齢である。平たくいえば、堅いことをいわずに、善鸞をすきなように生かしておくことも可能ではなかったのか。善鸞に対して、方便の手をさしのべることはできなかったのか。

結論からいえば、それはやはり不可能であったというしかない。というのも、方便は、あくまでも仏の側の論理であるからである。それは、決して、人間の側の論理ではない。煩悩と我見に覆われた凡大にとっては、他力によって、真実の救済にいたらしめられることのみがあるのであり、自らの力で、他を真実にいたらしめることはきわめてむつかしい。それぞれの凡夫は、縁にもよおされて、真実への道を歩いていくのである。その縁を、他人がとやかくいうことはできない。法然も、「あながちに信ぜざらん人をば、御すゝめ候べからず。仏なお力をよびたまはず、いかにいはんや凡夫のちからはをよぶまじく候」(「鎌倉の二位の禅尼へ進ずる御返事」、『和語燈録』巻三。『昭和新纂国訳大蔵経』、八一―八二頁)と、獲信もまた宿縁によることを強調している。まさしく、縁なき衆生は度しがたい、のである。言葉をかえれば、凡夫の側からなす方便とは、縁のもよおす範囲内においてのみ有効であり、それをこえれば、仏の方便をまつしかないのである。

専修念仏は、待つ宗教である。それは、凡夫という人間認識による。人間は、諸事万般にわたって、その思うところ、考えるところ、欲するところを実現することができる、という人間観は、凡夫の人間観からもっとも遠い。親鸞も、関東での異義論争がはげしくなるにつれ、はじめは、そのような異義をとなえる人から遠ざかるようにすすめている。そして、度々ふれるように、権力者や異義者の力がおよんで念仏の生活がむつかしくなるならば、そこに住む縁が尽きたと思って、他へ移り住め、と書きおくっている。善鸞に対して、以後、「親といふことあるべからず、子と思ふこと、思い切りたり」とのべた親鸞にとっては、文字どおり、親子の縁が切れていくのをどうしようもなかったのである。それは、人間の真実である。人間の真実が悲しければ悲しいほど、法の普遍を仰ぎ見、その普遍性に生命をかけていく、それが、親鸞の絶対他力である。凡夫の悲哀の上に、法(真理)の普遍性を追求したのが、『教行信証』一巻であったのである。

それにしても、序章でのべた、回向型と不回向型という、日本人の宗教意識を形成する二つの原理が、親鸞父子の対立原因となったのは、なんという悲劇であろうか。これ以降、真宗は、回向型の風土の中で独自の緊張の歴史をくりかえすこととなる。

終章　中世の真実

中世とはどのような時代であるのか。東洋史家・宮崎市定によると、古代が、「これまで分裂していた勢力が集中しようとする動き」の時代であるのに対し、中世は、「折角そういう力もありながら、それに反抗して分散しようとする力の強い時代」であり、再び統一が実現する時代が近世と考えられている（『東風西雅』）。つまり、統一と分裂が、時代区分の原理となっている。具体的には、中国史では、漢帝国の滅亡から宋朝の成立まで、年代でいうと、紀元二二〇年から九六〇年までが中世とされ、日本史では、一一九二年の鎌倉幕府開幕から、一六〇〇年の関ヶ原合戦までを中世とする（同前）。日本史家の間でも、古代律令体制と近世の幕藩体制の中間期を中世とみるのが一般的である。ただ、国家体制のあり方からいって、この中間期をどのように表現するかについては、議論のあるところである。たとえば、黒田俊雄は、天皇家や藤原氏などの貴族、諸大寺社、武士の棟梁といった権門勢家による国政支配に注目し、中世を「権門体制」とよぶべきであると主張し、そのイデオロギー的表現を「顕密体制」と名づけている（『日本中世の国家と宗教』）。いずれにせよ、政治史的には、公家政権と武家政権が並存していた以上（その関係をどうみるかは、異論のあるところである）、一元的に、この時代の国家原理を抽出することはむずかしく、その意味では、統一より分裂の原理が優先していたとする宮崎説を肯定せざるをえない。

だが、私の中世への関心は、このような政治史のレベルにあるのではない。むしろ、この時代、とくに平安時代末から鎌倉時代はじめにかけての、いわゆる中世初期の精神のあり方に関心のすべてがある。その意味では、たとえば、井上充夫の日本建築史の考え方に多大の興味を覚える。

井上充夫によると、日本の建築空間は、法隆寺や唐招提寺金堂に象徴されるように、古代にあっては、彫塑的空間（金堂は、主人公である仏像の専有空間であって、その平面図は対称性がきわめて強く、建物を彫刻のように、充実した実体とみなす）の性格が強い。だが、中世に入ってくると、それまでの、原則として一棟一室であった単純な内部空間が、分化・結合をはじめ、複雑になってくる（『日本建築の空間』）。

とりわけ注目に価するのは、平安時代末から鎌倉時代にかけての仏堂建築において、内陣・外陣の区別が生まれてくる点である。古代の仏堂建築にあっては、さきにもふれたように、それは、建物の主人公である仏の専有空間であって、その中へ人間が入ることは計算されていない。たとえば、井上充夫によると、唐招提寺金堂内部は、本尊がはなはだ大きく、堂の高さ一杯になっており、仏壇も広く、その上、堂の正面扉は内開きとなっているため、仏壇前のスペースはきわめて狭く、「したがって、堂内での礼拝儀式などは、全く予想しない設計」となっている（同前、五三頁）。では、人間はどこから仏像を拝んだのか。それは、建物の外からである。法隆寺西院において、中門が異常に発達しているのは、そこが、もと金堂を礼拝する場所であったからだという（同前、七四頁）。これに比べると、外陣の発生は、仏の専有空間に人間が侵入してきたことをあらわす。つまり、仏像の礼拝は、建物の外からではなく、仏像と同一空間においてなされるようになったのである。しかも、ほぼ同じころ、金堂という名称は本堂というよび方にとってかわられてくる。金堂は、礼堂とワンセットになった言葉であるが、内陣・外陣の発生は、両者の同一化をもたらし、本堂という新しい建築様式を生みだしたのである（同前、一八〇頁）。

寺院建築における右の変化は、私の中世への関心を容易に説明してくれる。つまり、私にとって中世とは、人間が、やむにやまれぬ要求にしたがって、聖なる世界にたちむかい、聖なる世界との応答をくりひろげることができた時代をさすのである。仏と同一の空間に身をひたし、その救済を確信することができた時代、それが、私にとっての中世にほかならない。とりわけ、内陣・外陣をもった本堂という新しい建築様式を生み出すほどに、聖なるものとの激しい緊張関係を持続しえた精神のあり方に強く惹かれる。法然の専修念仏も親鸞の求道も、このような時代精神の産物である。

再び、建築様式に戻っていうならば、古代的な寺院では、金堂を外から礼拝する場合のように、聖なるものに対する畏怖はありえても、聖なるものとの応答は必ずしもつよくない。むしろ、金堂は呪物にちかい。この点、神社建築では、神の専有空間に人間が侵入することは最後まで生ぜず、仏教における内陣・外陣という、人と聖なるものとの融合空間が発生しなかったという井上充夫の指摘が示唆にとむ。井上によれば、それは、神道が、呪物崇拝の上に成立しているため、遮断性こそが、神聖性保持の唯一の方法であったことによる（同前、一七四頁）。その意味では、古代の仏教寺院の金堂は、神道の神殿に近いものであったといえよう。しかし、中世の開始にあたっては、仏教は、もはや呪物ではなくなっている。人々は、仏教に対して救済を求めている。人々は、必死になって仏と対話を試み、仏から新しい救済を引き出すことに成功したのである。外陣の誕生は、法然における機の発見と密接な関係がある。親鸞の、六角堂参籠において、夢に仏の示現を渇望した精神とも深くかかわっていよう。人間が仏の空間におしよせ、仏と対話をはじめることができたのである。

　仏教の言葉をかりれば、四苦八苦がなくならないかぎり、それからの解放、救済を求める営みは、いつの時代になっても消滅することはない。四苦は、生・老・病・死であり、これに、愛別離苦（愛するものと別れる苦しみ）、怨憎会苦《おんぞうえく》（憎しみあっているものが一緒にいなければならない苦しみ）、求不得苦《ぐふとくく》（求めているものが手に入らぬ苦しみ）、五陰盛苦《ごおんじょうく》（身心を形成するものが発する苦しみ）の四苦をあわせて八苦という。そして、中世、とくにその初頭の精神の素晴らしさは、この人間苦を正面から見据え、そこから救われる道を、自前で発見していったところにある。しかも、その道は、普遍性をもっている。とくに、法然の、第十八願の発見は、すべての人々に開かれた救済原理を追求しようとした、法然における普遍への意志の発露として、今なお感動的である。

もしそれ造像起塔をもつて本願とせば、貧窮困乏の類は定んで往生の望を絶たむ。しかも富貴の者は少なく、貧賤の者は甚だ多し。もし智慧高才をもつて本願とせば、愚鈍下智の者は定んで往生の望を絶たむ。しかも智慧の者は少なく、愚痴の者は甚だ多し。もし多聞多見をもつて本願とせば、少聞少見の輩《ともがら》は定んで往生の望を絶たむ。しかも多聞の者は少なく、少聞の者は甚だ多し。もし持戒持律をもつて本願とせば、破戒無戒の人は定んで往生の望を絶たむ。しかも持戒の者は少なく、破戒の者は甚だ多し。〔中略〕

まさに知るべし。上の諸行等をもつて本願とせば、往生を得る者は少なく、往生せざる者は多からむ。しかれば則ち、弥陀如来、法蔵比丘の昔、平等の慈悲に催されて、普く一切を摂せむがために、造像起塔等の諸行をもつて、往生の本願としたまはず。ただ称名念仏の一行《いちぎょう》をもつて、その本願としたまへるなり。

（『選択本願念仏集』、岩波書店版『日本思想大系』10、一〇六頁）

「普《あまね》く一切を摂せむがために」——この目的を達成するためには、個々人の神秘的体験や、ギブアンドテイク的信仰にとどまることはゆるされない。それは、必然的に「法《ダルマ》」の発見にまで到達しなければならない。普遍的原理に支えられることによってはじめて普遍的救済が成立する。そして、このような普遍的な「法」こそ、真実である。真実は、普遍の別名である。

そして、このような普遍的な「法」に支えられているが故に、人間の真実もまた明らかになってくる。たとえば、法然はのべている。

心のそみ〳〵と〔深く感ずるところがあり〕身のけもいよだち、涙も落つるをのみ信のおこると申すはひが事〔まちがい〕にてある也。それは歓喜随喜悲喜とぞ申《まをす》べき。信といふはうたがひに対する意《こころ》にて、うたがひをのぞくを信とは申すべき也。

（『和語燈録』巻一、「往生大要抄」）

他力の信を得ても、歓喜随喜の涙を流す人もあれば、流さぬ人もある。天にもおどり地にもわきたつ喜びを得る人もあれば、さしたる感動も生まれぬ人もいる。それはすべて宿業による。他力の信心において最も肝要なことは、本願に対する疑いを捨てることである。歓喜の有無をもって、他力の信をはかることは、本願を知らぬことである。同様のことは、『歎異抄』第九章にもみえている。念仏を申しても、天にも地にも踊る歓びの心が生じないのはなぜか、また、いそいで浄土へまいりたいという心がおこらないのはなぜか、という唯円の疑問に対して、親鸞も、自分もまた同じ心であると告白する条である。いずれにおいても、喜びという主観的感情の有無によって、信の度合をはかろうとする非が鋭く突かれているが、同時に、なんとかして信の証しを得たいという凡夫の情に対しても深い理解が示されている。

このように、法然や親鸞の眼は、本願という「法」から離れることがないゆえに、どこまでも、人間の真実を明らかにする強靭さをもつことができるのである。「法」に支えられた人間の真実の開示——それが中世の魅力である。

ところで、現実の要求からたぐりよせられてくるのが歴史であるとすれば、私が中世という時代をたぐりよせるのは、私のなかに宗教的救済に対する抑えがたい要求があるからである。だが、法然、親鸞の時代と現代とでは決定的に時代の質が異なる。彼等の時代にあっては、神仏の実在は当然の前提であった。親鸞も、善鸞を義絶するとき、もし善鸞に秘密で特別の教えを伝えているようなことがあるなら、

三宝を本《ほん》として〔仏法僧の三宝を根本として〕、三界の諸天善神、四海の龍神八部、炎魔王界の神祇冥道の罰を、親鸞がみ〔身〕に、ことごくかぶり候べし。

(「血脈文集」、岩波書店版『日本古典文学大系』82、一七二頁)

とのべている。親鸞が、その存在を疑わなかったのは、決して、阿弥陀如来だけではなか

ったのである。彼が信じたのは阿弥陀如来一仏であるが、他の諸神諸仏の存在は、決して否定されていない。法然の専修念仏の選択も、豊かな聖なる世界の中での選択であったのである。

ひるがえって、現代はいかなる時代であるか。科学とニヒリズムを超えて、超越者の存在を信ずることがきわめてむずかしい時代である。私は、このような、中世と現代の、時代の質の差を大切にしたい。その上で、

煩悩具足の凡夫、火宅無常の世界は、よろづのこと、みなもて、そらごと、たわこと、実《まこと》あることなきに、たゞ念仏のみぞまことにておはします。

(『歎異抄』第十八章、同前、二一四頁)

と、念仏を選びとりたい。そのためには、法然や親鸞によって開示された「中世の真実」をトータルに把握し、とくに、その「法」の論理を明らかにすることが急務と考える。かつて、唐木順三は、無常を、心理や情緒ではなく、生の根本的範疇ととらえなおすことにより、今世紀最大の課題であるニヒリズムの克服に役立たせようと試みた(『無常』、とくに、「無常の形而上学――道元」)。また、橋本峰雄は、法然―分析論理、親鸞―弁証法、一遍―神秘主義、と西洋の論理学の考え方を導入することで、日本の浄土教の普遍性を問う

視点を提供した（「法然上人の現代性」）。私は、これらの視点に導かれながら、くりかえしていえば、中世の聖なる世界の構造をトータルに（たとえば、善鸞もふくめて）把握することにより、その中から生まれてきた普遍への回路を、これからもたずねてゆきたいと考えている。非宗教的な現代にあって、人生と世界の意味を追求する道は、先人の普遍探究の跡をたどることによってしか生じないのではないか。私にとって、現代の真実は、中世の真実をはなれてはありえない。

参考文献

本文中に引用したものを中心に掲出した。論集・紀要等に掲載の論文については省略した。

【親鸞】

『定本親鸞聖人全集』1「教行信証篇」法藏館、一九六九年
2「和讃・漢文篇」同、一九六九年
3「和文・書簡篇」同、一九七三年
4「言行篇」同、一九六九年
5「輯録篇」同、一九七六年
6「写伝篇」同、一九七〇年
7「註釈篇」同、一九七四年
8・9「加点篇」同、一九六九年

『教行信証』金子大栄校訂、岩波書店（岩波文庫）、一九五七年

『日本思想大系』11「親鸞」星野元豊・石田充之・家永三郎校注、岩波書店、一九七一年

『教行信証講義』山辺習学・赤沼智善、「教行の巻」法藏館、一九五一年

「信証の巻」同、一九五二年
「真仏土の巻・化身土の巻」同、一九五三年
『講解教行信証』星野元豊、「教行の巻」法藏館、一九七七年
「信の巻」同、一九七八年
「信(続)証の巻」同、一九七九年
「真仏土の巻」同、一九八一年
『日本古典文学大系』82「親鸞集　日蓮集」名畑応順・多屋頼俊他校注、岩波書店、一九六四年

【法然】

『昭和新修法然上人全集』石井教道編、平楽寺書店、一九七九年
『日本思想大系』10「法然・一遍」大橋俊雄校注、岩波書店、一九七一年
『昭和新纂国訳大蔵経』第三、東方書院、一九二八年
『真宗聖教全書』四「拾遺部」上、興教書院、一九四一年
『選擇集全講』石井教道、平楽寺書店、一九六七年(「序」)

【経典等】

『浄土三部経』上・下、岩波書店(岩波文庫)、一九六三―六四年
『解読浄土論註』蓑輪秀邦編纂、真宗大谷派宗務所出版部、一九八七年

『真宗聖教全書』一「三経七祖部」興教書院、一九四〇年

【古典等】

『日本思想大系』6「源信」石田瑞麿校注、岩波書店、一九七〇年
同　15「鎌倉旧仏教」鎌田茂雄・田中久夫校注、同、一九七一年
同　19「中世神道論」大隅和雄校注、同、一九七七年
同　21「中世政治社会思想」上、石井進・石母田正他校注、同、一九七二年
『日本古典文学大系』25「今昔物語集」第4、山田孝雄他校注、同、一九六二年
同　73「和漢朗詠集　梁塵秘抄」川口久雄・志田延義校注、同、一九六五年
『とはずがたり』富倉徳次郎訳、筑摩書房（筑摩叢書）、一九六九年
『発心集』鴨長明、三木紀人校注、新潮社（新潮日本古典集成）、一九七六年

【柳田國男の著作】

『定本　柳田國男集』全31巻別巻5、筑摩書房、一九六二〜七一年
海女部史のエチュウド↓1巻／忌と物忌の話↓27／妹の力↓9／北小浦民俗誌↓25／北国紀行↓3／毛坊主考↓9／秋風帖↓2／書簡↓別巻4／神道と民俗学↓10／先祖の話↓10／杖の成長した話↓11／日本農民史↓16／日本の祭↓10／農村家族制度と慣習↓15／雪国の春↓2

『民俗学について――第二柳田國男対談集』筑摩書房、一九六五年

【その他】
赤松俊秀『親鸞』吉川弘文館（人物叢書）、一九六一年
同　『鎌倉仏教の研究』正・続、平楽寺書店、一九六八年
有賀喜左衛門『一つの日本文化論――柳田国男に関連して』未來社、一九七六年
石田充之『親鸞教学の基礎的研究』永田文昌堂、一九七〇年
井上充夫『日本建築の空間』鹿島研究所出版会、一九六九年
大山公淳『神仏交渉史』高野山大学、一九四四年
黒田俊雄『体系・日本歴史』2「荘園制社会」日本評論社、一九六七年
同　『日本中世の国家と宗教』岩波書店、一九七五年
五来重編『鑑賞日本古典文学』20「仏教文学」角川書店、一九七七年
五来重『熊野詣――三山信仰と文化』淡交新社、一九六七年
同　『高野聖』角川書店（角川新書）、一九六五年
西郷信綱『古代人と夢』平凡社、一九七二年
高木豊『平安時代法華仏教史研究』平楽寺書店、一九七三年
高取正男『神道の成立』平凡社（平凡社選書）、一九七九年
谷川健一『谷川健一著作集』4、三一書房、一九八一年

武内義範『教行信証の哲学』東京弘文堂、一九四六年
田村円澄『法然』吉川弘文館、一九五九年
戸田芳実『中右記——躍動する院政時代の群像』そしえて、一九七九年
中村哲『柳田国男の思想』法政大学出版局、一九六七年
硲慈光『日本仏教の開展とその基調』上・下、三省堂、一九四八年
服部之総『親鸞ノート』福村出版、一九七一年
ハミルトン・ギブ『イスラーム文明史——政治・宗教・文学にわたる七章』加賀谷寛他訳、みすず書房、一九六八年
原田敏明『日本古代宗教』中央公論社、一九四八年
堀一郎『我が国民間信仰史の研究』第2、創元社、一九五三年
益田勝実『火山列島の思想』筑摩書房、一九六八年
松田修『日本逃亡幻譚——補陀落世界への旅』朝日新聞社、一九七八年
松野純孝『親鸞——その生涯と思想の展開過程』三省堂、一九五九年
宮崎市定『東風西雅』岩波書店、一九七八年
宮崎円遵『初期真宗の研究』永田文昌堂、一九七一年
森竜吉『親鸞——その思想史』三一書房（三一新書）、一九六一年
山口益『仏教学のはなし』平楽寺書店、一九六五年

あとがき

浄土真宗の末寺の長男として生まれた私にとって、親鸞がいかなる人物であり、その思想がどのような今日的意義をもっているかを問うことは、宿縁のなせる業であったといわねばならない。とくに、『歎異抄』に親しみ、親鸞の思想が分るにしたがい、現実の真宗寺院が、その思想とはほど遠いところで成立していることに気付き、激しい煩悶に落ち入らざるをえなかった。浄土真宗には果たして寺院が要るのであろうか。檀家制度とは何か。

そのころ、ある檀家の夫人が、先祖の命日に僧を招いて法要を営むのは、それをしないとキショク（気持）がわるいからだと話すのを耳にした。キショクがわるい?! この一語は、私を一層深い混迷に導いていった。一体、キショクがわるいとはどんな世界をさすのか。それと親鸞の思想とはどんな関係にあるのか。キショクがわるいと言い放つ精神を迷信や呪術という言葉で片づけてよいのか。もし、私が寺の跡を継ぐとしたら、それは、人々のキショクをわるくしないために生きていくことになるのか。このような疑問に懊悩する中で、キショクがわるいという精神も、親鸞の思想もふくめて、日本人の宗教心というものをトータルに認識したい、そしてその中で、親鸞の思想がどのような位置にあり、どのような可能性をもっているのかを明らかにしたい、という欲求がおしとどめようもなく湧きあがってきたのである。

穏当にいけば、私は、代々の家学となっている悉曇《しったん》学、サンスクリット学を継いで学僧の道に入るはずであった。だが、私をとらえて離さぬ疑問に答えを見出せぬ以上、寺にとどまるつもりはなかった。否、むしろ、この際、寺に生まれたことにもこだわらず、既成の宗教にもとらわれず、一個の市民、人間として、宗教的真実を追求してみようと決心した。以来、二十五年間、私は、ただ一筋の道を歩きつづけてきた。その拙い成果が、この書物である。気持ちばかりが先走り、実証に欠けるところが少なくない。しかし、私は、私の思いを一度は吐き出しておきたかった。

『定本柳田國男集』の刊行が始まったのは、私が、いまのつとめ先に入った、昭和三十七年である。檀家の夫人をしてキショクがわるいといわしめた世界を知るために、定本を次々と読みあさった。そのころから、柳田國男が説き明かそうとする世界と、親鸞の世界が、一対の極をなしているのではないかと考え始めていた。「中世の真実」と題しながら、中世にふれること少なく、柳田民俗学に言及することが多いのは、そのためである。以下、専修念仏の誕生に忌みの精神を、煩悩論の底流に伝来の清浄心を、往還二回向論に他界観念の復権を、方便の救済論の背景に漂泊民の生活を、それぞれあえて結びつけて理解しようとしたのも、日本人の宗教意識が二極構造の楕円形から成り立っていると考えたからである。

この書物を書きあげたいま、私は、あらためて、親鸞の思想（ひろく専修念仏の思想といってもよい）が、日本人の手になる貴重な普遍的思想の一つであり、将来ともに、主体的な人生を求める人々に応えることを疑わない。くりかえせば、日本人の手になる普遍的救済思想であることが大事なのである。

おわりに、小著が生まれるにあたり、神戸大学教授、京都法然院貫主の橋本峰雄先生から格別の御高配をたまわったことをしるしておきたい。先生は、私にとってはかけがえのない善知識でいらっしゃるが、今回は、わざわざ出版の縁をおつくりいただいた上、執筆中も、再三再四、励ましのお言葉をいただいた。紙面をかりて、あらためて厚く御礼を申し上げる。このほか、私の京都勤務のころ、これもまた橋本先生の御好意により、黒谷常光院で毎月一回催すことのできた「教行信証を読む会」に御出席いただいた先生方、とりわけ石田充之、星野元豊両博士にも深く御礼を申し上げる。思いかえせば、重病のあと、生きる意味を求めて必死に『教行信証』を読み続けることができたことが、この小著誕生のきっかけになったといえる。

なお、学恩を蒙った方々の御芳名引用については、文中、すべて敬称を略させていただいた。私事にわたる敬称が、読者にとっては煩わしいこともあるかと考えたからである。

無礼のほど、幾重にもおわび申し上げる。末筆になったが、人文書院の森和、落合祥堯両氏にはひとかたならぬ励ましをうけた。とくに落合氏には、最後まで原稿の整理や鋭い指摘をいただいた。よき編集者の知遇を得たことを感謝する。

（一九八二・十・十六）

文庫版あとがき

本書は、私がはじめて世に問うた著作である。そのときから二十五年が経過したが、その間、私自身のなかで親鸞の理解はさまざまに展開した。一つは、親鸞の思想を法然によってさかのぼって理解することに努力を注いだこと。法然を理解してはじめて親鸞の特徴もよく見えるばかりか、宗派にとらわれることなく法然と親鸞を一体と見ることで、日本の浄土仏教の厚みが実感できるようになるのだ。

二つは、法然や親鸞の思想を明らかにすればするほど、そのさきに「政治」という人間の営みがくっきりと見えてきたということ。つまり、宗教の対極にある世界が政治だということを、いやが上にも認識せざるをえなくなり、信仰に生きることは、同時に政治と向き合うことにならざるをえない、ということだ。

そのことを思い知らせる事件が、法然とその門弟たちの、死罪や流刑であった。彼らがなぜ、世俗の権力からこのような扱いを受けたのか。それは、専修念仏の説く、万人の平等な救済が、世俗の秩序を揺るがす危険性をもっている、と権力者が判断したためなのであろう。法然らはけっして、既存の政治秩序を変革しようとはしなかった。にもかかわらず、権力者の方が法然らの存在を許さなかったのである。いいかえれば、宗教の説く絶対の平等や、非暴力は、政治とは相容れないのである。したがって、宗教が権力におもねらないかぎり、宗教と政治の間には対極的な緊張関係が生まれることになる。この緊張関係をどのように生きるのか、という課題こそ、本来、信仰をもつ者にとって不可欠のものであったのだ。

三つは、右のことに深く関係するが、現代において法然や親鸞の仏教を選ぶということは、その教えに根拠をおく「社会倫理」の構築に取り組むことを意味する。近代はいうに及ばず、いつの時代においても、既成教団は国家に従属することで生き延びようとしてきた。不殺生を命とする仏教が、戦争遂行の旗振りをするというグロテスクな姿も、さきの十五年戦争において十分すぎるほど発揮された。こうした現実を見るにつけても、教団には関わりなくとも、もし仏教徒として生きるのであれば、自らの生き方の問題として、仏教に根ざす「社会倫理」に無関心でいられるはずはない。こうしたなかで、東南アジアの「エンゲイジド・ブッディズム」にであったことは、私に勇気と力を与えてくれた。

もちろん、あらたな「社会倫理」の構築は、十三世紀に生きた法然や親鸞の教説をいくら子細に研究しても得られるものではない。なぜなら、十三世紀と二十一世紀の現代との間には、明瞭な歴史的断絶が存在するからだ。その違いをしっかりと認識した上で、さらに国民国家やグローバリズムという枠組みをにらみながら、しかも、法然や親鸞の「信心」に立って、その「社会倫理」を模索するしかない。ことは文字通り「実験」の繰り返しとなろう。親鸞の著作にならえば、現代の「方便化身土」を書き続ける作業といえようか。

最後に、二十五年前の本書にふたたび陽の目を見る機会を与えてくださった、学芸文庫の町田さおりさんには、心からお礼を申したい。『宗教は国家を超えられるか』や『法然の衝撃』の出版でもお世話になっている。

また、畏友・西谷修氏に、『宗教は国家を超えられるか』に引き続き、今回も「解説」をお書きいただいた。本書を、仏教や宗教という既成の枠から離れて、自在に論評していただけるのは、筆者として望外の喜びである。あらためてお礼を申し上げたい。

二〇〇七年二月一〇日

法然とその門弟たちの「流罪八〇〇年」の年に

阿満利麿

解説　いま、親鸞を生きるとは

西谷　修

　この本は阿満利麿が世に送り出した最初の著作である。最初とはいっても「若書き」の類ではない。この本ですでに著者は、日本における宗教意識の諸相やその展開について、法然や親鸞の専修念仏の意味について、すそ野の広い確かな視座からする透徹した見地を披瀝している。けれども、これだけ熟成した知見を示す著者は、意外なことに学者や研究者の類ではなく、二〇年間ＮＨＫに勤め、主として社会教養部で番組制作にたずさわる、在野の人だったのである。著者が大学で教えるようになるのは、この後さらに二冊の本（『宗教が甦るとき』と『宗教の深層』）を上梓してからのことだった。

　放送の世界に身を置きながらなぜこのような本を書くにいたったのか。それには事情がある。「あとがき」の冒頭に記されているように、著者は「浄土真宗の末寺の長男として生まれ」た。ところが、親鸞の思想に親しみそれを理解するにつれ、真宗寺院が宗祖とする人の教えとは程遠いところに成立していることに疑念を抱き、煩悶の末、生家を出て市井に生きることを選んだのである。けれども、寺を出て市井に生きるということは、教団や宗派を離れることではあっても、親鸞の思想を離れることではなかった。むしろ逆に「凡夫」（ダメなフツウの人）を自認し、「弟子一人ももたずさふらふ」と心得て、ひたすら阿弥陀仏に身を託して生きた親鸞その人の、示した教えに導かれることでもあった。だが、この現代に親鸞の信を生きるとはどういうことなのか、そのことにどのような意味があるというのか、それが寺を出た著者の抱えた問いだったと言ってもよいだろう。つまり、親鸞の思想を解明しその現代的意味を問うことは、著者にとって「宿縁のなせる業」というほかなかったということだ。そしてテレビ制作の現場でさまざまな番組（主として教養番組）を手がけながら、その「宿業」に導かれ、二十余年にわたって続けられた探求の、これが世に問われた最初の成果だったのである。

だから、この本についてはまず次のことを指摘しておきたい。この本のテーマは著者が偶然の関心や好みによって選んだものではなく、「宿縁」によってわが身に抱えることになったのっぴきならない課題だったということ、そしてここに披瀝されているのは、これまでの親鸞研究に付加されたもうひとつの研究というにとどまるものではなく、著者がみずから生存の問いとして引き受けた独自の探求の果実であり、そのようにして開かれた思想的眺望なのだということである。

とはいえ、表向きこの本にはそのような趣はない。その主調音をなしているのは、日本の宗教的風土を長い時間的スパンで広く理解し、それぞれの時代を生きた人びとの心情に思いをめぐらせ、そこから生まれた専修念仏の思想の要諦を、歴史学や民俗学や親鸞教学など、これまでの多くの研究を踏まえながら仔細に明確に解き明かそうという行き届いた知的配慮であり、それを支える静かな持続的情熱である。

親鸞はおそらく日本の仏教思想史のなかでもっともよく論じられてきた人物である。それは、彼の到達した「絶対他力」の思想が、それまで限られた階層ないしは僧侶のものであった仏教を万民のものとしたからだろう。親鸞はみずからを「煩悩具足の凡夫」とみなし、救いの道を閉ざされた者の立場に身を置くことによって、「専修念仏」を万人に開かれた普遍的救済の原理として示した。いっさいの自力の無効を悟り、他力の絶対性に身をゆだねて、ひたすら弥陀の本願を頼んでその名号を唱える。それは、仏教的求道の極点を印すと同時に、ある意味では信仰の限界そのものを無化することでもあった。この教えによれば、仏教に縁のない者にさえ、救済（浄土に生まれること）の可能性は開かれていることになる。だからこそ、親鸞を開祖とする宗門（浄土真宗）は、この国にもっとも広く浸透する教団となりえたし、近代になって社会環境が一変し、人びとの意識が宗教から遠ざかるようになっても、生存の難苦に煩悶する人たちや、根本的な思想の問いに取り組む多くの人びとが親鸞に関心を寄せてきたのである。

法然が唱え、親鸞が深めて、日本の仏教思想の展開においてひとつの峰をなしたこの教えが、どのようにして形成され深められたのかについては、一般には、平安末期から鎌倉にかけての時代状況や社会構造の変化、あるいは仏教思想の脈絡のなかで、とりわけ天台教学との関係から説明されることが多かった。けれども著者は、専修念仏思想の登場とその意義を、さらに広いすそ野から理解しようとしている。つまり、この新しい教説の誕生を、外在的な条件からでも、またいわば仏教の専門家たちの理論的抗争の脈絡からでもなく、時代を生きる人びとの宗教的心情や習俗一般との関連から、言いかえればさまざまなかたちで「安心」や「救済」を求める人びとの心情や、そのための儀礼や作法などを視野に入れながら解き明かし、それによって単に仏教史の枠内にとどまらないものとして、「専修念仏」の意義を明らかにしようとしている。

そのとき著者が参照するのは、逆説的にも柳田國男である。それが逆説的だというのは、祖霊崇拝を日本古来の美風とみなす柳田が、仏教の影響を伝来の共同的習俗を壊すものとして否定的にとらえ、とりわけ個人的救済に軸をおく浄土真宗を忌避してきたからである。けれども著者は、柳田の取り出したいわゆる日本人の宗教的心情を、ただ仏教の観点から否定するのではなく、むしろそれを啓発的な解明として受け止め、日本の仏教がそのような習俗や心情との絡み合いを通して変成してきたのではないかと考える。真宗寺院さえ檀家をもち、盆や年忌の供養として念仏をあげるという風習は、親鸞の教えに悖《もと》るとしてただ斥けてすむものではなく、むしろ日本の仏教のあり方をそのように撓《たわ》めてきた伝統的な習俗との絡みは、専修念仏の誕生そのものとも無縁ではないはずで、著者は、習俗のなかに生きる人びととの無自覚な宗教的要請が、法然や親鸞による仏教の革新とどのような関係をとり結んでいたのかといったことにまで視野を広げ、その思想や教導のあり方を解き明かそうとしたのである。

この方法的視点についでは、著者が明確に述べている。一方に、柳田が明らかにしたような日本古来の宗教的習俗に示された傾向（あの世とこの世との連続性、汚穢の忌避と清め、追善供養など）があり、他方に法然や親鸞が切り拓いた絶対他力による普遍的救済への志向がある。その双方を二つの極としてもつ楕円構造の緊張関係をとおして、日本の宗教的意識を総体的に解明するということである。ついでに言うなら、本書で示されたこの方法的視点はその後も著者の基本的観点となっており、日本の思想史を紡いできた見えない底流を透視して掘り起こすきわめて啓発的な仕事（『宗教の深層』）や、また「宗教」の概念を拡張し「世俗化」の意味を書き換えて、日本近代における政治と宗教の錯綜構造を解くといった仕事（『日本人はなぜ無宗教なのか』）を可能にしてきた。

本書ではこのような視点から、専修念仏の誕生が、「宿業」の観念と「忌み」の精神との関係から把握し直され、親鸞の「煩悩論」が、一方で仏教本来の清浄心への希求に回帰する側面をもつとともに、それが伝来の清浄心（斎み）への希求に応えるものでもあることなどが示される。そしてまた「往還二回向論」が、浄土教思想を大乗仏教の本義に戻っていま一歩踏み込んで解釈するものであるとともに、それが日本における他界観念を更新するものともなっている点が指摘される。

その結果見えてくるのは、渡来宗教としての仏教が、しだいにこの国の精神風土に撓められ、いつしかその精神風土が独自に抱える課題に応えるものへと変容し、この国の仏教として生まれ直してゆく過程である。それは、仏教の日本化の過程というよりも、渡来して日本という地域の用に生かされ、その意味で地域化した仏教が、地域的要請との緊張を通じてその本来の普遍的救済の理路をふたたび開き直してゆく過程だと言ってもよい。そのとき初めて、渡来宗教としての仏教は、その普遍性を再生させて日本の仏教となるのである。「専修念仏宗」(法然が開き、親鸞が受け継いで展開した教えを一括してそう呼ぶとすれば)の意義として著者が強調するのは、これによって初めて、忌みの習俗やとりわけ「道徳」の立場とは違って、善悪を超えた救済の立場を打ち出す「宗教」が確立されたということである。著者によればそれは、日本における「宗教の誕生」でさえあるのだ。日本における「宗教」の誕生、この本は、親鸞の思想をそのようなものとして呈示している。

けれども、専修念仏思想のこのような位置づけは、それを「日本の宗教」として、日本なるものへと自閉させるものではまったくない。それどころか著者は、柳田の仏教嫌いに関連して、仏教を忌避することで柳田は「普遍への回路をみずから閉ざした」と述べている。これはたんに柳田の「新国学」に対する批判であるだけでなく、著者の基本的志向をも語っている。著者は柳田の忌避した浄土真宗に、というより専修念仏の教えに、日本の仏教がみずから生み出した「普遍への回路」を見出し、そのようなものとして親鸞の思想を位置づけているのである。

そしてこのことはまた、「普遍」に関する著者の考え方にもつながっている。西洋の世界化とともに、現在の世界では西洋近代的なものが普遍的通用力をもつとみなされている。たしかに、西洋が普遍の枠を用意したとは言ってもいいだろう。けれども、普遍的とされるものを取り込んだところで、それだけで取り込んだ側の普遍性が保証されるわけではない。むしろ取り込んだものを個別化したところから、あらためてみずからの普遍への回路を作り出す必要がある。その回路を通してはじめて人は、主体的に普遍の次元に出てゆくことができる。著者は、世界化の時代に向けて、西洋のいわゆる普遍思想（キリスト教であれ、マルクス主義であれ、あるいは哲学や近代科学思想一般であれ）を導入したりそれに憑依したりすることに自足するのでなく、日本にもその次元へと開ける回路があることを想定し、親鸞の到達した場所にその立脚点を見出しているのである。

著者は、親鸞の思想が日本の宗教的要請との緊張のなかで鍛えられながら、大乗仏教の根本に忠実たらんとしたものであることを示している。そのような記述のなかでも特徴的なのは、「還相回向」の理解の仕方だろう。著者によれば、専修念仏を打ち出した法然も「往生」は死後のこととみなしていた。だが親鸞は一歩進んでこの「往生」の位相を変え、他力による信心をえたときが「命終」であり、「往生」とは回心による宗教的再生を意味するとする。そして親鸞のこの考えは、一方で、死後を問題にしない仏教の本旨に立ち戻ることでもあるし、また現世の延長上に夢想されてきた日本のそれまでの「他界」観念を刷新して、弥陀の浄土を「魂の王土」として構想させるものでもあるという。つまり、「往生」を「往相回向の心行を得る」という信仰上の出来事とみなし、この回心によって人は往生が定まった「正定聚」となり、そのような者として「衆生救済」の慈悲行に向かうのが「還相回向」だということである。そしてその慈悲行とは、弥陀の本願を説き広めて衆生の救済に務めることだということになるだろうか。だとしたらここで、自己一身の救済のためだった本願念仏は、大乗仏教の本旨である万民の救済への道を再び見出すことになる。こうして専修念仏は、大乗仏教の王道に立ち返るわけだが、おそらくこの解釈は、阿満利麿その人の「行」を理解するうえでも鍵になるものだろう。

もう一度、最初の逸話に立ち戻るなら、著者がどのような思いを抱いて生家の寺を出たのかはわからない。けれども、著者のその後の歩み、とりわけ本書を書いてからの歩みを見ると、著者にとって市井に出ることは、真宗教団や檀家制度を離れることではあっても、けっして親鸞を離れることではなく、むしろその教えを生きることであったということがわかってくる。真宗教団は親鸞が創始したものではないし、著者に深い疑念を抱かせた本願寺の体制や、檀家制度と結びついた習俗としての念仏は、親鸞の知らない後世のものである。とはいえ、親鸞の生きた時代は遠く、まったく条件の違う現代の日本で字義通りに親鸞の道を歩むことはできようはずもない。となると、現代に親鸞の信を生きるとはどういうことなのか、それ自体が根本的な問いとなる。そこで想起されるのが「世間虚仮」という言葉である。あるいは、阿弥陀仏はもともとは色もかたちもないが、人間の願いに応じて姿を現したもの、という「自然法爾章」の理解である。だとすると、親鸞のまねびは親鸞の残したかたちに従うことではない。親鸞を生かしたもの、そして親鸞をして「中世の真実」を開かしめたものを、一回一回そのつど新たなもの、別だけれども同じもの、同じだが違うものとして(「不一不異」)身をもって反復することであるだろう。それが現代に生きる者にとってはどのようなかたちになるのか、著者はそのことを問いつつ実践しているように思われる。

著者は近年も法然や親鸞の読解を試みているが(『法然を読む——「選択本願念仏集」講義』、『無宗教からの『歎異抄』読解』)、それは現代向けの新しい解釈ということではなく、むしろ彼らの言葉の本義を現代に洗い出して示す作業である。そうしてそこから汲み取られる「真実」を、時代を超えた単独者の「行」のように生きるのではなく、現代世界の社会性に照らして生かそうとしているようにみえる。専修念仏は柳田國男が「自家用の念仏」と言いえたように、わが身一身の救済のための念仏だが、すでに法然や親鸞がその宗旨のために法難に遭わざるをえなかったように、はじめから社会と無関係ではありえない。「神祇不拝」の教えがこの国ではすでに社会通念に抵触し、根本的な「自由」の要請と結びつくというだけではない。「還相回向」の契機があり、「衆生救済」の慈悲を支える絶対的平等思想がある。要するに専修念仏には、おのれ一人の救済に自閉しないラジカルな社会性が秘められているということだ。それは教団となった一向宗本願寺門徒が歴史的に証してきたことでもあるが、その教団はまた、親鸞の教えとは関係のない組織の論理によって、国家の権威に奉仕することにもなった。

　著者は教団を離れることによって、親鸞の教えそのものを生き直し、そこから現代における専修念仏思想の可能性にかたちを与えようとしている。それは法然や親鸞の読解としても実践されているが、とりわけまた『宗教は国家を超えられるか』や『社会をつくる仏教』のような、現代の日本や世界の状況が突きつけるさまざまな問題に正対する試みにも具現されている。その取組みは、専修念仏宗の継承にとどまるだけでなく、日本の仏教が現代世界で広く一般に直面すべき課題への対応でもある。そのような著者の開かれた営みの立脚点が、この最初の本にすでに明瞭に示されている。

本書は一九八二年十一月三十日、人文書院から刊行された。

英霊

ジョージ・L・モッセ
宮武実知子訳

第一次大戦の大量死を人々はいかに超克したか。仲間意識・男らしさの称揚、英霊祭祀等が「戦争体験の神話」を構築する様を緻密に描く。（今井宏昌）

増補 十字軍の思想

山内進

欧米社会にいまなお色濃く影を落とす「十字軍」の思想。人々を聖なる戦争へと駆り立てるものとは？その歴史を辿り、キリスト教世界の深層に迫る。

インド洋海域世界の歴史

家島彦一

陸中心の歴史観に異を唱え、海から歴史を見る重要性を訴えた記念碑的名著。世界を一つにつなげた文明の交流の場、インド洋海域世界の歴史を紐解く。

子どもたちに語るヨーロッパ史

ジャック・ル・ゴフ
前田耕作監訳
川崎万里訳

歴史学の泰斗が若い人に贈る、とびきりの入門書。地理的要件や歴史、とくに中世史を、たくさんのエピソードとともに語った魅力あふれる一冊。

中東全史

バーナード・ルイス
白須英子訳

キリスト教の勃興から20世紀末まで。中東学の世界的権威が、中東全域における二千年の歴史を一般読者に向けて書いた、イスラーム通史の決定版。

隊商都市

ミカエル・ロストフツェフ
青柳正規訳

通商交易で繁栄した古代オリエント都市のペトラ、パルミュラなどの遺跡に立ち、往時に思いを馳せたロマン溢れる歴史紀行の古典的名著。（前田耕作）

法然の衝撃

阿満利麿

法然こそ日本仏教を代表する巨人であり、ラディカルな革命家だった。鎮魂慰霊を超えて救済の原理を指し示した思想の本質に迫る。

親鸞・普遍への道

阿満利麿

絶対他力の思想はなぜ、どのように誕生したのか。日本の精神風土と切り結びつつ普遍的救済への回路を開いた親鸞の思想の本質に迫る。（西谷修）

歎異抄

阿満利麿訳／注／解説

没後七五〇年を経てなお私たちの心を捉える、親鸞の言葉。わかりやすい注と現代語訳、今どう読んだらよいか道標を示す懇切な解説付きの決定版。

親鸞からの手紙　阿満利麿

現存する親鸞の手紙全42通を年月順に編纂し、現代語訳と解説で構成。これにより、親鸞の人間的苦悩と宗教的深化が、鮮明に現代に立ち現れる。

行動する仏教　阿満利麿

戦争、貧富の差、放射能の恐怖……。このどうしようもない世の中でも、絶望せずに生きてゆける、21世紀にふさわしい新たな仏教の提案。

無量寿経　阿満利麿注解

なぜ阿弥陀仏の名を称えるだけで救われるのか。法然や親鸞がその理解に心血を注いだ経典の本質を、懇切丁寧に説き明かす。文庫オリジナル。

道元禅師の『典座教訓』を読む　秋月龍珉

「食」における禅の心とはなにか。道元が禅寺の食事係である典座の心構えを説いた一書を現代人の日常の視点で読み解き、禅の核心に迫る。（竹村牧男）

原典訳 アヴェスター　伊藤義教訳

ゾロアスター教の聖典『アヴェスター』から最重要部分を精選。原典から訳出した唯一の邦訳である。比較思想に欠かせない必携書。（前田耕作）

書き換えられた聖書　バート・D・アーマン　松田和也訳

キリスト教の正典、新約聖書。聖書研究の大家がそこに含まれる数々の改竄・誤謬を指摘し、書き換えられた背景とその原初の姿に迫る。（筒井賢治）

カトリックの信仰　岩下壮一

神の知恵への人間の参与とは何か。近代日本カトリシズムの指導者・岩下壮一が公教要理を詳説し、キリスト教の精髄を明かした名著。（稲垣良典）

十牛図　上田閑照　柳田聖山

禅の古典「十牛図」を手引きに、自己と他、自然と人間、自身への関わりを通し、真の自己への道を探る。現代語訳と詳注を併録。（西村惠信）

原典訳 ウパニシャッド　岩本裕編訳

インド思想の根幹であり後の思想の源ともなったウパニシャッド。本書では主要篇を抜粋、梵我一如、輪廻・業・解脱の思想を浮き彫りにする。（立川武蔵）

世界宗教史（全8巻）
ミルチア・エリアーデ

宗教現象の史的展開を膨大な資料を博捜し著された人類の壮大な精神史。エリアーデの遺志にそって共同執筆された諸地域の宗教の巻を含む。

世界宗教史1
ミルチア・エリアーデ
中村恭子訳

人類の原初の宗教的営みに始まり、メソポタミア、古代エジプト、インダス川流域、ヒッタイト、地中海地域、初期イスラエルの諸宗教を収める。

世界宗教史2
ミルチア・エリアーデ
松村一男訳

20世紀最大の宗教学者のライフワーク。本巻はヴェーダの宗教、ゼウスとオリュンポスの神々、ディオニュソス信仰等を収める。（荒木美智雄）

世界宗教史3
ミルチア・エリアーデ
島田裕巳訳

仰韶、竜山文化から孔子、老子までの古代中国の宗教と、バラモン、ヒンドゥー、仏陀とその時代、オルフェウスの神話、ヘレニズム文化などを考察。

世界宗教史4
ミルチア・エリアーデ
柴田史子訳

ナーガールジュナまでの仏教の歴史とジャイナ教から、ヒンドゥー教の総合、ユダヤ教の試練、キリスト教の誕生などを収録。（島田裕巳）

世界宗教史5
ミルチア・エリアーデ
鶴岡賀雄訳

古代ユーラシア大陸の宗教、八―九世紀までのキリスト教、ムハンマドとイスラーム、イスラームと神秘主義、ハシディズムまでのユダヤ教など。

世界宗教史6
ミルチア・エリアーデ
鶴岡賀雄訳

中世後期から宗教改革前夜までのヨーロッパの宗教運動、宗教改革前後における宗教、魔術、ヘルメス主義の伝統、チベットの諸宗教を収録。

世界宗教史7
ミルチア・エリアーデ
奥山倫明／木塚隆志／深澤英隆訳

エリアーデ没後、同僚や弟子たちによって完成された最終巻の前半部。メソアメリカ、インドネシア、オセアニア、オーストラリアなどの宗教。

世界宗教史8
ミルチア・エリアーデ
奥山倫明／木塚隆志／深澤英隆訳

西・中央アフリカ、南・北アメリカの宗教、日本の神道と民俗宗教。啓蒙期以降ヨーロッパの宗教的創造性と世俗化などを収録。全8巻完結。

回教概論　大川周明

最高水準の知性を持つと言われたアジア主義者の力作。イスラム教の成立経緯や、経典などの要旨が的確に記された第一級の概論。（中村廣治郎）

神社の古代史　岡田精司

古代日本ではどのような神々が祀られていたのか。《祭祀の原像》を求めて、伊勢、宗像、住吉、鹿島など主要な神社の成り立ちや特徴を解説する。

中国禅宗史　小川隆

唐代から宋代において、禅の思想は大きく展開した。各種禅語録を思想史的な文脈に即して読みなおす試み。〈禅の語録〉全二〇巻の「総説」を文庫化。

原典訳 チベットの死者の書　川崎信定訳

死の瞬間から次の生までの間に魂が辿る四十九日の旅――中有（バルドゥ）のありさまを克明に描き、死者に正しい解脱の方向を示す指南の書。

インドの思想　川崎信定

多民族、多言語、多文化。これらを併存させるインドという国を作ってきた考え方とは。ヒンドゥー教や仏教等、主要な思想を案内する恰好の入門書。

旧約聖書の誕生　加藤隆

旧約聖書は多様な見解を持つ文書を寄せ集めて作られた書物である。各文書が成立した歴史的事情から旧約を読み解く。現代日本人のための入門書。

神道　トーマス・カスーリス　衣笠正晃訳　守屋友江監訳

日本人の精神構造に大きな影響を与え、国の運命をも変えてしまった「カミ」の複雑な歴史を、米比較宗教学界の権威が鮮やかに描き出す。

ミトラの密儀　フランツ・キュモン　小川英雄訳

東方からローマ帝国に伝えられ、キリスト教と覇を競った謎の古代密儀宗教。その全貌を初めて明らかにした、第一人者による古典的名著。（前田耕作）

生の仏教　死の仏教　京極逸蔵

アメリカ社会に大乗仏教を根付かせた伝道師による、世界一わかりやすい仏教入門。知識としてではなく、心の底から仏教が理解できる！（ケネス田中）

空海コレクション1　空海　宮坂宥勝監修

主著『十住心論』の精髄を略述した『秘蔵宝鑰』、及び顕密を比較対照して密教の特色を明らかにした『弁顕密二教論』の二篇を収録。（立川武蔵）

空海コレクション2　空海　宮坂宥勝監修

真言密教の根本思想『即身成仏義』『声字実相義』『吽字義』及び密教独自の解釈による『般若心経秘鍵』と『請来目録』を収録。（立川武蔵）

空海コレクション3　秘密曼荼羅十住心論（上）　福田亮成校訂・訳

日本仏教史上最も雄大な思想書。無明の世界から抜け出すための光明の道を、心の十の発展段階（十住心）として展開する。上巻は第五住心までを収録。

空海コレクション4　秘密曼荼羅十住心論（下）　福田亮成校訂・訳

下巻は、大乗仏教から密教へ。第六住心の唯識、第七中観、第八天台、第九華厳を経て、第十の法身大日如来の真実をさとる真言密教の奥義までを収録。

修験道入門　五来重

国土の八割が山の日本では、仏教や民間信仰と結合して修験道が生まれた。霊山の開祖、山伏の修行等を通して、日本人の宗教の原点を追う。（鈴木正崇）

鎌倉仏教　佐藤弘夫

宗教とは何か。それは信念をいかに生きるかということだ。法然・親鸞・道元・日蓮らの足跡をたどり、鎌倉仏教を「生きた宗教」として鮮やかに捉える。

観無量寿経　佐藤春夫訳・注　石田充之解説

我が子に命狙われる「王舎城の悲劇」で有名な浄土仏教の根本経典。思い通りに生きることのできない我々を救う究極の教えを、名訳で読む。（阿満利麿）

道教とはなにか　坂出祥伸

「道教がわかれば、中国がわかる」と魯迅は言った。伝統宗教として現在でも民衆に根強く崇拝されている道教の全貌とその究極的真理を詳らかにする。

増補　日蓮入門　末木文美士

多面的な思想家、日蓮。権力に挑む宗教家、内省的な理論家、大らかな夢想家など、人柄に触れつつ遺文を読解き、思想世界を探る。（花野充道）

反・仏教学　末木文美士

人間は本来的に、公共の秩序に収まらないものを抱えた存在だ。〈人間〉の領域＝倫理を超えた他者／死者との関わりを、仏教の視座から問う。

禅に生きる　鈴木大拙コレクション　鈴木大拙　守屋友江編訳

静的なイメージで語られることの多い大拙。しかし彼の仏教は、この世をよりよく生きていく力を与えるアクティブなものだった。その全貌に迫る著作選。

文語訳聖書を読む　鈴木範久

明治期以来、多くの人々に愛読されてきた文語訳聖書。名句の数々とともに、日本人の精神生活と表現世界を豊かにした所以に迫る。文庫オリジナル。

内村鑑三交流事典　鈴木範久

近代日本を代表するキリスト者・内村鑑三。その多彩な交流は、一個の文化的山脈を形成していた。事典形式で時代と精神の姿に迫る。文庫オリジナル。

ローマ教皇史　鈴木宣明

二千年以上、全世界に影響を与え続けてきたカトリック教会。その組織的中核である歴代のローマ教皇に沿って、キリスト教全史を読む。（藤崎衛）

空海入門　竹内信夫

空海が生涯をかけて探求したものとは何か――。稀有な個性への深い共感を基に、著作の入念な解釈と現地調査によってその真実へ迫った画期的入門書。

釈尊の生涯　高楠順次郎

世界的仏教学者による釈迦の伝記。パーリ語経典や漢訳仏伝等に依拠し、人間としての釈迦の姿を生き生きと描き出す。貴重な図版多数収録。（石上和敬）

キリスト教の幼年期　エチエンヌ・トロクメ　加藤隆訳

キリスト教史の最初の一世紀は、幾つもの転回点を持つ不安定な時代であった。この宗教が自らの独自性を発見した様子を歴史の中で鮮やかに描く。

原始仏典　中村元

釈尊の教えを最も忠実に伝える原始仏教の諸経典の数々。そこから、最重要な教えを選りすぐり、極めて平明な注釈で解く。（宮元啓一）

原典訳 原始仏典（上）　中村元編

原パーリ文の主要な聖典を読みやすい現代語訳で。上巻には「偉大なる死」（大パリニッバーナ経）「本生経」「長老の詩」などを抄録。

原典訳 原始仏典（下）　中村元編

下巻には「長老尼の詩」「アヴァダーナ」「百五十讃」「ナーガーナンダ」などを収める。ブッダのことばに触れることのできる最良のアンソロジー。

ほとけの姿　西村公朝

ほとけとは何か。どんな姿で何処にいるのか。千体を超す国宝仏の修復、仏像彫刻家、僧侶として活躍した著者ならではの絵解き仏教入門。（大成栄子）

選択本願念仏集　法然　石上善應訳・注・解説

全ての衆生を救わんと発願した法然は、ついに、念仏すれば必ず成仏できるという専修念仏を創造し、本書を著した。菩薩魂に貫かれた珠玉の書。

一百四十五箇条問答　法然　石上善應訳・解説

人々の信仰をめぐる百四十五の疑問に、法然が分かりやすい言葉で答えた問答集を、現代語訳して文庫化。これを読めば念仏と浄土仏教の要点がわかる。

龍樹の仏教　細川巌

第二の釈迦と讃えられながら自力での成仏を断念した龍樹は、誰もが仏になれる道の探求に打ち込んでいく。法然・親鸞を導いた究極の書。（柴田泰山）

阿含経典1　増谷文雄編訳

ブッダ生前の声を伝える最古層の経典の集成。第1巻は、ブッダの悟りの内容を示す経典群、人間の肉体と精神を吟味した経典群を収録。（立川武蔵）

阿含経典2　増谷文雄編訳

第2巻は、人間の認識（六処）の分析と、ブッダ最初の説法の記録である実践に関する経典群、祇園精舎を訪れた人々との問答などを収録。（佐々木閑）

阿含経典3　増谷文雄編訳

第3巻は、仏教の根本思想を伝える初期仏伝資料と、ブッダ最後の伝道の旅、沙羅双樹のもとでの〈大いなる死〉の模様の記録などを収録。（下田正弘）

バガヴァッド・ギーターの世界　上村勝彦

宗派を超えて愛誦されてきたヒンドゥー教の最高経典が、仏教や日本の宗教文化、日本人の思考に与えた影響を明らかにする。（前川輝光）

邪教・立川流　真鍋俊照

女犯の教義と髑髏本尊の秘法のゆえに、徹底的に弾圧、邪教法門とされた真言立川流の原像を復元し、異貌のエソテリズムを考察する。貴重図版多数。

増補 チベット密教　ツルティム・ケサン　正木晃

インド仏教に連なる歴史、正統派・諸派の教義、個性的な指導者、性的ヨーガを含む修行法。真実の姿を正確に分かり易く解説。（上田紀行）

密教　正木晃

謎めいたイメージが先行し、正しく捉えづらい密教。その歴史・思想から、修行や秘儀、チベットの性的ヨーガまでを、明快かつ端的に解説する。

増補 性と呪殺の密教　正木晃

性行為を用いた修行や呪いの術など、チベット密教に色濃く存在する闇の領域。知られざるその秘密に分け入り、宗教と性・暴力の関係を抉り出す。

大嘗祭　真弓常忠

天皇の即位儀礼である大嘗祭は、秘儀であるがゆえ多くの謎が存在し、様々な解釈がなされてきた。歴史的由来や式次第を辿り、その深奥に迫る。

正法眼蔵随聞記　水野弥穂子訳

日本仏教の最高峰・道元の人と思想を理解するうえで最良の入門書。厳密で詳細な注、わかりやすく正確な訳を付した決定版。（増谷文雄）

空海　宮坂宥勝

現代社会における思想・文化のさまざまな分野から注目をあつめている空海の雄大な密教体系！　空海密教研究の第一人者による最良の入門書。

一休・正三・白隠　水上勉

乱世に風狂一代を貫いた一休。武士道を加味した禅をとなえた鈴木正三。諸国を行脚し教化につくした白隠。伝説の禅僧の本格評伝。（柳田聖山）

ちくま学芸文庫

親鸞《しんらん》・普遍《ふへん》への道《みち》　中世《ちゅうせい》の真実《しんじつ》

二〇〇七年四月　十　日　第一刷発行
二〇二二年六月二十五日　第二刷発行

著　者　阿満利麿（あま・としまろ）

発行者　喜入冬子
発行所　株式会社　筑摩書房
東京都台東区蔵前二―五―三　〒一一一―八七五五
電話番号　〇三―五六八七―二六〇一（代表）
装幀者　安野光雅
印刷所　株式会社精興社
製本所　株式会社積信堂

乱丁・落丁本の場合は、送料小社負担でお取り替えいたします。

本書をコピー、スキャニング等の方法により無許諾で複製することは、法令に規定された場合を除いて禁止されています。請負業者等の第三者によるデジタル化は一切認められていませんので、ご注意ください。

© TOSHIMARO AMA 2007 Printed in Japan

ISBN978-4-480-09053-9 C0115